嗨起来的中国史

顾闪闪 著

上册

北京理工大学出版社
BEIJING INSTITUTE OF TECHNOLOGY PRESS

图书在版编目（CIP）数据

嗨起来的中国史：全2册/顾闪闪著. -- 北京：
北京理工大学出版社, 2024.5
　ISBN 978-7-5763-3727-3

　Ⅰ. ①嗨… Ⅱ. ①顾… Ⅲ. ①中国历史－通俗读物
Ⅳ. ①K209

中国国家版本馆CIP数据核字（2024）第060111号

责任编辑：李慧智　　　**文案编辑**：李慧智
责任校对：王雅静　　　**责任印制**：李志强

出版发行 / 北京理工大学出版社有限责任公司
社　　址 / 北京市丰台区四合庄路6号
邮　　编 / 100070
电　　话 / （010）68944451（大众售后服务热线）
　　　　　 （010）68912824（大众售后服务热线）
网　　址 / http：//www.bitpress.com.cn

版 印 次 / 2024年5月第1版第1次印刷
印　　刷 / 天津睿和印艺科技有限公司
开　　本 / 710 mm×1000 mm　1/16
印　　张 / 24
字　　数 / 323千字
定　　价 / 118.00元（全2册）

前言

翻开这套书之前，看着书名上"嗨起来"三个大字，一些读者朋友就开始蹙眉了——中国史何其严谨，何其庄重，怎么能嗨得起来呢？

遥想学生时代，我的许多朋友也保持着同样的想法。他们在高考前埋头苦读，被一堆堆参考书包围，头发日渐稀疏，更有甚者开始怀疑自己的记忆力。盯着课本上那一张张相似的面孔，他们不禁发问：这是谁？这又是谁？仿佛那些来自千百年前的历史人物是有意在和学生们作对一样，让人不禁想为他们掬上一把伤心泪。但同时，这拨年轻人又是精力最旺盛、好奇心最强的一代。虽说打开书本总是怀疑人生，但合上书本，聊起八卦，就没有他们吃不明白的瓜，扒不明白的惊天猛料。

当你和他们讲汉大赋的时候，他们双眉紧锁，可听说抄《上林赋》得心上人时，他们抄得比谁都起劲；当你讲到"竹林七贤"时，他们无聊转笔，当你提起"时下顶流男团那些不为人知的秘辛"时，他们生怕漏听了一星半点细节。

这让我开始思索，为什么不能用更加轻松的方式，来带领大家学习历史？为什么不能找出那些最牵动大家兴趣的话题，将浩如烟海的中国史串联起来，让历史事件成为大家茶余饭后关注的"街头逸闻"？

真正热爱历史的人都明白，中国史绝不是索然无味的。相反，它跌宕传奇、有血有肉，其间存在着无数的奇迹和偶然。时至今日，古时的太阳仍照耀着这片幅员辽阔的土地，而千年前的中国人也曾望着无垠的苍天，动情地演绎着属于那个时代的兴衰荣辱，喜怒哀乐。

其实，历史兴趣不是"学"出来的，而是"嗨"出来的。希望我的文字，能让大家不由自主地将自己带入那些或金戈铁马，或歌舞升平的朝代中去，与当时的人处在一起，闹在一起，一同听两汉的驼铃，赴魏晋的宴饮，赏唐时的明月，逛宋朝的夜市。到那时，你必然会对着他们伸出手，道一声："我们重新认识一下，好吗？"

我相信，当你惊叹于路旁鲜花娇妍的时候，你定然也会更有兴趣停下来，询问每一株花的名字，探寻它的四时枯荣，关心它如何而生，因何而败。

目 录

第一章 先秦兵戈乱浮云

1.1 夏商周哪里去挖？夏商周坟里去挖！// 002

1.2 春秋战国《心机传》，大佬带头扯头花 // 015

1.3 短命秦朝和楚汉对决 // 025

1.4 秦末打工人图鉴 // 045

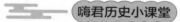 嗨君历史小课堂

第二章 守业更比创业难

2.1 西汉时事简报 // 070

2.2 "抄《上林赋》得心上人"靠谱吗？// 078

2.3 大汉名将图鉴 // 087

2.4 东汉皇帝除了刘秀，还有……那个谁来着？// 102

嗨君历史小课堂

第三章 可怜乱世最风流

3.1 《三国演义》你唬得我好惨！ // 120

3.2 魏晋：颜狗天堂，帅哥盛宴 // 134

3.3 南北朝：我也有病，可以加入你们吗？ // 146

3.4 奇葩好物带货直播：登山屐、五石散、刘伶醉……// 162

嗨君历史小课堂

第一章 先秦兵戈乱浮云

号外号外！夏禹、商汤、周文王轮番开讲，超长续航王朝是这样炼成的。春秋战国《心机传》即将登陆黄金档，看大秦如何逆风翻盘，横扫天下！效率王者始皇帝上线，秦末打工人纷纷表示："真的卷不动啦！"

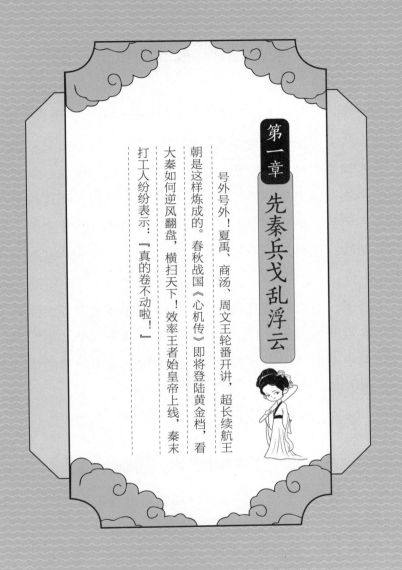

1.1 夏商周哪里去挖？夏商周坟里去挖！

中华民族的历史是从什么时候开始的？这事儿实在很难有定论。

有的人认为应该从黄帝炎帝结盟、大战蚩尤这段讲起；也有人说不对，黄帝和蚩尤神话色彩都太浓了，动不动就把应龙、女魃这些不是人的"神物"请出来，要说咱们中华民族的始祖，那还得是尧、舜这两位上古明君，毕竟大禹的帝位就是由人家禅位传下来的，这是条完整的时间线；还有人说不对，你们这么论，把伏羲和女娲放在什么位置上了……

行了行了，追根溯源就到这里，再溯该溯到盘古开天辟地了。咱们从科学客观的角度上来看，"中国史"既然带一个"史"字，那就要以具体的史书记载作为评判标准，而中国史书中记载的第一个世袭制朝代是哪个呢？

没错，就是大禹建立的夏朝。

一、那个征服洪水的男人和他的王朝

相传，禹是黄帝的后人，帝舜时期负责治理中原的洪水水患，可能是他们家在这个领域有什么代代相传的专业技术，他父亲鲧生前做的也是一样的工作，按后世的说法，这属于当时的"治水世家"。

但洪水不是那么好治的，"鸿水滔天，浩浩怀山襄陵"，泛滥的洪水都要把高山淹没了，按上古神话的说法，上一个镇住这种大场面的还是大地之母女娲。

所以治水专家一号鲧不出意外就要出意外了。

帝尧派他前去治水，鲧采用的就是传统的修筑大坝、设置河堤的"障水法"，企图堵住洪水。但九年过去了，洪水非但没有消退，反而越淹越高，引发了决堤的危险，鲧也因此被治罪处死。鲧死后，他的儿子禹走马上任，无缝对接，继续投身治水事业。禹吸取了父亲的失败教训，认为治理洪水，堵不如疏，只有疏通了水路，才能彻底解决水患。他带领伯益和后稷一起，对中原的地形地貌进行详细的考察，并将天下分为"九州"，按照每一地区的地势特点决定是开山、筑堤还是疏浚河道。

最终，经过整整十三年的努力，禹终于将内陆的洪水引入大海，自此水患彻底消除，百姓在退去洪水的土地上播种耕作，过上了安居乐业的生活。由此百姓们对禹的感激之情溢于言表，纷纷想拜他当老大，帝舜便顺应民心，禅位给他。

禹觉得不好意思，因为帝舜有亲儿子，于是就又把位置还给舜之子商均，自己跑到阳城去避居。谁曾想，诸侯见识过了禹这种靠谱领导，压根不把商均放在眼里，又纷纷跑到阳城去投奔大禹。

禹一看大伙这么执着，只好勉为其难地"收下"帝位，建立了夏朝。禹的儿子打破了"道上"的规矩，击败了禹指定的继承人，自己继承了天子之位，自此"家天下"的时代到来。

说起这场大洪水，其实世界各地都流传着相关的神话传说，内容大同小异，可"大禹治水"的故事却是咱们华夏民族独一份的。纵观世界各地的洪水神话，不管是欧洲人还是美洲人，对待洪水，先民们都是怀着一种极度畏惧的心理，认为这是神降下的惩罚。他们采取的应对手段也普遍被动，不是躲到山顶、躲到洞里，就是长年漂在木板上，等待大洪水过去，最了不得的，也不过是建了一艘"诺亚方舟"①。

而咱们中华民族这边，主动性就要强得多。

大洪水是吧？弄它！

中华民族从始至终都在努力治水，老子死了儿子继续治，十年不行二十年，世世代代与灭世的洪水相搏斗，靠渺小的凡人之力与大自然进行抗争。大禹治水靠的也不是什么神器或神谕，就是人为的勘测和努力，就是十三年来"三过家门而不入"的苦心孤诣。与"愚公移山"一样，他依靠的是一种敬畏自然但不惧灾难的顽强精神，咱们自古以来呼喊的"人定胜天"就是这么回事。

直到五千年后，这种精神依旧鼓舞着这片土地上的人民，让他们跨过一个又一个看似不可逾越的难关。

夏朝始于禹，亡于桀，这似乎是所有人都知道的历史常识，甚至有朋友表示，自己还能展开说说"酒池肉林"这种花边新闻，可近现代有些学者却提出了一种惊人的观点：

或许史书上的夏朝，在现实中根本就不存在。

---

① 诺亚方舟：根据《圣经》记载，诺亚曾依照神谕建造了一艘巨大船只，以庇护诺亚与他的家人以及世界上的各种陆上生物躲避一场因神惩而造的洪灾，这艘大船被称为"诺亚方舟"。

这并不是一种历史虚无主义，这些学者的质疑也并非空穴来风。我们对夏王朝的了解，主要来源于司马迁的《史记·夏本纪》，而其中对夏朝世系和禹的记载，则是引自中国历史上最古老的历史文献汇编《尚书》。《尚书》年代过于久远，在流传的过程中存在不少佚失，又产生了一些"伪古文"，因此司马迁所引的《尚书》内容，还是不是商周史官记录的原始版本？原始版本中是否真的记载了夏朝世系？大禹治水、划分九州究竟是史实还是先民传说？

从严谨的考古角度来看，就很有争议。

更重要的是，我们能确信商朝存在，是因为发现了具有完整体系的商朝文字——甲骨文，并且发掘出土了大量的商朝文物礼器，可长久以来，对于夏朝的考古发现却是寥寥无几。中华历史也不能这么平白无故被抹去好几百年，为了证明夏朝真实存在，新一代的学者们采用了最朴实也是最有力的手段，挖坟！

终于，功夫不负有心人，经过考古学家们几十年灰头土脸的辛勤努力，证实夏王朝真实存在的有力证据——二里头遗址重见天日，夏王朝从此不再是只有中国人相信的传说。

嗨君捡史：二里头遗址

二里头遗址位于洛阳盆地东部的偃师区境内，其年代为距今3800～3500年，相当于古代文献中的夏朝中晚期和商朝初期。1959年夏，中国著名考古学家徐旭生领导的考古团队率先在"夏墟"发现了二里头遗址，经过数十次不懈的考古发掘，不仅在遗址中发现了许多承载夏朝人生活痕迹的礼器、乐器、金属武器、陶制用具，还出土了数件精美的镶嵌绿松石兽面牌饰。更重要的是，随着考古学家的深入发掘，30多座宫殿建筑基址群得以重见天日。宫殿规模庞大，唯有掌握了大量劳动力的统治者才能营建，因此可以推断"二里头极有可能是夏都"。

先秦兵戈乱浮云

除此之外，考古学家还在出土的陶器和骨器上，发现了一些可能与文字有关的刻画符号。目前看来，这些文字虽然不像甲骨文那样有明显的体系，却与一些流传下来的文字非常相似，很有可能就是夏朝人使用的文字。时至今日，二里头遗址为夏朝中晚期都城遗存，已成为学界的普遍共识。

二、商朝，有的不只是纣王和妲己

与夏朝比起来，商朝的历史记载就清晰许多。

《诗经》中说："天命玄鸟，降而生商。"玄鸟就是燕子，商朝人认为，自己的祖先契就是在他母亲吞下一枚鸟蛋后生下来的，所以他们将这种"玄鸟"奉为始祖。契和大禹是同时代的人，还曾经奉命去帮助大禹治水，功成后被封在商邑，这个地方便成了商国的发源地。

除了协助治水外，契还干了一件大事，他发明了"以火纪时"的历法，负责管理火种，在当时被称为"火正"。他以"火神"之名被后世祭祀供奉，地位相当于中国版的普罗米修斯。

几百年过去后，夏朝已经走向下坡路，兴起于东方的商国却逐渐强盛起来。契的十四世孙名为汤，是一位仁君楷模，具体有多仁德呢？据说有一次他外出，看见野外四面都张挂着捕鸟的网，猎人一面挂网，一面还在那念叨着："从天下四方来的鸟啊，都飞进我的网里吧！"

商汤眉头一皱，马上就发现了问题。

他让手下把其中三面的网都撤下去，只留一面，也念叨了一段："从天下四方来的鸟啊，你想往左飞，就往左飞；想往右飞，就往右飞；那些不听人话，非要玩命的，再跑到我的网里吧！"

成语"网开一面"就是这么来的，要不说人家商汤能成大事呢！早在距今三千多年以前，就领悟到"可持续发展"的真谛了。

天下的诸侯和百姓们听说了这事，都很感动，纷纷感叹："商汤对小鸟都这么好，何况是对人呢？"于是对他的好感度立马暴涨。

商汤不仅人品好，而且眼光也好，他知道要得天下，只凭借自己的智慧是远远不够的，他还需要更多优秀的人才辅佐自己，因此他一眼就相中了伊尹①。彼时伊尹还是莘国一个身份低微的奴隶，但商汤毫不介怀，屡次驱车亲自拜访，为了把伊尹搞到手，还勉为其难地娶了莘氏之女为妻。

◎莘氏之女：你了不起，你清高，你大老远把我娶过来，却告诉我你看中了我的陪嫁奴隶。

不仅如此，商汤还是伊尹的忠实粉丝，并且是谁劝都不好使的那种。

有回他坐车去见自家偶像伊尹，正巧碰上个爱聊天的司机，司机一听说他的目的地，当即就"嗤"了一声，还大放厥词，说："我的王哟，您什么身份，他伊挚什么身份？那是天下之贱人！您要见他，开个条子叫人把他召过去不就行了，那他还得感恩戴德呢！"

商汤：劝你不要在我的雷点上蹦迪。

见司机还要开口，商汤忍不住反驳。

商汤：你懂什么！你凭什么这么说我们阿挚？我问你啊，假如说天下间有这样一种药，你吃了它就能变得耳聪目明、神清气爽，你吃不吃？

司机：那必须吃啊。

商汤：伊尹就是我的药！他对于我们商国来说，和良医良药没有区别。你不想让我见伊尹，就是见不得我好！

说完就把司机开了，回去都是自己开的车。

司机：……

---

① 伊尹：名挚，尹是官名。商朝建立后，汤封伊挚为尹，使之正天下，因此后世将其尊称为伊尹。

先秦兵戈乱浮云

司机：行，我的王，论台词肉麻，您也是第一名。

让人欣慰的是，伊尹和商汤从来都是相向而行，他十分感激商汤的知遇之恩，也有意同他共图大业。他深谙一个道理，要想抓住君王的心，必须先抓住君王的胃，因此倾尽毕生厨艺为商汤熬制了一鼎十全大补汤，待商汤要问灭夏兴国之道时，把碗一端，借烹饪之道，用汤为汤说明治国之道，堪称对症下药。

伊尹：都在汤里了。

喝汤的汤：不得不说，中文真是博大精深。

为了报效商汤，伊尹不仅阳谋搞得一套一套的，迫不得已的时候，阴谋他也搞。比如夏桀二十二年的时候，桀眼看商汤势力越来越大，心生忌惮，就派人召汤至夏朝都城，将他囚禁在夏台。伊尹当时就急了，心想你囚禁我家大王，我就挖你后宫墙角。他当即搜集了一大堆金银财宝，又靠着自身超高的颜值和辩才笼络了夏桀的元妃妹喜，不仅哄得夏桀解除了对汤的幽禁，放他回到了商国，还从妹喜口中得知了不少夏朝的机密。

商汤回国不久，就相继灭掉了"助桀为虐"的三个属国，而后一鼓作气，于鸣条之战中将夏军一举击溃，又在亳邑大会诸侯，最终建立了中国历史上第二个奴隶制王朝——商。

商汤去世后，他的继承人外丙和仲壬也相继去世，伊尹便选定了商汤长子太丁之子太甲继承天子之位。太甲小朋友比较皮，继位刚刚三年就走起了昏君路线，以为凭自己现在的身份，没人能管得了自己，想杀谁就杀谁，还肆意破坏商汤辛辛苦苦建立的法制，结果被伊尹一脚狠狠踢中了屁股。

太甲：我是天子，你敢打我，我爸爸都没打过我！

伊尹：别说是你，逼急了你爸爸我都敢打。

见太甲如此不成器，伊尹长叹了一声，连夜把他送到桐宫去，为爷爷商汤守墓。太甲这一守就是整整三年，每天悔过自新写检讨，直到熊孩子被打磨成了贤明君主，伊尹才还政于他，将他接回了宫里。

这个历史故事站在臣子的立场上来看，简直好用至极，因此后世但凡有权臣想要"挟天子以令诸侯"的时候，就会把伊尹搬出来，证明自己的"良苦用心"，伊尹的棺材板都要压不住了。

商王仲丁之后，商朝陷入了接连不断的内乱，史称"九世之乱"，商王们应对内乱的方式也很奇葩——迁都，把国家内乱的锅都甩给都城风水不好。直到盘庚这一代，将都城迁到了一个叫"殷"的地方，国势才渐渐好转，因此后世也将商朝称为"殷商"。

"盘庚中兴"后，盘庚的侄子武丁也很争气，缔造了"武丁中兴"。但武丁之所以这么牛，除了自己励精图治、知人善用外，还得益于他有一个女武神老婆——妇好。妇好究竟多能打，这事很难说得清，咱们只知道，在她的连年征讨之下，商朝的版图仅在武丁时期

就扩大了N倍，她还与武丁配合，打出了华夏战争史上所记载的最早伏击战。那时人的寿命短，死亡率高，通常两军对战也就是几百人对几百人，大规模战争也不过是几千人打几千人，可妇好却有着率军一万三千人直击羌方的战斗经历，相当于半个商朝的士兵都随她前去征战了。这一方面证明了她的作战能力之强，另一方面也印证了武丁对她的爱意和信任。

除了英勇善战外，妇好还主管占卜，负责主持祭天、祭神活动。《左传》中写道："国之大事，在祀与戎。"[①] 在祭祀大于一切的商朝，能包揽"祀"与"戎"这两项国之大事，妇好的地位已近乎神。在她的墓葬内，出土了一把上饰双虎噬人头的大铜钺。钺是一种礼兵器，象征着她作为三军统帅的威仪，这在女子的陪葬品中是极为少见的。

妇好的地位还体现在文字记载中，仅仅殷墟出土的一万多片甲骨文中，就有200多片提到了妇好，如果这些甲骨文就是商朝时的聊天记录，那么妇好每三分钟就会收到一条@；如果武丁时代的历史是一本小说，那妇好就是绝对的女一号。

@妇好 你收到200+条消息

嗨君捡史：妇好墓

妇好墓位于河南省安阳市境内，是迄今为止殷墟宫殿宗庙遗址区发掘的最大陵墓遗址，也是目前殷墟遗址中唯一保存完整的商代墓葬，具有极为重要的考古价值。妇好墓虽然规模不算大，但陪葬品却极其丰富，出土了大量的青铜礼器、武器、象牙器和玉器，共计1928件，单单是刻有铭文的青铜器就有200件，其中

---

① 国之大事，在祀与戎：出自《左传·成公十三年》，指对于国家而言，祭祀活动和保卫国家的战争，是最重要的两件大事，尤其是在神权与王权相结合的商朝，祭祀尤为重要。

还包括重量级文物妇好玉凤和司母辛鼎等，体现了商朝时期高超的手工业水平和商王朝的兴盛。

三、古老高贵大周朝，超强续航八百年

商朝的最后一位君主名为"帝辛"，然而大多数人都习惯叫他的另一个称呼——"纣王"。

《史记·殷本纪》记载，纣王这个人从先天资质来看，非但不昏庸愚蠢，反而非常聪明，文武双全，"资辨捷疾，闻见甚敏；材力过人，手格猛兽"。但就是因为太聪明了，他所拥有的机智足以拒绝臣下的劝谏，他所具备的辩才足以粉饰自己做过的错事，怼天怼地怼空气，直接导致满朝文武都拿他没辙，再加上他这人极度残暴，动不动就搞什么炮烙剖心，时间长了，大臣们也就自发闭嘴了。

与此同时，位于岐山一带的周国逐渐强大起来，我们熟知的周文王，即当时的西伯姬昌登上了历史舞台。

不出意外，姬昌也是一位好人，多好呢？差不多就像商汤那么好。

《吕氏春秋·孟冬纪·异用》中记载，姬昌在野外巡视时，见到路边有枯骨，就命手下帮着掩埋。手下是个钢铁直男，对这事非常不理解，认为这是谁家的枯骨就该由谁来掩埋。

姬昌：拥有天下的人，是天下人的主人；拥有一国的人，就是这一国百姓的主人。这人既然死在了我的地盘上，那我就是他的家里人，都是一家人了，替他收个尸不是理所应当的吗？

手下：懂了，情商加满了。

天下的诸侯和百姓们听说了这事，又开始热泪盈眶，纷纷感叹："西伯对枯骨都这么好，何况是对人呢？"于是瞬间把加给商朝的好

先秦兵戈乱浮云

感都转给了姬昌。

　　但姬昌的盛名远扬也引起商王帝辛的强烈不满。据《史记·周本纪》记载，大臣崇侯虎就曾劝谏帝辛要提防姬昌："西伯积善累德，诸侯皆向之，将不利于帝。"帝辛听后非常惊恐，于是命人将姬昌囚禁在一个叫羑里的地方。现在你去河南安阳还能找到这处遗址，已经被扩建成了风景区，专门用来纪念周文王。

　　天降横祸，骤然被囚禁，换作其他人肯定焦虑得要命，唯恐自己见不到第二天的太阳。但姬昌这个人的心理素质非常之强，眼前四下一无所有，只有一堆堆的枯草，他便利用手边的蓍草进行推演，变囚禁室为研究所，将伏羲氏的先天八卦推演成了六十四卦和三百八十四爻，并分别配以卦辞和爻辞，这便是中国历史上影响深远的奇书《周易》。

　　文王拘而演《周易》，但他被囚禁的这七年，他身边的臣子们也没闲着。周国的大臣散宜生为了营救姬昌，向帝辛献上了重金购来的奇珍异宝和来自莘国的绝世美女，乐得帝辛手舞足蹈，不仅大方地释放了姬昌，还赐予弓矢斧钺，授予他征伐大权，堪称史诗级的放虎归山。

◎ 商汤、伊尹、夏桀：还是原来的配方，还是熟悉的味道。

姬昌归国后再接再厉，继续图商，只可惜商朝未灭他先中道崩殂，好在他儿子姬发也是个好样的，继承父亲遗志，以少胜多，在牧野大胜商军，建立了享国共计790年的超强待机王周朝。

各位看得有点着急了，这都兴周灭商了，狐狸精妲己怎么还没出场？什么时候封神啊？

咱们这是正史，狐狸精是看不着了，不过妲己在历史上确有其人，后世许多文献资料都记载了此女的存在。和《封神榜》中的设定差不多，左丘明编著的《国语》中记载，妲己是苏国人，但冀州侯苏护之女这个身份完全是虚构的，当时帝辛发兵讨伐苏国，苏国不敌，只好照例献上马匹、财宝和美女，妲己只不过是被献上的美女之一，按照"女色误国"的传统套路，后世史书将帝辛无道的大部分原因都归咎在妲己乱政上。

可怜她当完苏国的牺牲品，又要给商朝灭亡背锅，实在是好惨一美女。

姜尚封神自然也是史书里没影的事，几乎都是明朝人许仲琳根据民间传说虚构的，周朝虽无"封神"，却大行"封土建国"制度，这便是历史上著名的"分封制"。周天子将土地分给王室子弟、功臣或古代帝王的后裔，统治封地的君主被称为"诸侯"，而诸侯则必须服从天子命令，向天子朝觐纳贡，为天子征战守疆。刚开始分封制非常好用，但时间一长，其弊端就慢慢暴露出来。西周后期，诸侯国一个比一个强大，大鱼吃小鱼，战争不断，周天子权力基本被架空，龙争虎斗的春秋战国时代到来了。

除此之外，延续几千年，对中国古代社会影响至深的"嫡长子继承制"也是在周朝时完备的。上文咱们说了，商王朝有好几百年都在内斗，之所以斗得那么厉害，就是"父死子继""兄终弟及"没弄明白，到底是哪个儿子或哪个弟弟继承才合法，搞得稀里糊涂，以至于哪个近亲都想来插一脚，抢抢王位。周朝"宗法制"确立后，等级划分更加明确了，一定程度上就能避免这种家族内部混乱的争斗。

不过"嫡长子继承制"也不是万金油，毕竟大儿子蠢笨如猪、小儿子奸猾似鬼的情况在中国古代并不少见，"立长"还是"立贤"的烦恼也始终困扰着中国的大家长们，他们始终找不到那个完美的答案。

嗨君捡史：何尊和"中国"

何尊，出土于陕西省宝鸡市陈仓区贾村镇，20世纪60年代时，曾被当地的村民当作废品卖掉。时至今日，它已经是国家一级文物，被收藏于陕西宝鸡青铜器博物馆，且是中国首批禁止出国（境）展览的镇国之宝。

1975年，在为何尊清理铜锈时，考古人员在其内底部发现了一篇共有122字的铭文，铭文中记载了年轻的周成王对周朝贵族青年们的勉励，年轻的贵族"何"聆听圣训后深受感动，将讲话的内容铭刻在这件青铜祭器上。值得一提的是，铭文中包含了"宅兹中国"四字，这是关于"中国"一词最早的记载。"宅兹"是居住的意思，这里的"中国"指的是当时天下的中心，也就是周朝的新都城成周（现洛阳一带）。时至今日，"中国"一词已然成为这片土地的代称，这件铸造于三千年前的青铜器，也被赋予了特殊而崇高的意义。

1.2 春秋战国《心机传》，大佬带头扯头花

如果说夏商周是一档大型的鉴宝栏目，每件掏出来的文物都够演上两集，那大唐就是中国版的《歌舞青春》，霓裳羽衣曲排演起来那叫一个漂亮；三国不用说，自然是战争片……

什么？你问春秋战国，那可就热闹极了。

春秋战国这段就像一部宫斗剧，服化道简陋，场景也没唐宋那么奢华，但无论什么时候拿出来看看，都很有意思。

记得《××传》热播的时候，身边朋友们追得那叫一个上头，个个戏精上身。都说"后宫如前朝"，今天嗨君就运用下逆向思维，用后宫的套路来和大家捋一下春秋战国的那些事。

> PS：以下内容仅为对这段历史的一种趣味演绎，旨在激发兴趣，欲知详情，还请参见正史。

故事还要从东周建立说起。假定天下是个偌大的后宫，分封的各国诸侯好比那性格各异的六宫粉黛，那么东周的地位便相当于后宫中的皇后。大小嫔妃表面上侍奉东周皇后谦卑恭敬，事实上心中却颇有不忿，原因无他，只因东周这个皇后不是原配，而是继后。

原本的后宫之主名为西周，曾经伐纣灭商，开创盛世，极有威望。她执掌六宫的时候，把妃嫔们都治理得极其卑服，每日晨昏定省，没人敢不积极。但西周皇后上了年纪，难免有点糊涂，到公元前771年的时候发生了一件大事——周幽王烽火戏诸侯。

先秦兵戈乱浮云

015

嗨君捡史：周幽王烽火戏诸侯

司马迁的《史记·周本纪》记载，周幽王宠爱一位名叫褒姒的美人，但褒姒生来就不爱笑，周幽王为博其一笑，不惜"为烽燧大鼓"。各地诸侯以为有贼寇入侵，周幽王才点燃了烽火，于是纷纷来援，褒姒见此大笑，周幽王也为此感到愉悦。后来，周幽王任用奸臣，废掉申后，放逐太子，申侯一怒之下联合犬戎攻打周幽王，周幽王慌忙举烽火征兵，这次却再无诸侯来救，西周因此灭亡。

就这样，西周皇后仓促辞世，两个和西周关系比较铁的诸侯晋国和郑国，此处我们称其为晋妃和郑妃，合力扶持了东周皇后，又因原来的镐京宫室残破，他们遂护卫着新皇后迁宫洛邑。

　自此"西周"落幕，"东周"开始。

东周继任皇后以来，日子过得十分憋屈，率先向中宫发难的不是别人，正是护驾有功的郑妃。郑妃家祖上阔过，先祖乃是周厉王的小儿子姬友（你没有看错，就叫这个），虽然和势力庞大的晋妃没法比，但也有嚣张的资本。

她眼见东周皇后软弱，各宫妃嫔都来抱自己的大腿，晋妃家里又出了点事自顾不暇，就越发飘了起来，不仅不再向东周皇后请安，还硬把皇后生的嫡子扣留在自己宫中，史称"周郑交质"。皇后动怒要罚她，她竟然派手下用箭射伤皇后肩膀，虽说不过是小伤，但此举直接让中宫颜面扫地。

此后各宫妃嫔更不把东周皇后放在眼里，每日请安也是零零散散的，迟到早退时有发生。

但郑妃也没嚣张几天，因为春秋一霸"齐妃"站起来了。这一代齐妃大名齐桓公，众所周知，能叫桓桓的都不是一般人，这位的祖上乃是赫赫有名的太公姜尚，可见从智商水平来看，桓桓和其他妃嫔就不在同一个层级上。

齐妃听从能臣管仲的建议，大力推行改革，提高自己的综合实力，因此地位瞬间升了上来。此外，管仲提出"尊王攘夷"的口号，谁敢瞧不起东周皇后，他就出面揍谁。齐妃首先便狠狠教训了不老实的郑妃，正好解了中宫的燃眉之急，因此被尊为"齐贵妃"，获得了协理六宫之权。

这边晋妃的家事也解决了，回头一看"尊王攘夷"这么好，齐妃一个姜姓的外人都这么干，我一个姬姓的皇后亲戚凭什么不干？于是也竖起了这面大旗。东周皇后喜笑颜开，当即给她发了个大奖状，晋妃摇身一变，也成了晋贵妃。

按照常理，宫中两大贵妃并立，焉有不争之理？但齐晋暂时还真没打起来，一是碍于中宫东周的面子，说好了尊王攘夷总得先干正经事；二是双方分庭抗礼，短期内谁也奈何不了谁；三是晋贵妃遭难的时候齐贵妃那边也没少帮衬，所以两家非但没开撕，反而还在敛盂这个地方签订了和平盟约，一同制楚。

楚国是位南方来的美人，不懂后宫那些权术，不遵周礼，就连官方语言都说不明白，但娘家势力大得可怕，要不是实在干不掉东周皇后，她都想自己坐上皇后宝座号令六宫。如今退而求其次，也不肯与其他嫔妃平起平坐，她不光想要当贵妃，还要做皇贵妃，尽管礼官跪着说娘娘这不合礼制，她也要踩着礼官的头把事给办了。

🌀 不肯？不肯就揍你。

楚皇贵妃野蛮强横，有着一打二甚至一打多的实力，曾在邲之战中大胜晋贵妃。某天她与众嫔妃觐见皇后，竟口出狂言，向东周皇后的臣子打听道："我看皇后这凤印（鼎）不错，是什么材质的呀？大不大？重不重？敏感肌可以用吗？没啥没啥，我就问问。"

东周大臣：怎么的？你想自己做一个使使吗？

先秦兵戈乱浮云

嗨君捡史：楚庄王问鼎中原

传说夏禹铸造九鼎，代表九州，九鼎为天子所有，但楚庄王却在观兵时，向周定王的使臣王孙满询问鼎的大小轻重，王孙满答：一统天下"在德不在鼎"，"鼎之轻重，未可问也"。后用这一典故比喻企图夺取天下。

当是时，齐贵妃也上了年纪，宫中只有晋贵妃能抗衡楚皇贵妃，两边三五不时地就叫上自己的人，正面对决，各有折损，打得很辛苦。正好几年一度的选秀又开始了，晋贵妃一点数新人，发现新进宫的"吴答应"不错，三说两说就把她拉到自己的队伍里来了，教她礼仪，赐给她封赏，还没少在中宫面前为她说好话，因此和楚皇贵妃打起仗来，吴答应也是真上。

正好吴答应手底下有个能臣，叫伍子胥，原本是楚皇贵妃那边的人，但父兄都被楚皇贵妃所杀，一门心思想报仇雪耻。因此在他的协助下，骁勇善战的吴答应一路打到了楚皇贵妃的内宫，吓得她发髻都散了，小脸煞白，又被伍子胥狠狠扇了几个巴掌，只得跑到偏殿避祸，才逃过一劫。吴答应也随着一次次胜利，升到了吴妃的位置。

伍子胥：敢欺负人？尸体都给你拖出来抡几鞭子。

楚皇贵妃：不敢了，不敢了。

吴妃发达起来了，就想反手治一治当年在储秀宫欺负过自己的"越贵人"，越贵人没吴妃升得那么快，当时还是越嫔，打起仗来也稍逊一筹，做了吴妃的俘虏。但越嫔是个有心机的，并不把对吴妃的恨意表露出来，反而脱簪请罪，每日恭恭敬敬地像丫鬟一样伺候吴妃，任她奚落，用恶劣的吃住条件激励自己，还衍生出了"卧薪尝胆"这一典故，最终逃回宫中，积攒实力，一举完成了反杀，除掉了吴妃。但越嫔的好日子也没有过多久，家中内乱频频。上面发生的种种，都被躲在墙角的"鲁嫔"看在眼里，记在了小本本上。鲁嫔出身高贵，知书达理，早年也争过，一段时间内甚至制衡过晋贵妃和楚皇贵妃，不过人到中年，鲁嫔顿悟了，自己最爱的还是搞文化。因此她退居深宫，专心编撰史书，还培养出了孔子、左丘明、柳下惠、曹刿等一批贤才，后人便将她编撰的这段历史称为"春秋"。

除了上面那几位外，《春秋》还着重记载了两位苟活到战国的选手，她们便是秦和宋。幸福的妃嫔出身大抵是相同的，不幸的妃嫔各有各的不幸，秦、宋便是其中的代表。

宋妃长居商丘，这地方是前朝殷商的旧都，商灭后她便随族人被周王室安置在这里，属于一个"亡国公主"的人设。西周皇后仁德，加上顾忌她家的残余势力，准许她依旧使用天子礼乐奉商朝祭祀，并遵其为"三恪"之一，嘱咐各宫嫔妃都让着点她。

宋妃就这样被娇惯过了整个西周时期，乃至到了春秋，也没什么人认真打过她，还让她在襄公时期小小地辉煌了一阵。但不被打并不

先秦兵戈乱浮云

019

证明日子过得好，宋妃惨就惨在她的寝宫夹在了晋贵妃和楚皇贵妃这两个大咖中间，每次双方约架，宋妃宫中的草坪都会被踩踏一番，吓得她躲在自己宫里，不敢冒头。

秦妃就更惨了些，出身卑贱，家中本是给西周皇后养马的，入宫后被分到最偏远简陋的西北寝宫，受尽了贵人们的白眼。但越是这种不起眼的小角色，后期越有可能秒杀全场，秦妃就是这样的存在。

秦妃日常生活比较艰苦，但战斗力却不低，尤其擅长苦战、死战，把西边的戎族打得节节败退，是皇宫西侧的有力屏障。对内，她和晋贵妃住得很近，但二人今天亲如姐妹，明天就打得你死我活，名义上结成了所谓的"秦晋之好"，实际上却是"发烂发臭"的塑料情谊。

秦妃就这样在河西偏殿里，越穷越战，越战越穷，一直战到了下一个重要时代——战国，晋贵妃家庭内部再度散架，她才终于有了喘息的机会。

战国初期发生了一件大事，势力如日中天的晋贵妃被自己宫里的三个大宫女干掉了。不仅如此，这三个大宫女夺了晋贵妃家产后，还跑到东周皇后面前请旨，说妃子谁当不是当，也让我们过把瘾，硬生生将晋贵妃宫瓜分成了三块，各占一块，建立了战国时期赫赫有名的韩、赵、魏三国，史称"三家分晋"。

东周皇后正为这事心累得不得了，齐贵妃那边又出事了，这事比晋贵妃那头还要蹊跷。齐贵妃手下的掌事宫女小田把控了主子的权力，竟重金请来整形医生为自己改头换面，李代桃僵，就地当起了新版"齐贵妃"，这下连另外建国都省了，这便是历史上的"田氏代齐"。

崭新的齐贵妃，刚出道的韩贵妃、赵贵妃、魏贵妃，实力依然强劲的楚皇贵妃，再加上河西的秦贵妃、北地的燕贵妃，共同构建出战国的七强版图——齐、楚、燕、韩、赵、魏、秦。值得一提的是，经过不断地斗争兼并，此时宫中的妃嫔数量已从东周初期的百余个减少到了三十几个。"封后的诱惑"升级成了"封后的欲望"，七个贵妃都想吞掉其他妃嫔，有朝一日踢掉东周自己做皇后。

大战一触即发，偏偏亡国公主宋妃那边不懂事，明明夹在各宫之间，一看之前欺负自己的晋贵妃倒了，就三天两头出来蹦跶，今天撩撩这个，明天捅捅那个，结果被齐贵妃一巴掌给灭掉了。

宋妃：嘤嘤嘤，你怎么能打我？

齐贵妃：打你就打你，还用挑日子吗？

但宋妃好歹是西周皇后列出的重点保护对象，加上她的宫殿里留着不少前朝的宝贝，地界又好，各宫长期以来都对她虎视眈眈，如今齐贵妃竟敢吃独食，除了秦贵妃外的五位娘娘一交换眼色，决定聚众群殴她。

齐贵妃实力再强也扛不住几家一起上，几乎被打死，此后元气大伤，史称"五国伐齐"。

你问秦贵妃此刻在搞啥？答：在搞改革。

秦贵妃家里养马，小时候也没上过什么学，论起文化和心机都远远不及中原诸国，但秦贵妃是个有韧性肯学习的主儿，她请来魏贵妃宫中的文化人商鞅做老师，开始改革自家的制度，推行法家思想，强国强军，向天下宣告，以前总是被人欺凌的弱秦站起来了，即将登场的是"钮祜禄·强秦"！

嗨君捡史：商鞅变法

商鞅本是战国时期卫国的公族，曾在魏国国相公叔痤处任中庶子，魏惠王不听公叔痤的建议，未能重用商鞅。恰逢秦孝公招贤纳士，寻求变法强兵良策，多次召见商鞅，双方一拍即合，力排众议展开了声势浩大的秦国变法。商鞅变法打击了旧贵族的势力，废除了井田制度，提出了奖励耕战和移风易俗等重要举措。虽然商鞅最终因为旧贵族的报复死后被五马分尸，但新法并未因此废除，经过变法，秦国迅速崛起，成为战国时期的强国。

各宫见秦贵妃强大起来了，都很慌张，这时魏贵妃宫里的公孙衍出主意，建议六位娘娘伎重施，像当年打齐贵妃那样，去揍秦贵妃，史称"合纵"战略。

● 齐贵妃：你清高，你了不起，你把当年打我的战术拿出来，还让我参与。

　　而秦贵妃尝到了引进人才的甜头，又从魏贵妃那引进了辩论高手张仪，派他到各宫去说其他娘娘的坏话，运用"连横"的手段，逐步瓦解了本就各怀鬼胎的六宫联盟。

　　这还不算，擅长生产人才但不会用的魏贵妃又为秦贵妃提供了帮手三号——范雎。范雎向秦贵妃提出，对待敌人，你光靠打是打不完的，还得会利用，就比如离咱们很远的齐贵妃和楚皇贵妃，最近打仗都出了不少力，急需补给，我们可以施以小利，进行收买；对我们有直接威胁的韩贵妃、赵贵妃、魏贵妃，就可以联合齐楚，没事揍她们一顿。

　　不仅如此，威风八面的秦贵妃还直接跑到了东周皇后的宫里，伸手就去拿皇后凤印，结果被砸断了脚趾。不过东周皇后也因此跑回老家，去亲戚那儿避难了。

　　就这样，在强秦的逐步蚕食下，没什么存在感的韩贵妃很快领了盒饭，赵贵妃满以为自己还能撑一撑，结果被"纸上谈兵"的赵括坑惨了，让秦贵妃的人闯进来摔盆摔碗，连院里的鸡蛋都被逐个捏稀碎。

　　魏贵妃更惨，寝宫紧挨着黄河，秦贵妃直接决了大堤，大水封门，魏贵妃薨。

　　楚皇贵妃早期引进了名将吴起，曾短暂地聪明过，无奈智商欠费太多，实在跟不上娘娘们宫斗的步伐，先是被张仪折腾得够呛，后来更是被骗到秦贵妃宫中惨遭软禁，没过多久，国被灭。

　　燕贵妃一看，楚皇贵妃这么嚣张的角色都被除掉了，晚上吓得连觉都睡不着，估摸着自己战力不够，就开始耍阴招，派刺客荆轲借着送礼的名义去刺杀当时距离后位仅有半步之遥的秦贵妃，结果当场露

先秦兵戈乱浮云

023

馅，随后也被干掉。

上文我们说过，根据范雎制定的"远交近攻"策略，剩下的齐贵妃本该是秦贵妃最忠实的盟友，齐贵妃也是这么认为的，举起双手当场投降。但秦贵妃不是当年的吴妃，明白对手没有放过夜的道理，除掉燕贵妃后，她怎么看被安置在冷宫的齐贵妃怎么不顺眼，竟活活将齐贵妃给饿死了。

至此，秦贵妃执掌天下，再无对手，最终建立了大一统王朝，春秋战国《心机传》杀青！

什么，你问逃回老家的东周皇后？听说她和人借了一大笔钱，打算雇杀手杀了秦贵妃，结果还不起债，被赶到一座高台上不敢下来，最终被活活气死了，成语"债台高筑"就是这么来的。

1.3 短命秦朝和楚汉对决

秦始皇在历史上有贡献，但是吃了秦朝年代太短的亏。

——鲁迅

有多短呢？满打满算不到十五年。

类比成人的话，都是大一统的伟大王朝，唐朝活了二百八十九岁，宋朝活了三百一十九岁，大秦初中没毕业就死了。

就很仓促。

网红店服装预售都没有这么快的。

秦始皇自己也没料到，毕竟他在剪彩仪式上定下的企划是"二世三世至于万世，传之无穷"，结果别说万世，"二"字才刚起了个笔，就完结了。不少人就拿这事嘲笑秦始皇，说您千古一帝，怎么还乱树立目标，一点远见都没有——这还真用不着，他实在已经很努力了。

如果把天下一统后，秦始皇做的事列成一张简历，大体上应该是这样的。

秦始皇，姓嬴名政，赵氏，祖籍在大秦咸阳城，不过童年时代都是在赵国邯郸度过的。出生于公元前259年，13岁继承王位，工作单位在渭水之南的阿房宫。

让你们打工人看看什么才是牛瓣简历！

与其他抓心挠肝也写不出工作经历的人不同，秦始皇的工作内容得省着点写，一言以蔽之，就写"建立了中国历史上第一个统一的封建王朝"吧！这事说起来只有不到二十个字，做起来却用了500多年，当时的人代代生于战乱，死于战乱，祖祖辈辈就没见过太平盛世，突然有天大一统了，那感觉简直像做梦一样。

当事人嬴政也觉得自己好棒，就找来众臣说，我都不知道该怎么夸自己好了，这可怎么办呢？丞相王绾、御史大夫冯劫和廷尉李斯三个人一商量，说您别急，听我们引经据典地夸。

"昔者五帝地方千里，其外侯服夷服，诸侯或朝或否，天子不能制。今陛下兴义兵，诛残贼，平定天下，海内为郡县，法令由一统，自上古以来未尝有，五帝所不及。"意思就是五帝了不起吧？但和陛下您比起来，那都是弟弟。又说上古有"天皇、地皇、泰皇"的说法，分别是黄金、白银和铂金级，您看好了哪一款呢？

嬴政：不太够，还有更高规格的选项吗？

三大臣：嗯……本来是没有的，但看在您是我们的"钻石会员"份儿上，今天我们特别向您推荐"皇帝"这个头衔，意思是德兼三皇，功盖五帝，您看看还满意吗？

嬴政：满意满意，特别满意。有什么赠品吗？

三大臣：那肯定是有的呀，除了这个钻石级的头衔外，我们还特别替您拟好了几种新玩法，从今以后，您自称就别说"我"啦，改叫"朕"，听着就高级。再有皇命称为"制"，令称为"诏"。您不是喜欢黑色，觉得黑色炫酷吗？我们就把您的衣服、旌旄、节旗这些装备都换成黑色的。您说六是您的幸运数字，我们就把宫里所有物品的数量都做成六的倍数，法冠做成六寸，座驾做成六尺，马换成六匹，就连一步的长度也设置成六尺，您看看够不够六？

嬴政：有被六到。

说完工作经历，接下来要讲项目经历，秦始皇主导完成的重大项目主要有三个：

先秦兵戈乱浮云

一、建立中央集权的封建君主专制制度

读了上一篇春秋战国《心机传》，我们知道，"后宫"太乱可真不行，天下也是一样。周朝采取的是分封制，诸侯国王一多起来，你方唱罢我登场，日后难免要打仗。秦始皇夜里辗转难眠，想着自己好不容易统一了，可不能重蹈覆辙。但不封王封侯，这么大的天下谁来替自己管？

他琢磨了一圈，爹亲娘亲不如制度亲，他要写一个程序，小齿轮带动大齿轮，大齿轮又紧密地受自己监管，为中央朝廷服务，这个程序就叫作"三公九卿"和"郡县制"。

 嗨君捡史：三公九卿和郡县制

三公即丞相、太尉、御史大夫，下面统领着奉常、廷尉等九个行政长官。所有的官职均由皇帝任免调动，一律不准世袭，这在一定程度上保证了官员的质量。

中央朝廷安排好了，地方也要跟上。秦始皇将全国分为三十六郡，郡下设县，县下设乡、里和亭，乡、里、亭又设置里正、亭长等基层人员进行管理。汉朝开国皇帝刘邦在秦朝时就是个亭长。

同时，这个程序又以商鞅的法令为轴，哪一个螺丝钉不服管，就立刻换掉，不仅要换这一颗，周围的大小螺丝都要"连坐"，以保证国家机器不生锈，十二个时辰连续工作，真正做到了"履至尊而制六合，执敲扑以鞭笞天下"。

怎么样，是不是听起来很熟悉？这里科普一个冷知识，"上班"这一有益身心健康的活动，就是秦始皇发明的。

二、统一文字、货币、度量衡

这事乍一听，好像没多么了不起。

我们扯远点，西方人的《圣经·旧约》中写道，大洪水过后，人类企图建造起一座直通天堂的巴别塔，惊动了上帝，上帝为了制止这一切，改变并区别了人类的语言，令他们不能沟通交流，巴别塔便永远都建不成了。

知道为什么要强调西方人吗？

◎ 东方的秦始皇：不就是巴别塔吗？盖！往天堂中心盖，谁都别给我停下来！

嗨君捡史：书同文

秦朝以前，各国都有自己的文字和语言，大家各写各的，稍微走远一点，就得带个翻译。交流不方便不说，最要命的是这样一来，文化很难延续。秦始皇不允许自己的大一统国家出现这样的文化鸿沟，于是他毅然决定，要让天下所有人都写一样的小篆，"书同文"这一制度也被历朝历代沿袭下来。

因此经过千年的演变，虽然全国各地口音各异，但通过统一的文字，我们也可以很容易地了解当时的历史，领悟每一时代的文学。

所以提到秦始皇和文化的关系，别只知道答"焚书坑儒"啦。

◎ 正是因为上述创举，才使得中华文化延续千古，经久不衰，让我们一起说：谢谢你，秦始皇！

除了文字外，秦始皇还统一了货币、度量衡和车轨距离，修建了

◎ 通过这些措施，他真正地将中国从内部合为一体，我们不禁想
问："陛下，您平时都不休息吗？"

三、拓展大秦版图

陛下不仅不休息，陛下还嫌工作空间不够大。

统一中原后，秦始皇兴兵五十万，开始南征百越，这场战争打
得相当惨烈。秦军三年不解甲弛弩，而越人也利用山林优势，拼死血
战，双方激战了三年之久，秦军大将屠睢中毒箭身亡，战士死伤无
数。秦始皇仍不死心，又派任嚣和赵佗再攻，终于将岭南地区纳入了
秦之版图。

与此同时，秦始皇还计划着向北方还击，北方的民族是哪个呢？
没错，就是汉朝在很长一段时间内怎么都打不过的匈奴。秦始皇派蒙
恬领兵三十余万，从长城开打，西北是秦人老家，打得那叫一个酣畅
淋漓，可以称得上暴捶匈奴。

面对这样的敌人，匈奴估计心理压力也不小，一路败退，最终大
秦攻取河南之地（不是现在的河南，是内蒙古包头河套一带），在草
原上插上了自己的旗帜，移民三万，屯垦戍边，将北地真正转化为自
己的国土。

秦朝总共才不到十五年，除去秦始皇去世后的八年，短短七年时
间，他的简历就拉了这么长。

你问怎么不写他统一六国那段？

◎ 秦始皇：我导师吕不韦说实习经历不用写。

这样的简历不用说，哪个HR能拒绝？但嬴政面试可能不会那么

顺，因为秦始皇这个人长得比较特别。

 嗨君捡史：秦始皇到底长啥样

司马迁《史记》记载："秦王为人，蜂准，长目，挚鸟膺，豺声，少恩而虎狼心，居约易出人下，得志亦轻食人。"这是战国时一个叫尉缭的人的描述，他曾和嬴政近距离相处过一段时间，认为嬴政这个人有朝一日"得志于天下，天下皆为虏矣"，所以不敢与嬴政过多相处。尉缭可以说是个大预言家。

不过秦始皇当秦王属于保送，当皇帝则是自己创业，也没哪个面试官有"福气"面到他。皇帝当到这个份上，基本也就到头了，秦始皇脑子里想的事情也和普通君王不一样，好像没有哪本史书记载他耽溺后宫，专宠哪个美人，也没听说过嬴政暴饮暴食的小道消息，好像他的业余爱好就只有盖房子、修墓室和修仙。

修墓室是为了死后升天，修仙是为了生前得道，但显然从结果来看，嬴政哪个也没成功。

公元前210年，秦始皇暴毙于沙丘宫，当时赵高和李斯正在密谋逼死公子扶苏，立胡亥为君，因此隐瞒了他的死讯，让车队日夜兼程，赶回咸阳，仿佛秦始皇还在出巡的样子，欺骗臣民，事实上尸体都开始发臭了。

大臣：车里怎么那么大的味啊？

胡亥：父皇正嗦粉呢，螺蛳粉。

大臣：不对，不是粉味。

胡亥：臭鱼，我加了臭鱼。

皇上是有特殊癖好吗？车上传出来的味道太臭了！

臭

胡亥一行人还真的加了臭鱼，当时叫"鲍鱼"，以此来掩盖尸体的腐臭味，可叹秦始皇千古一帝，死后竟如此潦倒，非但没做到"长生不死"，反倒是"不得好死"。

秦始皇一死，秦朝这边基本上就没什么看头了。

死心眼的扶苏看了假诏书，以为爸爸不爱自己，绝望自尽。新登基的秦二世胡亥半点没遗传亲爹的智商，又凶又乖地成了赵高的傀儡。赵高先除掉了与自己合谋的李斯，又让女婿阎乐整死了秦二世，玩到最后，全场等级高的就剩他自己了。

但常在沟边走，哪有不翻车的。

赵高做梦都没想到，自己亲自扶上皇位的傀儡子婴，正是那个挖沟的人。我们至今未能知道这位秦三世是谁的儿子，但他无疑是将嬴政基因继承得最好的那一个，登基仅五天，就完成了绝地反杀，设计刺死赵高，并夷灭其三族，痛快地出了口恶气。

这样的智计勇气，日后不难成为一代雄主，但历史并没给子婴展示的机会。

秦朝本来就是个刚建好的大别墅，甲醛还没散干净呢，被胡亥、赵高等人一折腾，就迅速地坍塌了。民间陈胜、吴广揭竿而起，六国的旧贵族也纷纷向咸阳进发，要去和大秦算总账，子婴实在是摆不赢这盘乱棋，为保妻儿老小性命，只得把自己捆好，一身缟素，用马车拉着玉玺、兵符和一干"家产"，去军前投降，希望能保住身家性命。

　　假定这是道判断题，此刻咸阳城外迎来了两位考生。

　　第一位考生名叫刘邦，他入主咸阳后，思虑再三，在子婴的活命申请上打了 ✓。

　　俗话说穷寇莫追，降将勿杀，人家子婴都举起手来了，你还非要人下地狱去，舆论上实在说不过去。子婴一死，秦将必反，秦民必乱，对他维持人气、登顶C位可是大大的不利。

⤳ 活命申请 ⤶

| 子婴 ✓ | 审批人：刘邦 |

刘邦：罢了，毕竟老夫也不是什么魔鬼。

樊哙、张良：对，你得装，你得继续装。

　　为了在总决赛时树立一个良好的人设，刘邦不仅不杀子婴，还听取了萧何的建议，与选民们约法三章，发誓只要大家为他投上宝贵的一票，他保证废除严苛的秦法，从严治军，严于律己，鞠躬尽瘁，死而后已。

　　🔊 秦人：世上原本没有神，但刘邦，今夜你是我的神！

　　经过一番专业的营销公关后，刘邦人气迅速登顶。

　　接下来，让我们看看另一位考生项羽的答案。

　　项羽的想法很简单：看到刘邦火了，他也想火。

先秦兵戈乱浮云

作为一个言行一致的真汉子，项羽说到做到，刚挺进咸阳城就狠狠地"火"了一把——物理层面的。

他入关后做的第一件事情，就是在子婴的生死簿上打了 ✕，还嫌不解气似的，又在咸阳城烧杀抢掠，连放了三个月的大火，这把火从秦始皇办公室一直烧到大秦图书馆，所到之处，屋毁人亡，也算另外一种意义上的"炸场"。

↪ 生死簿 ↩

子婴 ✕ 　　　审批人：项羽

看到项羽这个德行，秦人"大失望"，表面上慑于武力压迫，乖乖投降，背地里各种给营销号投稿，大骂项羽。

项羽坐在咸阳的废墟上，越想越气，觉得大城市民风冷漠还排外，当即拍板，辛辛苦苦打下的咸阳城不要了，他立刻、马上、现在

就要回老家！

那么问题来了，项羽老家在哪儿呢？

| 泗水郡 ☑ | 其他 ☐ |

刘邦是哪里人呢？巧了，也是泗水郡人。

所以秦汉之交风起云涌的争霸系列战，说开了不过是两个江苏老乡之间的内斗，可同为包邮区的娃，项羽和刘邦的前半生，过得那叫一个天差地别。

项羽，项氏姬姓，出身楚国贵族，虽然国没了，但瘦死的骆驼比马大，从来就没为吃穿发过愁。他打小长得就结实，一米九的大个儿，目生重瞳，还是校举重比赛冠军，西楚地区的少年提起他，都得尊称一声"我羽哥"。走在路上就有无数小姑娘喜欢，青春期最大的烦恼是报哪个特长班。

◎ 为人桀骜不驯，在路边碰到秦始皇御驾也不低头，当众竖小指说："就这？我上我也行。"

要不是被叔父及时捂住嘴，险些创业未成而中道被灭族。

反观刘邦，刘氏无姓，出身农民家庭。当皇帝后想追溯祖宗渊源，往上数八辈都找不出个有头有脸的人物。相貌平平，个子似乎也不高，唯一值得夸耀的是胡子生得很标致，再有就是左边大腿上长了七十二颗黑痣。

刘邦还以好酒和好色著称，是乡里远近闻名的无赖，去老丈人家喝酒不带钱，靠行为艺术吸引人家注意，白赚了个媳妇。三十多岁了才当上基层公务员，工作期间常常酗酒，放跑了押送的囚徒，自暴自弃，让大伙当场解散。自己跑得挺干脆，全然不顾家中老婆孩子被牵连银铛入狱。

为人好打嘴炮，在路边碰到秦始皇御驾，兴奋得手舞足蹈，直

先秦兵戈乱浮云

035

呼："慕了慕了！"

起义过程中，他自己也想不明白，凭自己的出身为啥能当老大，只好临时编了个斩白蛇的烂梗，用神话为自己创建了一个"赤帝之子"的华丽标签。

嗨君捡史：斩蛇起义

刘邦斩蛇起义的故事最早记载于司马迁的《史记》，传说刘邦解散囚徒后，有十余人依旧愿与他同行。一行人行路途中遇到白蛇，刘邦斩之。后来有人在斩蛇处遇到一个老妇，老妇哭诉："吾子，白帝子也，化为蛇，当道，今为赤帝子斩之。"那个人就把这件事告诉了刘邦，刘邦大喜，跟随他的人因此而愈发敬畏他。

照理说，这样的两个人应该一辈子都不会有什么交集，但历史的有趣之处这时候就显现出来了——他们不仅相遇了，而且还入了同一个阵营，一起为楚怀王打工。

有读者说，你打住！是不是欺负我没文化，谁不知道楚怀王那是战国时代的人，他和屈原之间的"爱恨情仇"我熟得很。

没错，正版楚怀王是不可能跑到秦末来的，咱们说的这个，是项羽从民间请来的托儿，俗称楚怀王2.0。

楚怀王2.0据称是楚怀王的亲孙子，大名熊心，这位可没有半点雄心壮志，他也不敢有，被项羽邀请来的时候，他正在河边放羊。

项羽：小兄弟，你要工作不要？

熊心：要要要，五险一金啥的咱不强求，管吃管住就行。

上文我们说到，秦二世统治时期，横征苛敛，各地起义军如雨后春笋般涌现出来，但起义不是谁都能干的，得有个"名目"，当时人都很看重这个。

譬如东阳有个叫陈婴的人，手底下几千人都拥护他，但陈婴不敢自立，大老远地跑过来投奔项羽。

就因为陈婴他妈说：儿啊，自打我嫁到你家，就没听说过你家有哪个先祖是大贵之人，我瞅你也不像。"今暴得大名，不祥。"你还是去找个大企业上班，把社保交上，这样如果以后成功了，那就可以封侯，一旦失败了，有你老板顶着，也轮不到你做千夫所指之人。

反观项羽家是什么地位？《史记》上用八个字概括，叫"世世将家，有名于楚"。当年陈胜、吴广起义，冒的就是他爷爷项燕和公子扶苏的名。有了这样的出身，楚人当然都愿意和项羽混，但项羽的亚父范增觉得还不够，要把天下人都聚集起来，还需要寻找更强的纯血种，于是才有了楚怀王 2.0 出世。

不过说到底，楚怀王 2.0 不过是楚军的名誉董事，项羽才是首席执行官。

典型事例就是项羽军中有个叫宋义的人，是个能人，能到什么份上？项羽的叔父项梁和秦军作战，宋义一通进谏，说你应该怎样怎样，不然你就会死。

项梁不听，下一幕果然立死。

楚怀王 2.0 一看，这是个人才，咱们得抓来用，就让宋义做了上将军，封项羽做次将，希望两人能精诚合作，尽早打败秦军。

当时还有另一股自称"赵国"的起义军，正在巨鹿被秦军围攻，楚军内部商讨要不要出兵相援。

项羽："那必须援啊！咱们和赵王来个里应外合，这仗不就打赢了？"

宋义礼貌道："要不您再想想？坐山观虎斗的故事项梁给您讲过

先秦兵戈乱浮云

037

吗？鹬蚌相争的故事呢？他们俩打，咱们在旁坐收渔利，一举消灭秦朝，这种速通方式您不喜欢吗？求求您听听专业人士的话吧，虽然披坚执锐，上阵杀敌，我不如您；但运筹帷幄，您不如我宋义啊。"

项羽听到的：您、不、如、我。

于是项羽勃然大怒，去上将军营报到的第一天，就挥刀砍下了宋义的人头，还追上去杀了宋义外出务工的儿子。

🌀 楚军人才储备-1。

宋义和项羽所统领的这支队伍叫北路军，宋义一死，项羽就成了北路军的老大。与之相对的还有一支西路军，带兵的正是刘邦。

在兵分两路之前，楚怀王2.0曾给各路诸侯画了个饼，决定举行一场智勇大冲关，谁先冲入关中，就让谁做关中王。

在座将领都是老油条，对狼性文化完全不感冒，知道秦军打仗凶狠，都不想往刀口上撞，一时间转笔的转笔，打哈欠的打哈欠，搞得楚怀王2.0好生无奈。

这时候人群中突然有一只手高高举起，楚怀王2.0眼前一亮，看清是谁后又眼前一黑。

项羽：让我去！我要灭了秦朝给我叔叔报仇！

楚怀王2.0：很好，如果派你去打咸阳，你会采取怎样的战略呢？

项羽：烧光！杀光！抢光！

楚怀王2.0：……

楚怀王2.0：还有其他人想去吗？

刘邦：你们看我像想去的样子吗？

最终，项羽被派去巨鹿城救赵，刘邦因为"仁厚老实"，更能笼络人心，被众人推举去咸阳和秦军硬刚。

但不管怎样，刘邦和项羽两支队伍分别出发了。经过一系列交战后，刘邦率先破秦，夺取了关中，这才有了开头的那一幕。

按人气说，刘邦民心所向，C位绝对稳了。

可无奈项羽是带兵进组，四十万大军对上刘邦的十万兵力，刘邦倒是想称王，但也只能是想想，没两天就退居灞上，给项羽让地方。

先秦兵戈乱浮云

鸿门的庆功酒会上，刘邦眉间心上都是怂，生怕项羽一不顺心把他"咔嚓"了，但项羽也是神奇，明明是动不动就能活埋二十万人的主，一听刘邦夸他就脸红，把杀人这茬给忘得一干二净。范增一个劲儿地给项羽使眼色，项羽却只当他朝自己抛媚眼，还心说亚父七十多岁了，老当益壮还苦练表情管理，急得范增酒杯都要攥碎。

没办法，见项羽没有杀刘邦的意思，范增只得启用方案二，让项庄上场耍剑，找机会将刘邦一次性击毙，谁料项羽的又一个叔叔项伯这时候来劲了，也拔出剑来，见招拆招，和项庄舞了一套眉来眼去剑法。

◎ 范增：有内鬼，停止舞剑。

但为时已晚，刘邦心慌之下早已尿遁，留下场面大师张良继续给项羽灌迷魂汤。

范增：我为啥放着好好的退休金不领，和这小子一起创业？走了，太伤自尊了。

◎ 楚军人才储备 -2。

放走刘邦后，项羽又有了一整套迷幻操作。

首先就是在都城的选择上，这里有三个不会出错的地点供项羽选择：

（ A. 咸阳 ☐ ）　（ B. 长安 ☐ ）　（ C. 洛阳 ☐ ）

但项羽选了 （ D. 彭城 ☑ ） 他决定建都彭城，也就是老家江苏，自封西楚霸王。

上文我们说了，项羽攻下咸阳之后，就一直盼着回老家，为啥呢？用他自己的话来说："富贵不归故乡，如衣绣夜行！"

没什么深奥的理由，就是不炫一炫他浑身上下细胞疼。

安排好自己的去处，项羽又开始琢磨其他人，首先是不能让刘邦好过，要把他安排在路最不好走的地方。于是他封刘邦为汉中王，让他守巴蜀；又在隔壁的关中安排了三个自己人，以为可以牵制住刘邦。

之后项羽又七七八八分封了许多王侯，怎么说呢？在地上撒一把米，让几只鸡分，都比他分得好。所以没过多久，被分封的各个王就开始闹事，项羽忙于平叛，恰恰给了刘邦机会。

他拜韩信为大将，先搞定了项羽放在自己身边的三颗定时炸弹，又伺机东出，与项羽展开正面较量。

嗨君捡史：明修栈道，暗度陈仓

陈仓为当时的县名，刘邦命韩信从汉中出兵，进攻关中。韩信为迷惑敌人，故意派樊哙等人从祁山道佯攻陇西，自己则从陈仓出兵，发起奇袭。"明修栈道"为元代戏文中，为增强戏剧效果加上的情节，正史中并无记载。后人也以此来代指将真实意图隐藏在表面的行动之后，使敌人产生错觉，从而出奇制胜的战术。

这时候熟悉的话题又来了，"名目"，刘邦反叛需要个名目。

正好项羽前段时间因为智勇大冲关的事，记恨楚怀王2.0，反手把这个名誉董事干掉了。刘邦一看死得好啊，马不停蹄地跑去为楚怀王2.0哭丧，信誓旦旦地要为他复仇，还号召各路诸侯团结起来，一同抵制项羽。

自此，楚汉战争的第一枪正式打响了。

说起楚汉战争，那就一个特点，磨人。

今天刘邦在张良的筹划下，偷了项羽的粮草；明天项羽趁刘邦不

先秦兵戈乱浮云

备，掀了刘邦的家；这头项羽刚俘虏了刘邦的妻儿老父，那头刘邦又挖走了项羽的得力干将。

项羽打秦军的时候都没这么费劲过，这会儿也被刘邦搞得不耐烦了，直接喊话刘邦。

项羽：愿与汉王挑战决雌雄。

刘邦：吾宁斗智，不能斗力。

项羽：姓刘的，你投不投降？再不投降我就把你亲爹杀了！

刘邦：听我给你将一将啊，当年我和你结拜为兄弟，吾翁即若翁，必欲烹而翁，则幸分我一杯羹！

项羽惊了，世上竟有如此厚颜无耻之人。

刘邦乐了，只要我没有道德，谁都别想道德绑架我。

双方谁都灭不掉谁，相持之下，项羽又做了一件极其幼稚的事，他掏出一根粉笔，拉过刘邦，在两个人之间画了一道"三八线"，和

刘邦拉钩："咱们说好了哦，这边是我的地盘，那边是你的，咱们谁也不准越界。"

这条鸿沟就是象棋棋盘上的楚河汉界。

四百多年后，有个叫阮籍的人路过这道鸿沟，回想起刘邦和项羽那些年的纠缠，觉得简直不忍直视，不禁发出感叹："时无英雄，使竖子成名。"

言下之意，这都什么人啊，仗打成这个样子，像话吗？像话吗？

项羽但凡用脚趾想想，都该知道刘邦是个不信守承诺的人，果然没过多久，刘邦就趁"同桌"不备，悄悄地用袖子把"三八线"蹭花了。随后他带着那些年被富二代项羽欺负过的"同班同学"，一起把项羽堵到了墙角，也不管群殴仗不仗义，对着项羽就是一顿猛捶。

这个"墙角"，就是垓下；这场群殴，就是历史上著名的垓下之战。

起初，项羽仗着强大的战斗力和实战经验，还能招架几个回合，但架不住刘邦要心机，请来了"蒙面歌王"合唱团，来了个楚歌大合唱，一下子就把楚军的心理防线击垮了。

楚军：你们没有自己的歌吗？为什么唱我们的歌？

经过这一战，项羽率领的楚军几乎全军覆没，只剩他孤身带着八百士兵突围至乌江。当初刘邦只剩十几个人，都能凭借腿脚利索，保住一条小命，卷土重来。照理说项羽这边也不是全然没希望，可偏偏就在这个时候，项羽的表演型人格又发作了。

他弃考了，他不答了，他掀翻桌子站上去做演讲了。

在乌江之畔，项羽发表了"天亡我，非战之罪"的重要讲话，留下了"霸王别姬"的凄美传说，还单枪匹马冲入敌营，向仅剩的残兵们表演了狂斩十数人的必杀技，最后壮烈地横刀自刎，保全了自己的尊严。

先秦兵戈乱浮云

项羽虽然保住了自己的面子，却没能保住自己的尸体。

汉军发出悬赏，能得项王头者，赏千金。几个汉军将领为了争夺赏金，将项羽分尸五块，换取封赏，其余士兵也疯抢项羽的尸体碎块，为此相杀而死的竟有数十人。可叹项羽一生烹人无数，最后自己也落得这样的下场，不知道算不算是一种因果报应。

项羽的自刎，宣告刘邦的汉军在这场"楚汉之争"中获得了绝对胜利。

在大汉朝的奠基仪式上，有人问刘邦，和项羽比，自己强在哪？

刘邦大方承认："夫运筹策帷帐之中，决胜于千里之外，吾不如子房；镇国家，抚百姓，给馈饷，不绝粮道，吾不如萧何；连百万之军，战必胜，攻必取，吾不如韩信。"

你问，那刘邦自己做了什么？

刘邦做得最好的一件事，就是承认自己烂，哎，我就烂。

但是，注意重点来了哦，正是因为对自己有多烂心里有数，刘邦才能放下身段，放手重用人才，虚心纳谏，让手底下所有的人才都能适得其所，或许这就是大汉创始人的高明之处吧。

1.4 秦末打工人图鉴

打工难，在秦末打工更难。

自从秦始皇发明了上班后，打工人的苦难便拉开了序幕。咱们都知道，秦末混战，民生凋敝，就业环境相当不好，但就在这么差劲的条件之下，却涌现出不少卓越的文臣武将、朝堂楷模，可能正应了那句"乱世出英雄"。

如果要评选出这一时期最优秀的打工人，那非张良、萧何、韩信莫属。今天，就让我们来扒一扒刘邦生命里，这三个不可或缺的男人。

复仇者：张良

春秋战国时期，诸子百家争鸣，内卷空前严重。

刺客要离为完成老板阖闾布置的刺杀任务，不惜设下苦肉计，自断右臂，杀妻戮子；谋士苏秦在秦国被HR无情羞辱，简历也被丢进深不见底的人才库，从此他狠下心来，悬梁刺股，发奋读书；军事家孙膑名校毕业，首次求职，就惨遭同门庞涓陷害，被砍去双足……

但这一切，都和张良没有什么关系。

年轻时的张良从没为找工作这种琐事烦恼过，因为他生下来就是个贵族。张家"五代相韩"，贵不可言，他爷爷张开地曾凭借一己之力，在相位上活活熬死了三代韩王，之后他爸爸张平又连任韩国两朝国相。

先秦兵戈乱浮云

作为家中继承人，张良也十分争气，自幼就表现出远超常人的高智商，他颜值出众，"貌若妇人好女"，是小姑娘们最爱的清秀长相，是集万千优点于一身的天之骄子。如无意外，张良的职业规划就是在不久后继承父亲的职位和亿万家产，继续相韩。

⊙ 但历史的车轮辘辘不停，掀翻一切，你永远不知道意外和offer哪个先来。

公元前231年，韩国南阳假守腾①开城投降，写下了韩国败亡的序章。秦王嬴政在咸阳城里大手一挥，灭韩的时候到了。随后秦军铁骑飞速南下，横渡黄河，剑指新郑，一举灭韩。

年少的张良目睹了秦国士兵屠杀韩人的惨象，眼睁睁看着自己的家园变成一片火海，他的亲弟弟也死于战乱之中。强秦势不可挡，秦灭六国如摧枯拉朽，在绝对力量的威压之下，一切反抗都会被碾为齑粉。所幸张家有着厚厚的家底，即便韩亡了，张良家中仍有家僮三百余人，资产足够他衣食无忧地过完这一生。

可自幼锦衣玉食的张良却做了一个在当时看来堪称荒谬的决定。

他决心为韩复仇。

国灭了不要紧，没有军队也不要紧，几乎孑然一身的张良站在时代的洪流中，冷静地想：没有什么是不可撼动的，十年不行就用二十年！他相信自己一定能亲手将仇人推入地狱，亲眼看见强秦灭亡的这天。

随着国破家亡，韩人眼中那个温和尊贵的张良死去了，怨毒和坚韧破土而出，齐头并进地在他心中滋长，凝聚成一种可怕的力量。从这一刻开始，我们熟知的那个运筹帷幄、决胜千里的张良才真正登上历史舞台，展露出真实面目来。

---

① 假守腾：假守，指古时权宜派遣而非正式任命的地方官。腾，人名，献城后被嬴政任命为南阳内史，因此也称"内史腾"，曾奉命率军攻韩，得韩王安。

在成长为一名从容淡定的无双谋士前，张良曾是一个最为激进冷酷的复仇者。

他孤注一掷，将全部家财都投入刺秦的事业中，甚至连为弟弟下葬的费用也没有留。他比荆轲更机敏，比高渐离更缜密，他提前调查好秦王的东游路线，重金求得力士，并为他打造了一把一百二十斤重的大铁椎，他们埋伏在沿途，计划狙击秦王御驾于博浪沙。

但秦王也不是那么好刺的，毕竟他这些年几乎年年被刺，几乎要患上PTSD（创伤后应激障碍）了，所以为了保障自身安全，一向重视排场的他竟然临时选择弃六乘的"王者豪车"不用，将全部车辆都改为四乘"经济款"，远远望去，根本分不清哪辆才是本尊。

力士没料到，这秦王怎么还带临时改方案的，只好转头问甲方张良：砸谁？

张良也有点蒙，眼看车队越走越远，再不出手就来不及了，只好伸手一指："看见那辆装潢最浮夸的车了吗？往死里砸！"

但结果，铁锥误中副车，秦王逃过一劫。

虽然此次刺杀行动没能成功，却让刺秦者张良名扬天下。而他的凭空失踪，也如同一封战书般，将死亡的噩梦永远地送给了嬴政，使他余生再不能安寝。

嗨君捡史：圮上受书

刺杀失败后，张良隐姓埋名，藏匿于下邳，闲来无事，也就是散散步，窝藏几个逃犯。这样子，日子过得十分与世无争，可一个从天而降的老头却打破了这种平静。

老头一身粗布衣服，蓬头垢面，仿佛一个跟踪狂，张良走到哪，他就跟到哪。

张良满心问号，心想我知道自己长得英俊潇洒，但你也用不着这么痴迷吧！瞧你这把年纪，也不像是秦王派来的赏金猎人，还是你想和我组队跳双人舞？不约，爷爷咱们不约哈。

结果老头一声冷笑，脱下陈年老鞋，"啪嗒"丢到桥下去了。

此情此景，除了碰瓷和找碴儿，张良想不到第三种可能。

"小子，下去把鞋给我捡上来！"老头看了他一眼，高傲地使唤道。

此话一出，当时就让张良乐了，心说你当我是谁，我可是秦国头号通缉犯，行走的"恐怖分子"！当即撸胳膊挽袖子就想揍老头一顿，让他知道什么叫人心险恶。可一看他齿摇发落的模样，又想想自己现在多一事不如少一事，张良还是强忍着怒气，走下桥，捏着鼻子帮他把鞋捡了回来。

老人见他穿鞋姿态端正，十分满意，遂认为孺子可教，约张良五天后的早晨桥上再见。谁想一连约了两个五天见，张良都到得比老头更晚，直到第三个五天之约的早晨，张良的表现终于让老头满意了，他高兴地从怀中拿出一本破破烂烂的小册子，神秘兮兮道："我这有本秘籍，读了就能当王者之师，现在不要九九八，不要九十八……"

直到今天，我们都不知道张良当日是不是被老头下套，激情购买了一本盗版书。不过书的质量还是很过硬的，据说叫什么《太公兵法》，里面密密麻麻全是灭秦知识点，看得张良爱不释手，好几天都没放下。

这本奇书不仅让张良的智商瞬间占领了高地，从一个物理刺客进化成了仙气飘飘的终极智囊，还教会了他一个重要的道理，那就是小不忍则乱大谋，能屈能伸的才是真英雄。而刘邦作为本届仰卧起坐大赛的冠军，很快就吸引住了张良的注意。

当时张良已拉起了一支一百多人的队伍，他原本计划着要带领自己的团队，去投奔楚王后裔景驹，想不到面试路上恰好邂逅了出道不久的刘邦。

只是因为在人群中多看了你一眼，再也没能忘掉你双眼。

电光火石之际，刘邦大惊：这人长得真好看，一看就知道是我买不起的谋士典藏款！

张良也暗暗大惊：我这辈子阅人无数，但还是第一次看到这种把"流氓"写在脸上的，好特别，好喜欢！

两人一见如故，交谈甚欢。张良讲起《太公兵法》来，那叫一个滔滔不绝，听得刘邦心花怒放。听懂了几成咱姑且不论，单就求知的态度来看，刘邦就比其他阿猫阿狗虔诚一万倍，只见他端坐席前，两眼放光，写满了："神仙好棒，求神仙教我！"

被这么热烈的目光注视着，张良也有点不好意思，当即推掉了那边的面试，打算从此以后一门心思，就跟刘邦干了。

然而当时的政治形势非常复杂，刘邦在项羽团队里打工，而项羽又在张良的建议下，扶立了韩王成——所以咱们可以理解成张良是韩

先秦兵戈乱浮云

049

王成的人，也可以认为张良是项羽的员工，唯独和刘邦之间，总是当不成直系上下级。

刘邦可以用张良，张良也能为他出谋划策，但名义上张良却是刘邦"借"来的。既然是借的，就总有一天要还，因此刘邦每每看向张良，眼神中都有种"爱而不得"的贪恋。

张良：虽然我算无遗策，协助你入峣关、取咸阳、灭大秦，教会你与秦人"约法三章"、安定民心，又在鸿门宴上救你性命，还屡屡潜伏于项羽身边，替你做内应，但我依旧不是你的人。

刘邦：呔！好气，得不到就更想要了！

正当刘邦和张良在天涯两端，望眼欲穿之际，项羽做了件智商下线但非常符合他性格的事情——他又开始乱杀六国盟友了。读了前文，大家应该还记得，正当刘邦反叛项羽缺少名目的时候，项羽就干掉了楚怀王2.0，千里迢迢给刘邦送去了造反的借口；而这一回，刘邦缺的是谋士张良，项羽就反手杀掉了张良的主君韩王成，"为汉驱一好军师"，将张良拱手送到了刘邦的身边。

用这个逻辑看下来，或许项羽才是对刘邦最好的人——咳咳，开个玩笑。总之不管动机为何，反正这遭项羽是把张良惹毛了。

张良虽然这些年以谋士自居，为人处世收敛许多，显得文质彬彬，但本质上还是个买凶杀人的极端复仇者。想当年他连秦始皇都敢刺，何况区区项羽？但项羽显然没意识到自己已经上了张良的黑名单，还在疯狂作死，他自以为大破汉军，将刘邦打得落花流水，就可以稳坐江山，一统天下指日可待。

可他不知道，得到了张良的刘邦，已经不再是过去那个被动挨打的刘邦。

虽然此时此刻刘邦手底下已经没剩多少人，刘邦的盟友们也已经纷纷投楚，刘邦残部已被逼困到下邑，军心大乱，但只要有张良这个谋士在，汉军便可逆转局势，反败为胜。

刘邦听取了张良的计策，利用诸侯们对项羽分封结果的不满，挑起矛盾，再策反英布、彭越、田荣三家，联兵伐楚，从根本上瓦解了项羽的联盟。

同时，张良又建议刘邦派韩信领兵，认为汉军之中，唯有他才有独当一面的军事实力。事实证明，张良的眼力是真的毒，韩信的战力恐怖如斯，如此一顿操作下来，正如当日预言的那样，"楚可破矣"。

后世许多大人物都感慨过，张良这人很怪，却又极不好惹。他外表柔柔弱弱，看着像个漂亮妹子，可一旦复起仇来，他比《刺客列传》里的主角加起来都要狠，不达目的，决不罢休。

秦灭韩国，他就助刘邦入关灭大秦，让秦王捧着天子玺符到自己面前投降；项羽杀韩王，他就指导刘邦挥师破强楚，逼得西楚霸王自刎乌江。且除去头一回雇了个杀手外，其余时候他都不用蛮力，仅凭只言片语，运筹于帷幄之中，便可制胜于无形，真正做到了"谈笑间，樯橹灰飞烟灭"。正如他的死忠粉王安石赞颂的那样："汉业存亡俯仰中，留侯于此每从容。"

十佳员工：萧何

我们知道，历朝历代都有一些因为业务水平极强而被封神的员工。

譬如大刀砍一切的关二爷就被道教奉为"关圣帝君"，在佛教那边叫"迦蓝菩萨"；包拯则是因为铁面无私、明察秋毫，被派去地府做了阎罗王，"日断人间，夜断阴间"，堪称史上007工作制第一人。

汉相萧何也不例外。

因为他早年做过刀笔吏，还制定了汉朝的法律《九章律》，因此民间便尊他为掌管刑狱之神，简称"狱神"，端坐在神庙里，是个青面圣者的形象。不过普天下的HR也大可以来拜拜祖师爷，毕竟这两个行当本质上差别也不大——都是精挑细选地往里抓人受苦。

萧何做HR很有一套，几乎有未卜先知之能，一聘一个准，而且别的HR顶多是发掘下优秀打工人，萧何不一样，他直接发掘老板。

想当年刘邦还是个平民的时候，就被萧何一眼相中了。

众所周知，刘邦是草根中的草根，街溜子中的街溜子，说好听了叫不拘小节，说难听了是狗都不理，可萧何却能慧眼识珠，从茫茫人

海中把这货淘出来，其鉴别能力可见一斑。

在那个没有贵族背景你都不好意思揭竿扯大旗的年代，萧何苦心孤诣，一路给刘邦打辅助，不仅常常借用自己沛县"秘书长"的职位之便袒护刘邦，还靠着自己强大的社交能力，四处网罗，替刘邦聚集了一群退能喝酒划拳，进能开疆拓土的"创业人才"，什么屠夫、车夫、搞红白喜事的，还有监狱的狱卒，只要有本事，统统不放过，全部培养成刘邦的股肱之臣。秦朝的御史想上书征调萧何，萧何也坚决不去，偏要在刘邦这一棵歪脖子树上吊死。

刘邦当了沛县亭长，被派去咸阳出差，却穷得连路费都拿不出来，只能朝老同事们伸手，其他小吏都是意思意思给三百钱，唯独萧何出手大方，一拿就是五百钱，刘邦感动得热泪盈眶，直到汉室定鼎、大封群臣的时候还记得这事，特别在原本封赏的基础上，又给萧何加封了食邑两千户，以报当年萧何多资助的这二百钱之恩。

后来刘邦看丢了服役的刑徒，在芒砀山跑路，也多亏萧何和狱掾曹参相助，刘邦的妻儿老小才得以保全。

跟身负血海深仇的张良和被迫起义的刘邦不同，萧何这人似乎从一开始就铁了心要做大事的，为此他可以忍受一切平淡、惊险和迂回的过程。

刘邦率军挺进关中，其他人都恨不得贴在鞍前马后，只等城门一开，就进去分一杯羹，唯独萧何不急，他甘愿留在地方，做刘邦的最强后援，为汉军提供无穷无尽的补给供应；攻占咸阳后，诸位将领都争着抢夺金帛财物，就连刘邦都在因为贪恋温柔富贵乡与樊哙、张良吵架，唯独萧何径直来到秦丞相御史府，派士兵将这里把守控制起来，一一清查出府中的所有律令图籍，妥善保管。

读过上文我们知道，刘邦在咸阳城屁股还没坐热乎，就被项羽大军轰到了灞上，将士们哄抢来的府邸被付之一炬，山一样的金银财宝也都抛在了逃亡路上，唯独萧何收藏的这些内部资料被完好保存了

下来，它们为刘邦具知天下厄塞、户口多少、强弱之处、民生疾苦提供了有力参考，让刘邦在软实力上压过了项羽，最终赢得了楚汉持久战，可谓无价之宝。

虽然萧何表露出来的欲望很少，但实际上的筹算却十分细致精密，对于这种人，我们往往都是用三个字来形容——"有城府"。如果说一般人的城府是一间小草房，普通大臣的城府是一座三进大宅子，那萧何的城府就是八百里阿房宫，廊腰缦回，钩心斗角，有些事你还没能看到，萧何就已经有条不紊地做完了，还暗暗地预备下了方案二。

这样的员工，哪个老板会不爱？

因此在汉朝建立之初的表彰大会上，刘邦力排众议，推他为首功，封为酇侯，食邑最多。当时天下初定，群臣本就为功劳之事争抢不休，争了好几年都迟迟定不下来，乍一听到刘邦的安排，一个个急得面红耳赤，更有功臣直接发问，话里话外，就差把"萧何这个书生不配"怼在刘邦脸上了。

功臣：臣等披坚执锐，多者百余战，少者数十合，攻城略地，大小各有差。今萧何未尝有汗马之劳，徒持文墨议论，不战，顾反居臣等上，何也？

刘邦：诸君知猎乎？

功臣：知道啊。

刘邦：知猎狗乎？

功臣：也知道啊。

刘邦：打猎的时候，负责追赶扑杀野兽兔子的是猎狗；能够发现踪迹，并向猎狗指示野兽所在之处的是猎人。你们，猎狗；萧何，猎人。懂？还需要朕说得再明白点吗？

功臣：不用了，不用了，明白了。

萧何，古今"猎头"第一人实至名归。

草根战神：韩信

看了上面两位员工的成功示例，我们明白了，游走职场最重要的乃是一个"忍"字。

张良忍得了灭国之恨，潜心部署，最终促成了仇家的灭亡；萧何忍得了繁华过眼，清心寡欲，才能帮刘邦一步步开创大汉，成为首功之臣。

有些人的"忍"，是骨子里自带的彪悍技能，但韩信不一样，韩信的"忍"是后天培育的，所以他从生到死，一路走来，也是"汉初三杰"里最像个人的。

论出身，别说韩信比不上家世显赫的张良，比不上工作稳定的萧何，他甚至比不上街溜子刘邦。《史记·淮阴侯列传》里说他"始为布衣时，贫无行，不得推择为吏，又不能治生商贾"。不仅穷，而且没有操行，人品不好，刘邦都能混个泗水亭长做做，韩信可不行，做生意没有本钱且没那个本事。为了在乱世混口饭吃，他只得"从人寄食饮"，通俗点讲就是赖吃赖喝，占小便宜，因此人们大多不待见他，厌恶他。

韩信蹭饭还不是流窜地蹭，他是逮着谁家使劲蹭，蹭到不能再蹭了再寻找下一个目标。他在南昌亭长家里一蹭就是好几个月，每天跟上班打卡似的，白天出门逛大街，晚上回亭长家吃饭。当时世道不好，地主家也没有余粮，韩信大小伙子吃得又多，活活把亭长夫人吃怕了，但也不敢直接赶他走，便想了个办法。某天她早早把饭煮好，一家人聚过来，偷偷吃够一天的量，等韩信来的时候，见饭盆是空着的，逐客之意就不言自明了。

多卑微！小门小户的，可不可怜？

先秦兵戈乱浮云

韩信饿着肚子上门，第一眼看见的就是空到发亮的饭盆，意思他是懂了，但愧疚之情他是丁点儿没有啊。

"信亦知其意，怒，竟绝去。"

可见韩信早期的生活目标很明确，那就是想站着就把饭要了。

韩信虽然日子过得不好，可他想得美呀。

当时他母亲去世了，韩信手头连下葬的钱都没有，只能找个地方草草埋了。按理说都这样了，你就到郊外找个坟多香火好的地方埋了，以后老太太还能找其他野鬼说说话，蹭点贡品纸钱，可韩信偏不，他走了大老远，终于觅得一处异常高阔空旷的地界，小坟包周围能住下一万户守墓的人家。

司马迁写这段故事的时候，顺便感叹了韩大将军志向异于常人，目光真是长远，仿佛能预见自己未来会封侯拜将似的。多少后世的小年轻就且听且信了，胸中疯狂燃起斗志，慨叹这可真是三十年河西，三十年河东，莫欺少年穷！韩信就是我的男神，我以后也会像韩信一样，逆风翻盘。

只有司马迁自己知道，要替韩信铺垫一点早期的正面形象，写作素材有多难找。

从韩信早期的这些无赖行径和生活条件，我们可以看出，他的人生开局其实是非常差劲的，韩小信和百战百胜的大将军韩信之间，还隔着一道关卡。

这个关卡的名称叫作"胯下之辱"。

当时淮阴县有个屠户，看不惯韩信很久了，在他眼里，韩信这厮实在是不像话，虽然长得高高大大，每天拎着刀剑走来走去，却是个彻头彻尾的懦夫。屠夫是个直性子，嘴比脑子快，直接就把这话说了出来，还挑衅韩信，说："我今天就把话撂这儿，韩信你要是不怕死，你就拿剑刺死我；你如果怕死，就从我胯下钻过去。"

说着发出了反派的标志性笑声，在他面前叉开双腿。

屠户的初衷不可谓不简单，就是想当众羞辱韩信，可韩信听着他的话语，望着他的胯下，像有什么东西在脑子里"轰"地炸开。那一瞬间，没人知道素来暴躁气盛的韩信想了些什么，或许他是顿悟了"忍"术，或许他是找到了人生的意义，抑或他看到了哲学的黑洞、宇宙的无极。

韩信你要是不怕死，就拿剑刺死我；你如果怕死，就从我胯下钻过去。

总之就在那一刻，年少无为且自卑的韩信忽然懂得了，这世间什么才最珍贵。

在无尽的嘲笑声中，韩信屈膝钻过了屠夫的胯下，一步一步爬向了人生的新天地。没过多久，那个四处蹭饭的无赖少年从市井消失了，人们都以为他是不堪折辱，逃往他乡或跳河自杀了。与此同时，项羽的营帐下出现了一个新兵，他的名字叫作韩信！

韩信虽胸怀大志，但他在项羽营中并未得到重用，只做了一个小小的郎中，其间他也尝试过向项羽献计献策，但项羽是什么人啊？宋义、范增这种顶级谋士的话他都不听，怎么会听区区一个郎中的建议！

于是韩信只好弃楚归汉，在汉王帐下，韩信依旧没能做上大官，不是被派去看仓库，就是被派去管粮饷，调来调去始终是个保安。不过就在韩信准备放弃之时，遇到了影响他一生命运的"那个男人"——萧何。

嗨君捡史：萧何月下追韩信

萧何是刘邦帐下为数不多欣赏韩信的人。当时刘邦大军从长安开往南郑，途中有不少将领都选择了逃亡，刘邦都见怪不怪了，韩信也收拾好包裹，打算趁着夜色骑马离开这个伤心地，结果还没跑多远，就听身后有马蹄声传来，韩信借着月光回头一看。

好嘛！跑个路把人家丞相捎带出来了！

与此同时，刘邦听闻萧何跑了，也慌作一团。区区一个无名将领，跑了就跑了，刘邦不在乎，可一听说萧何也丢了，他就跟失去了左右手似的，坐卧不宁，恨不得自己骑上快马，伸手把萧何薅回来。

一两天后，萧何主动去见刘邦，刘邦大喜过望，却忍不住傲娇起来，"且怒且喜"，拉着萧何问："你不是跑了吗？还回来干什么？"

萧何赶紧解释："误会，全是误会！我哪敢跑路呢？我是追跑路的人去啦。"

刘邦不信："什么人需要你萧丞相亲自去追？"

萧何神秘兮兮道："韩信也。"

刘邦一听更气了，又骂道："以往跑了好几十个将领，都没见你去追过，这个韩信怎么就那么特别？我不信，你一定是在骗我。"

萧何道："这回不一样，诸将易得，国士无双。"

作为顶级HR，萧何不仅能搞定人才，更能搞定老板，三言两语就为韩信要来了大将的职位。而且他思虑周全，知道刘邦平时轻慢无礼惯了，为了显示对这位"国士"的重视，他特别叮嘱刘邦要择良日，斋戒，设坛场，对韩信以礼相待，让韩信风风光光地当上这个大将军。

就这样，韩信实现了"史上最快速升职"，开启了他的"兵权谋家"人生。

说起来韩信还真是块打硬仗的材料，初出茅庐，就滔滔不绝地给刘邦讲了一整套军事理论，向刘邦条理清晰地分析了己方优势和彼方劣势，说得刘邦信心大增，只觉得同他相见恨晚。但韩信的能力显然不只限于理论，拜将不久，他就率军协助刘邦还定三秦，冲出汉中，脱离了项羽设置的重重樊笼，又一路收集溃散兵马，在荥阳与刘邦会合，再度于京邑、索邑之间击垮了楚军，使楚军无法西进。

韩信打胜仗，不仅靠肌肉，更靠战术，"背水一战""拔旗易帜""置之死地而后生""十面埋伏"这些成语，都来自他的真实作战经历。靠着独当一面的作战实力和超强的随机应变能力，韩信战绩彪炳天下，夷魏灭赵，拾代偃齐，先破龙且，又围项羽，堪称连战连胜，百战不殆。

不管刘邦那边主战场打得多么拉胯，韩信都有办法在其他地区把胜率扳回来，打到后面，连刘邦这个老板都忍不住胆寒，只觉得韩信的军事实力深不见底，明明自己才是老板，跟他一起打仗却像大神在带菜鸡，不禁心生妒忌。汉朝建立后，刘邦常与韩信讨论诸将的作战能力。

先秦兵戈乱浮云

刘邦：阿信啊，你觉得朕能带兵多少？

韩信：陛下不过能带兵十万。

刘邦：你呢？

韩信迟疑了，半晌伸出手来，画了两个连着的圈。

刘邦：呵呵，八万，比十万少一点，行，朕心理平衡了。

韩信：陛下，这不是八，是正无穷，如果让臣带兵，那当然是多多益善了！

刘邦：够了，我劝你别把天聊死。

"汉初三杰"的退休生活

从上面的人生经历咱们就可以看出来，如果给这三位的心机值排个顺序的话，那应该是这样的：

张良→萧何→韩信

所以这三位的退休福利待遇也呈现递减趋势，减到最后，把韩信人都给减没了。

张良自不用说，把领导的心思拿捏得死死的，刘邦没张嘴，他就已经预料到刘邦要说什么话，因此退休也比旁人更快一步。

他老早就看透了刘邦这个人身上有着帝王的通病，只可共患难，不能同富贵，因此分红大会还没开呢，他就被一阵风吹倒了，摆出一副柔弱不能自理的样子，谁请他出门聚会也不答应，到后来更是连人都不见，对外宣称自己在从事神秘的修仙事业，需要静心辟谷，闭门谢客。

神人无功，达人无迹。

他遁了。

可话虽这么说，前朝的事他也不是完全没跟着掺和。

当时刘邦宠爱戚夫人，厌弃吕后，就起了废掉太子刘盈、改立戚夫人子刘如意的心思，并且态度还十分坚决，大有王八吃秤砣，谁劝也不听的架势。吕后心急如焚，只得求助于下线已久的张良，让哥哥吕泽劫来张良。

吕泽：这都什么时候了，您还睡大觉呢？

张良：我们修仙的人睡得就是比旁人多，这我有什么办法？再说了，都是陛下的儿子，陛下想立谁就立谁，疏不间亲，我又有什么办法？

吕泽：我觉得您有。

张良：别说，我刚想到一个。

张良很清醒，他知道这种情形下，难以用口舌之利使刘邦改变想法，于是他让吕后去请自己的四位老哥哥出山。这四人都是当时的知名大V，粉丝无数，眉毛胡子全白了，合称为"商山四皓"。刘邦为拉拢人心，特别想请这四个人到朝中做官，但四人上了年纪，知道刘邦平时骂人难听，不想再来打工，因此不管刘邦送来多少金帛钱财，都不肯答应，携手逃进了深山。如果太子能得这四人辅佐，刘邦必将重新审视太子之位的归属。

事实果如张良所料，他也顺势做了太子太傅，多了一张晚年的护身符。

萧何：办法都让你用了，那我用啥呀？

修仙归隐这招，萧何晚了一步，只能退而求其次，开始用最圆滑的手段，拍最响亮的马屁。他先是为刘邦主持修建了一座豪华又宽敞的宫殿，又拿出大批的家私钱财，充入国库，资助军需，就差把"为大汉服务"这几个字刻在脸上了。他知道刘邦忌惮他在长安的人望，就故意强买民间的田宅，自污名节，来降低自己的人气，让刘邦安心，可后来戏做得太过了，刘邦信以为真，竟真当他是贪官污吏，将他拘入大牢。

萧何冤啊，冤到路过的蚂蚁都看不过去的程度。

先秦兵戈乱浮云

果然没过多久，就有人站出来替他说话："陛下您想啊，想当年您入主关中的时候，萧丞相就是最不贪钱财的那一个。这么多年来，您一直将后勤补给交给他来管，全军的经济命脉都握在他手中，他如果真的有贪心，那函谷关以西早就不归陛下所有了。他不在那时为自己谋私利，如今反倒贪图这些蝇头小利，您想想逻辑上说得通吗？"

刘邦一想也对，这才赶忙释放了萧何，萧何因此得以善终。

和他们两位比起来，韩信就惨多了，被吕后和萧何合伙骗到了长乐宫，一进门就被捆起来斩杀，可叹"成也萧何，败也萧何"。

可这事吧，也不能全怪人家萧何，韩信这些年来做事一直不太地道。当年天下还未平定，他就自恃军功，逼刘邦封自己做齐王，气得刘邦牙龈都快咬出血了，又不敢不答应。后来楚汉交战，他虽然顾念刘邦恩情，并未答应项羽背汉联楚，却选择按兵不动，迟迟不与刘邦会师，这无疑又让刘邦的不爽加深了许多。

等到汉朝建立后，韩信依旧不老实，非但没像张、萧那样主动收敛锋芒，反倒带着军队四处招摇，引得不少人都到刘邦面前告发他谋反，结果被擒之后，连王都没得做了，以"擅发兵"的罪名被削为淮阴侯。

仔细想想，韩信可能是早年过得太憋屈了，因此一直在忍。后来当了大将军，在血雨腥风中厮杀出不世军功和声名，自以为脱胎换骨，无须再忍，殊不知忍耐之道，至死方休。如果他能在功成名就后依然保持着受"胯下之辱"时的心性，谨慎筹谋，伺机退场，或许不至于遭此灭顶之灾吧。

嗨君历史小课堂

一口气看完了一千八百多年的历史，想必大家在欢乐之余也有点迷糊，毕竟夏商周距今天太过遥远，春秋战国又乱成了一锅粥，更不用说刘邦项羽你方唱罢我登场，"汉初三杰"身后也有着剪不断理还乱的恩怨情仇……

本堂课嗨君就带大家系统地捋一捋，从上古到汉朝建立之前，中国历史上都发生了哪些惊天动地的大事件。

帝尧时期，洪水泛滥，夏部族的首领鲧奉命治水，历时九年，却以失败告终。他的儿子禹继承了父亲的事业，耗费整整十三年的时间，三过家门而不入，终于凭借着顽强的毅力和行之有效的方法战胜了水患，同时也赢得了民心。

帝舜因此禅位于他，禹推辞不受，避居到了阳城，但诸侯们听说此事后，又纷纷前往阳城去投奔禹，禹因而建立了夏朝。大禹逝世后儿子启继承了天子之位，自此"禅让制"被"世袭制"所替代，"公天下"变为了"家天下"。

然而也有记载称，禹生前亦曾尝试效仿尧舜，施行"禅让"之道，多次在各部族选择合适的人选，最终挑中了一个叫"伯益"的人，但因为他的亲儿子启十分贤德，名望上盖过了伯益，所以诸侯们纷纷转而去朝见启，启在众望所归之下继承了夏朝的王位。由于这段历史过于久远，各种说法，莫衷一是，时至今天我们也很难判断真相到底是什么。

据《史记·夏本纪》记载，夏朝始于禹而亡于桀。夏朝晚期，国势渐渐衰落，夏朝的最后一位统治者履癸（桀）暴虐无道，贪财好色，适逢商国部族首领汤仁德宽厚，励精图治，在伊尹的辅佐下，他逐步灭掉夏朝，建立了中国历史上第二个奴隶制王朝商朝。

先秦兵戈乱浮云

　　商汤去世后，继任的两位统治者都很短命，商朝经历了频繁的王位更替，最终商汤长子太丁之子太甲在伊尹的推举下继承了天子之位。但太甲继位之初肆意妄为，沉迷享乐，致使朝政混乱，法纪废弛，伊尹无奈之下，便把他放逐到桐宫去为商汤守墓，直到三年后太甲彻悟悔恨，改过自新，才将他迎回都城，还政于他，这便是历史上有名的"伊尹放太甲"。

　　商王仲丁之后，商朝经历了频繁的内乱，也曾多次迁都，最终在盘庚时期，将都城迁到殷地，政局才重新稳定下来，商王室内部的矛盾也得到了缓和。盘庚之后，商朝又经历了"武丁中兴"，武丁的王后妇好十分英勇善战，又擅长占卜，夫妇齐心，其利断金，共同缔造了太平盛世。但在武丁去世后，商朝又陷入了混乱，四方诸侯反叛不断，年轻的统治者帝辛企图平叛，连年的征战却加深了诸侯间的矛盾，他的暴虐好色也使得国内百姓生活困苦，民不聊生。

　　在此情形下，西伯姬昌，即后来的周文王受到诸侯们的拥护。在他去世后，他的儿子周武王姬发起兵攻商，在牧野之战中大胜商军，商王朝自此覆灭，周王朝建立。

　　周朝在商朝的政治体系基础上，确立了等级森严的分封制和以"嫡长子继承制"为代表的宗法制，这两种制度对中国古代史都有着极为深远的影响。

　　转眼时间到了公元前771年，西周王朝经历几度兴衰，王位传到了周幽王手上。周幽王宠爱褒姒，废掉了正后申侯之女及太子宜臼，为博美人一笑，更是不惜烽火戏诸侯，最终犬戎攻入镐京，而失去了诸侯信任的周幽王孤立无援，最终被杀害，西周自此灭亡。

　　然而西周的灭亡并不能全部归咎于周幽王一人，经历了二百多年的岁月变迁，彼时的周王朝已是千疮百孔，颓势难挽。西周覆灭后，郑国、晋国等诸侯护卫周平王，即上文提到的太子宜臼，东迁洛阳，定都洛邑，建立了东周。

然而随着周王室与郑国关系恶化，郑庄公不再朝觐天子，为了维持政局的稳定，周王室和郑国不得不互送质子，史称"周郑交质"。但混乱并未因此平息，没过多久，周桓王联合诸侯伐郑，却大败而归，还在战斗中被郑国大将祝聃用箭射中了肩膀，自此周天子威严扫地，颜面无存，礼崩乐坏的春秋时代到来了。

面对诸侯争霸、群雄并起的局势，齐桓公采纳了国相管仲的建议，率先打起了"尊王攘夷"的旗号，在内推行改革，壮大自己的实力，对外则尊奉周王为天下共主，纠集诸侯国攻打侵扰中原的游牧民族和南方各部，同时以周天子的名义，趁机灭掉那些与自己敌对的小国，成为春秋时期的首位霸主。不久，晋文公重耳横空出世，成为春秋时期第二位霸主，他与齐桓公之子齐昭公在敛盂会盟，约定一同讨伐南方的强国楚国。

与中原众多诸侯国不同，楚国因地处偏远，语言不通，且积贫积弱，长久以来受到诸侯们的歧视，甚至没有参加会盟的资格。楚国始祖熊绎"筚路蓝缕"，带领楚人将楚国由弹丸小国发展成了战斗力强悍、国土辽阔的泱泱大国。从西周到东周，周王室及诸侯国曾多次会盟率军伐楚，但楚国的势力丝毫不见衰弱，反而愈发强大。到楚庄王时期，更是率军北上，以"勤王"名义向周王室陈兵示威，甚至公然"问鼎"，有"逼周取天下"之意。邲之战大胜后，楚国一度称霸中原，与晋国平分霸权。

因为自身内乱，无力他顾，晋国开始扶持长江以南的吴国一同制楚。时值楚王无道，伍子胥投吴，吴王阖闾便在他的辅佐下积蓄力量，挥师战胜强楚。吴军一直打到楚国的都城郢都，迫使楚昭王一路逃窜，伍子胥更是将楚平王的尸体从坟墓中挖出来，鞭尸以报

先秦兵戈乱浮云

杀父之仇。

可风水轮流转，吴国转头便被自己的老对头越国狠狠报复。越王勾践卧薪尝胆，又运用美人计，绝地反杀，灭掉了吴国。强大起来的越国依旧内乱频频，"越人三弑其君"，这个写满了传奇的诸侯国终究没能缔造新的奇迹，走向了衰颓。

鲁国的史官把这约三百年间发生的大事整理成了一部编年体史书，名为"春秋"，后世便以此作为这段时期的历史代称。

公元前453年，伴随着韩、赵、魏三家分晋，战国七雄的时代到来了。相较于春秋时期，战国的诸侯数量大幅减少，各国之间的征战也逐渐呈现出你死我活的苗头。为了战胜其他国家，在这样的大争之世求生存，各国纷纷求才变法，各大思想流派也形成了"百家争鸣"的繁荣态势。

贫穷落后的秦国在"商鞅变法"后逐渐强大起来，经过几代国君的励精图治，逐步成为当时的强国，又伺机东出，扩张领土。为了对抗强秦，东方六国不得已合作联盟，"合纵"对敌，秦相张仪则见招拆招，利用辩才和各国逐利的不和心理，很快瓦解了攻秦盟军。秦昭襄王时期，范雎又用"远交近攻"策略，进一步削弱了其他六国的力量。

这里还有段小插曲，秦昭襄王的哥哥秦武王曾说，自己的理想就是"通三川，窥周室"，为此死也值了。因此他特地跑到周报王那里去"试举周鼎"，却被鼎压坏，"绝膑而亡"。这种"现世报"一般的桥段还被《东周列国志》大肆渲染，在民间不断流传。

这事要真深究起来，还是传说的成分比较多。《史记·秦本纪》中记载，秦武王自恃力大无穷，在和力士玩闹举鼎时被砸中，绝膑而死，但没有明确说是周鼎，也未提及去找周报王挑衅之事。但当时的东周天子在秦国逼迫下早已名存实亡，却是不争的事实。

秦王嬴政继位后，以摧枯拉朽之势陆续灭掉了东方六国，一统天下，建立起了中国历史上第一个统一的封建王朝——秦朝。他自认"德兼三皇，功盖五帝"，因此创造了"皇帝"这一新称号，同时建立起中央集权的封建君主专制制度，统一了文字、货币、度量衡，又出兵百越，北征匈奴，进一步扩大了秦朝的领土。

可叹这样一位千古一帝，却死得无比潦草。在他死后，赵高伙同李斯逼死了公子扶苏，扶胡亥继位，随后赵高又害死李斯，把持朝政，在秦二世面前"指鹿为马"，施行暴政，最终引发了陈胜、吴广起义，六国的旧贵族也纷纷趁势起兵，反抗暴秦。秦王子婴虽反杀了赵高，却难以阻挡秦王朝的崩塌，只能素衣白马投降，最终被项羽杀死。

项羽杀掉子婴后，又在咸阳城燃起了熊熊大火，焚烧宫阙，掳掠财物，大封诸侯，并自立为"西楚霸王"。在谋士范增的建议下，项羽设下"鸿门宴"，想要诛杀对自己有威胁的刘邦，此事却被项伯泄密给张良，在张良、樊哙的协助下，刘邦逃出生天。

此事之后，刘邦在汉中站稳了脚跟。在张良、萧何、韩信的辅佐之下，他以为"义帝"楚怀王报仇的名义，积极同项羽进行对抗。双方相持不下，于是约定以鸿沟为界，"以西为汉，以东为楚"，中分天下。

然而没过多久，刘邦便毁约袭楚，联合多路诸侯在垓下同项羽决战。在汉军的连续进攻下，楚军兵少食尽，被重重围困，又惊闻四面的汉军营中都传来楚歌，军心瓦解，因而大败。项羽与虞姬诀别后，突出重围，满心绝望，自刎于乌江。

在这场战斗中，刘邦全歼楚军，以绝对优势获得了最终的胜利，随后他建立了中国历史上又一个伟大的王朝——汉朝。那么汉朝又发生了哪些惊心动魄的故事呢？

我们下一章见。

先秦兵戈乱浮云

第二章 守业更比创业难

反转！「抄《上林赋》得心上人」竟是谣言？本章嗨君带您暗访西汉皇宫，揭露妃嫔选秀内幕，探班院线大片《黄金甲》，再到英雄云集的汉匈战场转一转。东汉王朝同样精彩，且看「天选之子」刘秀如何迅速通关。

2.1 西汉时事简报

大汉王朝都城有奖征集活动出结果啦！

鉴于咸阳城已经被项羽一把火清零，阿房宫也被夷为废墟，旧都已不适合再作为新政府的办公地点。近日，朝廷专门举办了"我为大汉选个家"有奖征集活动。国境之内，无论你是公卿贵族或是贩夫走卒，均可投稿，最终入选者可获得加官晋爵的丰厚奖励。

消息一出，便得到了举国上下的火热响应。

令所有人都没有想到的是，最终获奖的竟是一位即将被发往陇西戍边的小卒。只见娄敬一身粗衣，面无惧色，从容觐见，他向活动的主办方提出建议，认为咸阳附近的长安，就是为汉朝量身打造的都城，并展示了手绘的城市规划简图，彻底打消了主办方定都洛阳的原计划，活动评委张良对此深表赞同。

主办人汉高祖听后，也

这个规划图有点意思，我赶紧拿给皇上看看。

我来参加"我为大汉选个家"有奖征集活动，这是我的作品。

连呼"妙啊"，并断言这么聪明的一定是我刘家人，遂改"娄"为刘，强行把娄敬变成了"刘敬"。

汉高祖举办"杀其马"活动，呼吁大家抵制异姓王

异姓王跳槽、内斗、不打卡，已经成了大汉王朝面临的巨大威胁。

为了彻底解决这一难题，大汉王朝董事长汉高祖在"郡国并行制"的基础上，又增加了"白马之盟"的新条款，立下了"非刘氏而王者，天下共击之"的规定，并杀掉一匹白马，以作见证。

为了使盟约更有仪式感，汉高祖特将马血抹于唇上，并向在座文武展示了自己新开发的"斩王色"唇釉。在座文武表示绝对守约，董事长夫人吕氏则不屑一顾，并暗暗为自家亲戚准备好了三四十个内定名额。

大汉动物保护协会对此表示谴责，呼吁文明立誓，放过白马。

极简生活，从我做起，文景带你过自律生活

不同于秦朝的奢靡，自大汉立国起，从上到下便掀起一股"断舍离"的极简风潮，文景二帝继位以来，更是将这种潮流推向了极致，不许用金银陪葬，宫室坏了也不重修，就连后宫美人也有多年没穿过刺绣拖地长裙了。

问及崇尚这种生活的理由时，二帝坦诚道："这不还是因为穷？"

据悉，汉朝初立，就爆发了旷日持久的经济危机，朝廷穷百姓苦，就连皇帝都凑不齐四匹毛色相同的马，对外宣称只是混搭时尚，其中的辛酸只有他们自己知晓。

不过，经过几代明君的不懈努力，国家经济形势已有了明显好转，暴富就在眼前，大家再接再厉！

守业更比创业难

诸王汉庙外合唱《一点好处都不给我》，疑对汉武帝不满

好好的黄金，到了质监部门那里，为何缺斤短两？汉庙之外，频频传来哭声，汉朝的诸侯王都经历了什么？"酎金夺爵"① 背后的受益人，究竟是谁？

对此，本报记者专门对汉武帝进行了深度采访。接下来，就让我们一起走进这位年轻帝王的内心世界。

Q：请问您为什么要夺去那些诸侯王的爵位？

A：肯定要搞他们啊，不搞朕很没有面子的。

Q：陛下，您有钱有势的怎么不继续分封？

A：分封方面……分封是不可能分封的，这辈子都不可能再分封的，养又养不起，只有削了他们的爵位，才能勉强维持统治。

Q：那您觉得是施行"推恩令"前好，还是施行后好？

A：推恩令施行完，比之前感觉好多了。没削减这些诸侯王的势力前，朕待在宫里超害怕呀，做皇帝都没有底气。现在好了，诸侯的地盘变小了，势力变弱了，再也不用提防他们了，朕超喜欢推恩令！

董仲舒建议统一教科书惹争议，或导致教育垄断

本月，一些家长向记者反映，称新上任的文化部部长董仲舒只让孩子们学儒学，家长担忧长此以往不利于孩子们的全面发展，希望有关部门能来管管。

对此，我们致信董部长，希望他能就此事给出明确答复。

董部长起初并不愿配合我们的采访，表示这全是"上面的意思"，在记者的百般追问下，才坦言："文化需要方向，思想总得统一，教育也得与时俱进，

① 酎金夺爵：汉武帝采取的一项打击王侯的措施。汉武帝以诸侯王所献助祭的黄金成色不好或缺斤短两为由进行夺爵。

请大家理解，我们的工作也不好做呀。"

他又特别申明："虽然我们现在宣传的是'尊崇儒术'，但我们的课本其实是以儒学为纲，融合了多种学科的兼容版本，这样做不仅有利于发展儒学，还有利于国家的安定和统一。国家稳定了，文化才不容易消亡，你看是不是这个理？"

对此，大部分群众表示支持，但也有少数人提出质疑，这样专制的思想真的是对的吗？儒学真的能够解决一切吗？

这些疑问，只能由后世来向我们证明了。

丝绸之路正式开通，中原人民也能吃上西域水果啦

"张使君，这个又黑又蓝，一串串的是什么？能吃吗？"

"这个红皮的果子怎么吃？一打开里面的种子像玛瑙一般，可真好看！"

"张使君，那匹马长得好壮，怎么身上还在流血呀？"

为了解答大汉人民的诸多疑问，"丝绸之路"的代言人张骞化身带货主播，来到长安城西市，为大家一一介绍那些西域的新奇特产。

欢迎大家来到直播间，接下来我将为大家一一介绍西域土特产。

守业更比创业难

面对我们的镜头，张骞眼含热泪，向我们讲述了那些年出使西域的艰难经历。当时，匈奴征服了西域，以此为据点，不断滋扰大汉边境，侵占大汉的领土。汉武帝刘彻不肯坐以待毙，遂派张骞为使臣，前去联络同样与匈奴有世仇的大月氏，一同夹击匈奴。

想不到，这一去就是整整十三年。

其间他多少次被俘虏折磨，多少次死里逃生，随行的人员，也从出发时的百余人变成了两个人。张骞虽然未能成功联络大月氏一同对敌，却用自己的双脚丈量出了一条从中原通往西域各部的道路，为汉朝西征做好了充分的准备。

数年后，他又奉命再度出使西域。这次，他们带去了大量的财物和牛羊，带回了葡萄、石榴、黄瓜、大蒜、芋头、芝麻等果蔬农作物，还从大宛引进了良驹汗血宝马。在驼铃声中，一条崭新的丝绸之路正式通行。

张骞虽然见识了许多西域的风土人情，也收获了诸多闻所未闻的异域物产，甚至还被困在匈奴十年，屡屡受到诱惑和威胁，但他从未动摇，一心忠于大汉，矢志不渝。

为了表彰他"持汉节不失"，汉武帝为他颁发了"远瞻博望"荣誉奖状，并封他为"博望侯"。

PS：《三国演义》中，诸葛亮的第一笔战绩"火烧博望坡"，烧的就是当年张骞的封地。

汉宫选秀票数造假，有关部门正式立案侦查

近日，汉宫官方选秀公然造假事件，引发社会各界广泛关注。

对于长居深宫的宫女们来说，选秀无疑是她们改变命运的重要方式，多少红颜女子苦练才艺，挖空心思，就是为了博得帝王的青睐。

据某不愿意公开姓名的美人透露，每年的选秀看似公正，但实际上负责为选手们画像的画师都曾不止一次向她们索要贿赂和小费。

"我们也不愿意，但哪里敢不给呢？圈子里的规矩就是这样，出钱多的，画师不但画得细致，还额外帮着开美颜；出钱少的，就会被恶意画丑，最终连海选都进不去。和我同期有个叫王嫱的妹子，长得那叫一个水灵，堪称沉鱼落雁，拼颜值才艺都是妥妥的C位，就是因为不愿意向画师毛延寿行贿，总决赛时一个镜头都没有，彻底消失在了观众的视线中。"

这段录音一出，当即引爆了舆论，想不到在天子内宫之中，竟存在着这样的潜规则。据悉，这一黑幕直接导致宫女王嫱错失机会，被调剂到匈奴地区远嫁，临行的那天，众人才第一次看清她的相貌，只见她"丰容靓饰，光明汉宫，顾影徘徊，竦动左右"。

王昭君初登舞台琵琶独奏
王嫱美绝了

与王嫱有关的词条瞬间登顶热搜，之前为选秀打榜和投票的粉丝们也惊呼，这样的美人都被淘汰，真不知选秀的公平性何在？

其中最感愤怒的还是选秀比赛的主办方，错失佳人的汉元帝。他冷着龙颜，眼睁睁看着王嫱随着呼韩邪单于的车队远去，宣称一定会彻查此事，严惩画师，避免类似事件再次发生。

有关部门捣毁"息肌丸"制售团伙，受害者称副作用可怕

重大违禁药品"息肌丸"一案目前正在审理中，随着案件的深入，竟牵扯出一桩宫廷秘闻。

赵飞燕（化名）和其妹赵合德（化名）是汉宫中的两名妃嫔，在内卷严重的后宫，为了讨好老板汉成帝，完成业内第一的绩效，她们煞费苦心，不仅苦练

守业更比创业难

075

舞蹈，还熬夜研读《人性的弱点》，最终发现汉成帝的弱点就是特别喜欢肤白貌美、身形纤瘦

且自带体香的美人。

　　于是她们花重金在宫外求购了所谓的"减肥美容神药"息

肌丸，日日服用，起初果然有奇效，两个人的容貌比原本更娇艳了几分，迷得汉成帝神魂颠倒，但时间一长，两姐妹发现不对劲了。

赵飞燕（化名）："他们也没说这药有副作用啊！服药之后，我和妹妹都觉得身体疲乏，一日不如一日，找医官一查，才知道这药里面含有麝香，不光能致人不孕，严重的还会导致瘫痪或死亡！"

专家在这里提醒大家，过度减肥不可取，日常服药要慎重，飞燕合德只是导致不孕还算逃过一劫，汉成帝也有长期服药的习惯，最后的死法……啧啧啧，新闻都不知道怎么报。

院线大片《黄金甲》上映，戏精王莽挑大梁

电影《黄金甲》是由黄门侍郎王莽自导自演的一部权谋悬疑伦理战争大戏，主要讲述了西汉末年，一位外戚凭借自身的狡诈和计谋，自我伪装，在朝堂上扶摇直上，最终自立为帝，建立新朝的跌宕故事。

双料影帝王莽在接受采访时透露："第一次挑战这么有多面性的角色，我觉得还是很有难度的。不过我相信凭借自己的演技，一定能够瞒住姑妈和满朝文武，将大汉朝的江山收入囊中。"

王莽口中的姑妈，即西汉的太皇太后王政君，她也是这部大戏的主要投资人。王太皇太后年纪大了，头昏眼花，只看了前半部分剧本，对于亲侄子的野心和筹谋一无所知。

不过业内有许多大咖都不是很看好这部电影，批评王莽导演过于投机，导致后期剧情散乱。据悉，刘秀导演的小成本电影《东汉》也将在稍晚时候上映，他能否逆风翻盘，成为票房黑马？让我们拭目以待。

守业更比创业难

2.2 "抄《上林赋》得心上人"靠谱吗?

🔊 **265个回答**　　💬 **邀请回答**　　💬 **写回答**

如题。最近朋友圈流行抄司马相如的《上林赋》,说这篇汉赋篇幅巨长,生僻字又多,只要耐着性子抄完一遍,就能得到心上人的爱。

有没有姐妹来现身说法一下,靠谱吗?灵验吗?

卓文君
蜀郡白富美,次世代钢铁侠,司马相如正妻　　+关注

5868人赞同了该回答

这年头,有拜月老的,有拜红鸾星的,居然还有拜凤凰男的?真是开了眼了。

但凡你去查查作者简介,都不至于做出这等事来。全体女孩都有,现在还没抄过《上林赋》的,赶紧在这里避雷;已经抄完的同学,罚你去把我写的劝分名作《白头吟》抄十遍,冷静一下。

作为一个以"被老婆主动递离婚申请书"闻名史册的男人,首先,司马相如自己的感情道路就没整明白,他自己的恋爱动机,就很不单纯。想当年,我还是蜀郡最大钢铁厂厂长家的千金,仆僮成群,家资千万,要啥没有?但偏偏就中了爱情的蛊,离了天大的谱,看上了这个上门拜访的破落户。

也不能怪我,当时的我和现在的你们一样,还是个文艺青年,没吃过生活的苦,平时就喜欢看看画展,弹弹古琴。没承想就是因为这点儿兴趣爱好,被司马相如抓住可乘之机,他看似从容淡定,当众演

奏了一曲《凤求凰》，实际上每个动作都是精心设计过的。

加上他人长得又帅，看起来也是个单身贵族，"有一美人兮，见之不忘。一日不见兮，思之如狂"合着琴声唱出来，哪个女孩不迷糊，我还以为遇到了知己，当夜便和他私奔到老家，追寻爱情去了。

结果到了他家才发现，他家……这么说吧，要不是还有四面墙在那儿立着，我都不承认那是个家。

我就问了，你去我家驾驶的豪车呢？他说和朋友借的。

那给侍从打赏的巨额小费呢？他说是朋友帮给的。

那你在县里鹊起的声名总不会是假的吧？他说是朋友帮忙炒作的。

我：你和你朋友过去吧！

但我卓文君对待爱情，还是很忠贞的，就这么和他过起了日子，为了维持生计，他竟然还让我这么一个千金大小姐站在垆前卖酒。更重要的是，他见父亲与我断绝关系了，知道从我这得不到什么了，就

变了脸色，总劝我回家和父母搞好关系，时不时地还给我整点家庭冷暴力。

我爹到底还是疼我的，看不得我受苦，就往我账户里打了一笔巨款，又派来许多家仆，补上了嫁妆，司马相如这才开开心心地带我回了老家。

后来他入长安，给皇帝写了篇《上林赋》就发达起来了，又惦记着谈一段新的恋情，要纳茂陵女子为妾，全然忘了还有在家等待他的糟糠之妻。可他没想到的是，卓文君已不再是当初那个围着他转的天真少女，我把离婚申请书往他桌上一拍，"闻君有两意，故来相决绝"。

我卓文君和你司马相如，今天算是掰了。

从今往后，天下无数女子面对丈夫劈腿，又没有勇气离婚时，都会想到我，从而充满力量，她们都亲切地称呼我为"离婚侠"。

总而言之，和这样一个男的沾上边，我觉得有点晦气，楼主你觉得呢？

💬 评论（4）

@嗨君：

《上林赋》是汉武帝命令司马相如创作的汉赋。此赋用瑰伟宏奇的辞藻和铺陈扬厉的叙事，极言天子上林苑中台观奇景之壮丽，飞禽走兽之繁奇，天子射猎之勇武，庆功宴之铺张奢华，兼有委婉讽谏之意，因此多得后世文人称颂。司马相如也因此得到汉武帝赏识，实现了"不乘高车驷马，不过汝（升仙桥）下"的功名之心。

卓文君作为司马相如的原配妻子，也有着出色的文学才华，被称为"蜀中四大才女"之一。司马相如因作《上林赋》被汉武帝诏封为郎后，曾打算纳茂陵女子为妾，卓文君作《白头吟》给他，以示诀别之意，其中"凄凄复凄凄，嫁娶不须啼。愿得一心人，白头不相离"，表达了自己作为女子，对爱情的坚贞和勇敢；"竹竿何袅袅，鱼尾何簁簁。男儿重意气，何用钱刀为？"尖锐地批评了司马相如作为男子的见利忘义、薄情寡恩。整首诗质朴纯真而又铿锵有力。

@崔莺莺：

想不到凤凰男各朝各代都有，我也要吐槽一下唐朝同款前男友！和司马相如一样，我的这位前男友也是文学圈的名流，谈起恋爱来还不如司马相如。当时我随母亲在蒲东佛寺暂住，他也是拼了命地撩我，撩到手了却不娶人家，另外攀高门做女婿去了。最过分的是，他还把这段"始乱之终弃之"的情史写成小说《莺莺传》，满长安城传阅，夸耀自己"善补过"，全然不管女孩为自己伤透了心。

即便这样花心薄情的男人，也曾写下"取次花丛懒回顾，半缘修道半缘君"这样的诗来包装自己，可见有些男人的话，是信不得的！

@鱼玄机：

你说的前男友，不会是元那个稹吧？一看妹子你就是没见识过社会的险恶，才会被几句酸诗哄得动了心。我也认识一位叫温庭筠的大诗人，那可真是个好人，可惜就是长得丑了点，年纪比我大了三十多岁，不然我一定嫁给他。后来一个叫李亿的读书人娶了我，但此人既花心又懦弱，惧怕家中正室，只敢把我安置在城外的咸宜观中，后来更是抛下我不管，带着妻小到外地做官去了。

世人只知道从此之后我成了大唐交际花，放出"鱼玄机诗文候教"的交友帖，哪里会在意我"易得无价宝，难得有情郎"的感叹？

@霍小玉：

有时候我真的怀疑，渣男都是一个厂生产的，不然为什么我这个前男友也叫李益？始乱终弃、另娶高门的套路我们不多讲了，如果大

守业更比创业难

081

家不介意听听我的"鬼言鬼语"，我就说说最近发生在渣男身上的稀罕事。

被李益渣了之后，我没过多久就含恨而终了，从那之后，李益就患上了臆想症，时时觉得身边的女子对他不忠，还经常看见有男人在妻子内帏出入，因此老是家暴，还离了好几次婚，以至于没有人家敢把女儿嫁给他。李益有一个宠爱的姬妾叫营十一娘，他生怕人家出轨，就每天拿个大浴盆把营十一娘扣在里面，等他回来才能打开。又警告家中侍婢说谁要是敢犯错，就拿匕首割下她们的头。

这种心态往好了说是强制爱，客观来讲是不是心理变态？我怀疑这是我临死前那句"我死之后，必为厉鬼，使君妻妾，终日不安"的诅咒奏效了，把他吓病了。就该如此，这样的渣男，我们做鬼都不要放过他！

陈阿娇

汉武帝第一任皇后，长门宫守门员

+关注

卓文君说得太对了！和《上林赋》沾边的都不是什么好东西，和司马相如约稿的刘彻一样不懂爱情。男人的嘴，骗人的鬼，我这辈子就输在总是被男人骗上了。

我的母亲，是尊贵的馆陶长公主；我的舅舅，是大汉明君汉景帝。在我很小的时候，曾经有个可爱的小男孩一脸天真地对我说："如果能娶到阿娇当媳妇，我一定造一座大大的金屋子把她藏起来。"听得我母亲大笑，遂将我许配给这个男孩，还扶他做了君王。这个男孩后来更名为"刘彻"。

成为皇后之后，我确实住进了华丽的宫殿，享受着至高的尊荣，可当初的那个男孩却已变了。他忌惮我母亲功高权盛，又嫌弃我骄纵无子，转而宠爱出身卑贱的歌女卫子夫，我闹了几次，毫无用处，这时便有人给我支招说正途行不通的话，皇后娘娘可以试试玄学，还请来女巫楚服为我作法。值得一提的是，这个楚服穿上男装还真像个小帅哥，我也小小地心动了一下，但没想到这玄学非但不管用，还引来了天大的祸事。刘彻追查此事，斥我大逆不道，夺去了我的皇后玺绶，令我退居长门宫思过。男装大佬楚服也被枭首于市，连坐被处死的有三百多人，当真是血流成河。

幽居长门宫的我没学会"吃一堑，长一智"，这里虽然依旧奢华，但空荡荡的金屋让人心里发慌。正好宫中传起"抄《上林赋》，得心上人"的小道消息，我心想抄什么《上林赋》呀，我又不是没有钱，如果真有用的话，让司马相如再给我写一篇！

我拿出了黄金百斤，于是司马相如写出了一篇幽怨至极的《长门赋》。可我忘了，司马相如本身就是个不懂爱的人，这个骗子写出的赋再骈俪唯美又如何？刘彻看了这篇赋后，在长门宫短暂地停留下又

守业更比创业难

如何？心不在了，就算抄尽天下文章，也不过是白白感动自己罢了。

我当初踩过的坑，怎么两千多年后还有姑娘在踩？都散了吧，抄《上林赋》的做法，亲测无效。

评论（6）

@ 嗨君：

其实正史上并未记载陈皇后之名，"陈阿娇"乃是后人根据"金屋藏娇"典故所取。

《长门赋》的序言中记载："孝武皇帝陈皇后，时得幸，颇妒。别在长门宫，愁闷悲思。闻蜀郡成都司马相如天下工为文，奉黄金百斤，为相如、文君取酒，因于解悲愁之辞。而相如为文以悟主上，陈皇后复得亲幸。"可知此赋乃是陈皇后花重金请司马相如所作，她也曾因该辞赋短暂地复宠过，但世事人情如流水，我们今人从上帝视角可以知道，这次复宠也不过如昙花一现，陈皇后最终还是在长门宫中被幽禁至死，孤寂地度过了余生。

@ 卫子夫：

呜呜呜，骂刘彻带上我一个！曾经我以为他和陈皇后的婚姻，只是政治上的逢场作戏，对我这个小歌女才是真爱。后来我发现自己错了，他分明就是在馋我的颜值！是在图我一头乌黑亮丽的秀发！后来有了钩弋夫人，他就不理我了，还怀疑我也收集巫蛊小人，要杀我儿子，真是男人心，海底针！

@ 钩弋夫人：

姐姐你可少说两句吧，好像我的日子过得多舒坦似的，至少你们谈恋爱的时候，他还是个青葱的少年帝王，等我入宫的时候，他已经是个花甲之年的老头子了。或许陈皇后巫蛊之事给他留下了什么阴影，他老年患上了被害妄想症，前脚刚立了我儿子刘弗陵做太子，转头就嫌我这当娘的碍眼；昨天还在说我手心里握着的玉钩勾住了他的心，改天就要把我埋葬在深宫之中，怕我后宫乱政。看来他对我的爱只是间歇性的，"一顾倾人城，二顾倾人国"的李夫人才是他的毕生挚爱。

@李夫人：

几位姐姐都错了，帝王家哪有什么真爱不真爱？要清楚咱们拿的是宫廷剧本，不是甜宠小文。这本《白月光修炼手册》各位拿好，宗旨就十个字："色衰则爱弛，爱弛则恩绝。"我正是深知这点，才临死都不肯和他见最后一面。当年卫皇后何尝不是盛宠？到最后落得自缢的下场，我要不是死得早，恐怕也免不了把人生活成一个悲剧。什么毕生挚爱？得不到的永远在骚动罢了。

@卫子夫→李夫人：

扎心了，扎透透的。

085

@吕雉：

不要恋爱脑，不要轻信男人，这个知识点还要本宫强调多少遍？老刘家谈恋爱不讲武德这件事，从根上就已经注定了。他太爷爷辈的刘邦怎么样？堂堂大汉奠基者，坑老婆的事可一件都没少做。晚年还要废掉我儿刘盈的太子之位，让戚夫人的儿子当继承人。多亏我棋高一着，找来本朝的智力天花板张良，又请来大汉的商山四皓为刘盈站台，才有惊无险地保住了刘盈的太子之位。

本宫虽不懂当什么白月光，却熟记"不纠缠，知进退"的后宫生存终极法则。

2.3 大汉名将图鉴

欢迎来到汉匈战场！

在这里，你将面对史上最凶悍的敌人，进行最残酷的厮杀，希望你做好充分准备。

西汉初年，匈奴猖獗，屡犯我大汉边境，开国皇帝刘邦率军与匈奴在白登山交战，双方武力悬殊，汉军惨败，被困七天七夜。为积蓄实力，刘邦只得与匈奴和亲，忍气吞声，以求和平。

经过文景之治，大汉朝国库充盈。汉武帝年间，经济、政治、军事实力已空前强大。是继续忍耐，还是放手一搏？亲爱的玩家，请谨慎做出选择。

打 ☑   忍 ☐

不愧是你，勇气可嘉！那么，在开始战斗前，请选择你的英雄！

一号英雄·卫青

称　　号： 大司马大将军/长平烈侯

主要战绩： 龙城大捷、收复河套、奇袭高阙、漠北大战

经典台词： "青得以肺腑待罪行间，不患无威。"

英雄简介： 他是寄人篱下的骑奴，也是一人之下万人之上的西汉大将军。

他的战功彪炳史册，初出茅庐，便直击匈奴圣地龙城，俘虏敌军七百余人，打破了匈奴人不可战胜的神话，获胜而归，为汉武帝北征立下首功。

河套一战，他攻下阴山要塞高阙，活捉匈奴数千人，夺取牲畜无数，更重要的是，切断了匈奴王庭与西域其他各部的联系，使其孤立无援。这是一次真正意义上的大反击，此一役后，匈奴元气大伤，几乎再无法威胁长安。

卫青七击匈奴，斩首五万余，剑锋所指之处，无不所向披靡；但在日常生活中，他温和谦逊，普通人该有的虚荣心他统统没有。用他自己的话来说就是，他本是马奴出身，能不受鞭打之苦，就已经心满意足了，封侯受赏他统统没有奢望过，建功立业也只是为了报答汉武帝的知遇之恩。

所以别人劝他养些幕僚，搞自己的小团体，他不做考虑；别人出言冒犯他，他也不介意，反而敬重对方刚直；军中遇到难题需要抉择了，他也不急于立威，而是将事情交由汉武帝决断。

卫青赤诚地效忠汉武帝，汉武帝也毫无芥蒂地信任着卫青。

这一场风虎云龙般的相遇，直至千载之后，仍在史册间赫然生光，成为君臣相得的典范。

英雄测评：

@甘泉宫神棍：

威震匈奴的一代名将，幼年竟频频遭受虐待；公主府中身份卑贱的骑奴，却展现出了远超常人的军事眼光……透过重重迷雾，唯一看透真相的是一个外表看似钳徒①，智慧却过于常人的甘泉宫神棍，也就是区区在下！

自我介绍一下，我是一个相面大师，你们也可以把我理解成常常

---
① 钳徒：被施钳刑而为徒众的人。

在历史故事中打酱油的神秘人。

某天，我在甘泉宫遇到卫青，顿时就被他身上的霸气之光闪到，忍不住说："小伙子，你这是大富大贵的面相啊，将来必将封侯！"

正常青少年听了这么有深意的话，那肯定按捺不住好奇之心，连连追问，求我展开说说，可卫青却对此一笑置之，道："人奴之生，得毋笞骂即足矣，安得封侯事乎？"

那表情，就像在说，别看他没有爹，我这要是能押中，他管我叫爹。

算了，这事也急不来，该来的迟早会来的，我得赶紧去下一个历史节点，哎前面那个叫刘秀的，你对"位面之子"①的话题感兴趣吗？

@ 馆陶公主：

本公主对卫青怎么看？别问了，问就是后悔。

我女儿阿娇嫁给刘彻后，本来小夫妻感情就不咋融洽，刘彻去了趟平阳公主府，又领回来一个卫子夫，宠得像心肝儿一样，还怀上了孩子。阿娇就来找我哭诉，说这皇后之位过不了多久就要拱手送人了。

我登时就坐不住了，当我馆陶公主是吃素的？别忘了当年本公主一句话，皇位都要换人坐。我心想，区区一个歌伎，连亲爹是谁都不知道，凭什么和我们斗？你抢我女儿的宠爱，我就绑了你弟弟。

可没人告诉本公主，他弟弟这么器宇不凡啊！把他绑进屋那一刻，我就有一个感觉，我们所有人都被他一个人包围了。

果然，卫青是个做大事业的人，最终不仅没死在我手上，还因祸得福，被刘彻看中，加官晋爵，赏钱千金，做了太中大夫。这下不仅后宫她卫氏独大，就连前朝也有她说话的地方了！不过转念想想，听

守业更比创业难

---
① 位面之子：指背负特别使命，能够改变整个位面（独立宇宙）命运的人。

说刘彻要派他去和匈奴打仗，匈奴那么残忍彪悍，他要是兵败被杀死在战场上，卫子夫就嚣张不起来了。

我可真是个老机灵鬼，曲线宫斗，还得是本公主！

@ 汉武帝：

谢谢，谢谢，没有姑妈您，就不会有朕和卫青的相遇，您这回的功劳可太大了！

问，人生第一次拆盲盒，就拆到隐藏款（两个），是怎样一种体验？今天朕必须来秀一秀。

这姐弟俩，姐姐歌喉婉转，秀发飘逸，朕固然喜欢，弟弟……朕也喜欢，但那就是另外一种意义上的喜欢了。想当年，朕少年登基，一腔热血，想着太爷爷、爷爷和父亲做皇帝都做得那么好，朕也不能掉队，绝对要接好他们的班。可窦太皇太后和那帮老臣压根没给朕这个机会，他们都信奉什么"黄老之术"，原则就是能不动就不动，以不变应万变，靠躺平拯救世界。

朕的改革失败得轰轰烈烈，好不容易熬到了太皇太后仙逝，北方的匈奴又频频给朕发骚扰信息，催问今年的美人是否发货。

发你个马镫子！

虽然前几任皇帝为了稳定局势，采取了和亲这一对策，尽量不和匈奴起正面冲突，但匈奴的野心也在不断滋长，灾荒之年，他们依旧没有停下南下掳掠的马蹄。

朕知道，大汉虽然富了，却没能真正站起来。

摸摸自己鼓鼓的钱包，看着草场里已经养肥的战马，朕决定不再忍耐了，朕要撕毁"公主换和平"的窝囊条约，和匈奴人开战。

可理想有多丰满，现实就有多骨感。朕派出的四路大军，有三路都被打得惨不忍睹。朕在长安看着一封封加急电报，头都要摇掉了，这时快马飞报，卫青将军胜了！就是从这一刻起，汉匈之间的战争局势开始了大逆转。老实说，如果卫青也败了，那朕实在不知道再用什么理由说服天下，继续向匈奴出兵。

是卫青的出现，让我大汉将士们深信，我们也是可以斩下匈奴人头颅，直捣龙城的！

随着卫青权势越来越大，又做了平阳公主的驸马，朝中就总有人挑拨我们之间的关系。还有谣言称，朕要废掉太子，不准卫青的大外甥做继承人。

全是无稽之谈！卫爱卿你听好了，朕郑重发誓，只要有你在一天，朕就不会动卫家，也不会废太子。

你保护我，我保护你，我们君臣死后也要在一起。

守业更比创业难

091

嗨君捡史：大将卫青

卫青（？—前106年），字仲卿，河东郡人，西汉时期著名将领、军事家。出身卑贱，曾在平阳公主府为骑奴，后受汉武帝刘彻重用，七击匈奴，立下赫赫战功，与其外甥霍去病一起远征河套，又出定襄，重创匈奴军主力，致使匈奴远遁，"漠南无王庭"。卫青因功加拜大司马大将军。

公元前106年，卫青病逝，谥号"烈"，陪葬茂陵。

二号英雄·李广

称　　号：	飞将军
主要战绩：	多次担任边境郡守，抵挡匈奴入侵，经历了大小战役七十余场。
经典台词：	"广年六十余矣，终不能复对刀笔之吏。"
英雄简介：	同样是一代名将，李广显得很特别。

或许没几个人说得出他参加过哪场战役，立下了什么战功，但我们一定都听过这个名字，或许还能张口说出两句有关他的诗文：

"但使龙城飞将在，不教胡马度阴山。"

"冯唐易老，李广难封。"

"君不见沙场征战苦，至今犹忆李将军。"

没错，李广虽不是大汉仗打得最好的，也并非武将中爵位最高的，可他却是在后世拥有最多"粉丝"的汉代将领，同时也是公认最"惨"的将领。

拿武侠小说作比，看卫青的传记，就像是郭靖在升级打怪，一笔笔记下的都是他在战场上的种种功勋战绩；但李广更像是《天龙八部》里的萧峰，起手就已经掌握"降龙十八掌"这样彪悍的技能了，他的看点在于人生的纠结与无奈。

李广是汉朝历史上少数自刎而死的名将。经历了一辈子的屈辱、迷惘和不甘后，他再难背负"迷失道路，贻误战机"这样的泼天罪名，只留下"广年六十余矣，终不能复对刀笔之吏"这样一句话，便自刎于卫青的营帐中。

命运的荒谬，让李广就连死都蒙上了一层悲剧的色彩。

英雄测评：

@ 神棍二号王朔①：

"李广难封"这件事，真的很难解释，别说你们这些后人不懂，李广自己也不懂。

那天他找到我，说汉朝与匈奴的对战，没有哪一场是少了他李广的，可为什么就连他堂弟李蔡这么菜的人都封侯拜相，众多才能远不及他的人，也能取得侯位，只有自己一把年纪了，既没有被封侯也没有得到封地？难不成是他长得没有卫青帅，面相不好？

他希望我能通过看星象，帮他破解一下。

我心想，不用问星星，你这种情况我见多了，统称为倒了血霉。

但我又没法和李广直说，只好问他："将军自念，岂尝有所恨乎？"

守业更比创业难

---

①王朔：汉朝人，为李广将军相过面。

李广想了想，还真有，他在平定陇西的时候，羌人造反，被他诱降平定了，投降的总共有八百多人，但他想想不放心，转头又把这些人给杀了，"至今大恨独此耳"。

我在那头听着，眼泪都要掉下来了，也就只有你，还会因为几百条羌人的命耿耿于怀，抱恨终生。

但道儿是自己选的，我只好接着说，啊，对对对，世上最大的祸事莫过于杀俘虏，将军你得不到封侯大概就是这个原因。

李广也真信了。

这个故事告诉我们，但凡有这种搞不定的心理障碍，一定要去看大夫，别来问我们这些神棍。

提起这事，我这心里也怪不好受的。听说当年匈奴打入萧关，李广以良家子应征，斩首多人，汉文帝听说后长叹道："可惜啊，你没赶上好时候！如果你出生在高祖时期，万户侯岂足道哉？"

李广出生得晚了些，没能赶上楚汉战争，但凡他像卫青一样，晚生几年，赶上朝廷对匈奴正式开战，照样有建功立业、大展拳脚的机会啊！可这时，他上了年纪，战场已经交到年轻人手中了，加上实在是运气太差，许多机会都错过了。

@ 大汉外交部公孙昆邪[①]：

谁说不是呢？过了这么多年，我还是觉得意难平，他要是没本事也就算了，明明战力那么强。

汉景帝时，李广在上谷带兵。当时他还是个很年轻的将军，我大汉朝的军事实力也远比不上这会儿，但他每每都是拿命和敌人硬刚，看得我实在不忍，跑到皇帝面前哭诉："李广才气，天下无双，自负其能，数与虏敌战，恐亡之。"

我恳请皇帝快让李广别打了，照他这么打下去，好好一个良将过不了多久，就得为国捐躯。

皇帝也听从了我的建议，心疼李广，把他调到上郡去做太守。可想不到过了没多久，李广又辗转回到边境，在陇西、北地、雁门、代郡、云中这些地方舍生忘死地杀敌。

这样一位满腔热血报国的英雄，怎么死得这样惨？难道这就是命中注定？

@ 大将军卫青：

李老将军的死，不管别人怎么说，我卫青得负一部分责任。

漠北之战时，他已经六十多岁了，依旧坚持带兵作战，还多次自请去前线与匈奴正面交战，但我作为统兵将军也很为难，我调李广去绕远的东路，想不到间接导致李广的队伍在沙漠中迷失道路，援助不及时，致使主力军没能活捉单于。这事本来在军中也不算要命的失误，我派人给他送去了慰劳的酒和干粮，希望请他来聊聊这次战败的事，也好向朝廷复命。

守业更比创业难

谁知他心灰意冷，以为我要治罪，只留下了一句："诸校尉无罪，乃我自失道。"就把所有罪责揽到自己身上，在我帐下长叹自刎了。

回朝后，大家都劝我，说这事并非我的过错，只是一场意外，但我永远忘不了李老将军那天绝望的眼神和他所说的话。他说他已经六十多岁，打了一辈子的仗，一事无成，事已至此，不能再受那些刀笔吏的侮辱了。

这些日子我不止一次碰见他的小儿子李敢，李敢的眼中充满了恨意，认定是我害死了李老将军。霍去病提醒我，要提防他来报复。

随他去吧，和李老将军的死比起来，区区报复，又算得了什么呢？

嗨君捡史："飞将军"李广

李广（？— 前119年），出身将门，先祖李信是秦朝名将，李广自幼熟习射箭，有百步穿杨之能。唐代卢纶诗云："林暗草惊风，将军夜引弓。平明寻白羽，没在石棱中。"就取材于李广的事迹。《水浒传》中善射箭的好汉花荣，也以"小李广"为别号。汉文帝时期，李广以良家子身份从军，力战匈奴近五十年，被匈奴人称为"飞将军"。

李广忠肝义胆，廉洁奉公，刚直不阿，虽终身未能封侯，但国人皆感念他的功劳，司马迁用"桃李不言，下自成蹊"来评价李广的一生。

三号英雄·霍去病

称　号：	骠骑将军/冠军侯
主要战绩：	定襄北之战、河西之战、漠北之战
经典台词：	"匈奴未灭，何以家为？"
英雄简介：	历史上再也找不出霍去病这样的少年英雄。

他出身寒微，却自小长于锦绣之中，敢在上林苑中箭尖直指王侯，只因那人曾出手打伤自己的舅舅。

他是大将军卫青的外甥，他身上有着卫青不曾有的张扬、放肆、意气风发。《汉书》中形容他："长驱六举，电击雷震，饮马瀚海，封狼居山，西规大河，列郡祁连。"

他曾追击匈奴直至瀚海，一骑当先，斩下匈奴王的头颅，在姑衍山祭天封禅；他也曾在天子面前欢欣鼓琴，畅言："匈奴未灭，臣何以家为？"

他是南宋辛弃疾的偶像，是三国曹植笔下的白马少年，在他死后的两千年，仍有不少年少志士以他为楷模，浴血沙场，勇对外敌，高呼着："捐躯赴国难，视死忽如归，大丈夫当如此！"

没有人知道，倘若霍去病没有英年早逝，历史的车轮将驶向何方。人们只眼睁睁看着，上天赐给大汉的这颗紫微星倏而升起，转瞬坠落，徒留给后世无数遐想。

守业更比创业难

097

英雄测评：

@汉武帝：

霍去病这个英雄怎么样？那当然是使用感满分啊！

想象一下，朕本来只想玩一款模拟养成游戏，把皇后的外甥接进宫照顾。想不到这个可爱小娃养着养着，突然之间成了所向披靡的战神，十八岁就能率军出征，在匈奴战场上歼敌近十万，直取祁连山，连匈奴用来祭天的小人都抢回来了，丢给朕随便耍，这让朕如何不爱？

要说唯一的缺点就是这个英雄寿命太短了，霍去病这孩子只活到二十四岁，就离开了人世。寡人传旨问了游戏客服，客服说霍去病是青春限定款，只能试用这么一会儿，目前已经全线下架了。

真是无语，系统你们到底会不会赚钱，给朕个挽回的机会行不行？算朕求你们了。朕充会员！朕充包年大会员还不行吗？把霍去病还给朕，呜呜呜……

@汉军小卒阿甲：

霍去病将军刚入军营的时候，老实说，大家都没太看得起他。

所有人都知道他是卫青大将军的外甥，想着他还是个乳臭未干的小子，会打什么仗？八成是被塞进来吃空饷的。

但大伙儿这种心态没能持续多久，因为霍去病很快做了一件石破天惊的大事——他原本跟随卫青大将军一同出征匈奴，但走着走着，大军发现霍去病人没了。大伙都慌了，这可是皇后娘娘的外甥，陛下亲封的骠骑校尉，出了名的金贵，弄丢了真赔不起啊。但军情紧急，一时半会儿也顾不上他，大军只好继续前行，休息的间隙还有小兵在偷偷议论，说霍去病就是个绣花枕头，中看不中用，路都认不得，莫不是临阵退缩，当了逃兵吧？

想不到没过多久，霍去病带着被他"拐走"的八百轻勇壮士回来了，不光自己回来了，还斩获了两千零二十八颗胡虏的人头，还不全是普通士兵的头，这里面包括匈奴的许多大官，甚至连匈奴单于的叔叔和叔爷都被他一举拿下。

众士兵：该不会是我们行军太久，出现幻觉了吧？这种事，它怎么可能存在于现实中呢？

守业更比创业难

099

直到最后，我们都没能知道霍去病用的是哪款智能导航，也没搞懂那一仗他是怎么打下来的。我们只知道，回朝之后陛下欣喜若狂，当场给霍去病划地封侯，封号还贼威风，叫"冠军侯"。李广将军在一旁听着，眼睛都发蓝了。

> 骠骑将军的十八岁：初战封侯，勇冠三军。
> 我的十八岁：娘，我想再吃一碗饭，行不行啊？

@霍光：

魔镜魔镜告诉我，我是不是这世上最幸运的人？

在我十多岁的时候，我的父亲霍仲孺神情紧张地要告诉我一个好消息和一个坏消息，还问我想先听哪个。

我的内心十分平静，想着这天终于要来了，老爹你平常的生活作风就不是很检点，今天终于要瞒不住了。你是不是要告诉我，你在外面有个私生子，我有个同父异母的弟弟？没事你说吧，我已经有心理准备了。

我爹：呃……不是很准确。我是有个私生子，不过不是弟弟，是你同父异母的哥哥。

我：这是什么匪夷所思的操作？

我爹告诉我，二十年前他在平阳侯家做小吏的时候，曾经和一个婢女私通，生下了一个儿子，而后他也没想负责，转头就回乡娶了我娘做正妻，生下了我，和那个婢女再没联系过。

我：爹你真是渣得坦坦荡荡……不是，坏消息我了解了，那好消息呢？

我爹：好消息是你哥不是别人，正是骠骑大将军霍去病。

我至今没法形容当时自己受到的震撼，这就好比你和你的邻居小伙伴每天还在为谁演猪八戒、谁演拿棒的孙悟空而争吵不休，转头发现你们竞相扮演的超级英雄，就是你的亲哥。

　　😊 我哥得道，鸡犬升天，骠骑将军带领我们全家过上了小康权贵生活，这种物质上的东西还在其次，最关键的是，这是何等的荣耀啊！我胸中的小宇宙在那一刻熊熊爆发，几乎要喷薄而出。

小康生活 ☒　　权贵生活 ☑

　　虽然我和我哥相认没几年，他就去世了，但他带给我的正面影响是不会消逝的。我霍光，从今以后，就要以我哥哥霍去病为目标，勤恳做事，高调做人，绝不给我哥丢脸。

　　大汉的历史必将由我来改写，未来是属于我们霍家人的！

嗨君捡史：霍去病

　　霍去病（前140 — 前117年），西汉时期著名军事家，大司马大将军卫青的外甥，权臣霍光的异母兄长。霍去病虽为卫青姐姐卫少儿和小吏霍仲孺的私生子，但因卫子夫得宠，且卫青战功赫赫，自小便被汉武帝亲自教养，以擅长骑射而著称。

　　霍去病十八岁时，跟随舅舅卫青出征匈奴，功冠全军，被封为冠军侯。次年升任骠骑将军，两次指挥河西之战，为西汉夺取了河西走廊。漠北之战时，他歼灭匈奴主力七万余人，一直打到瀚海，在当地行祭天礼，封狼居胥而还。

　　公元前117年，霍去病因病早逝。汉武帝为了纪念他和舅舅卫青的战功，将两人的坟墓分别修成祁连山和阴山的形状，同葬茂陵。

守业更比创业难

2.4 东汉皇帝除了刘秀，还有……那个谁来着？

咱们用三节的篇幅，讲完了西汉。

不少小伙伴看完，感叹西汉真是不错，有前朝明君，有后宫八卦，还有沙场驰骋的英雄名将，够精彩！相比之下，东汉好像就逊色了不少，能拿出来说一说的好像只有……

东汉发言代表：我们有"位面之子"刘秀啊！

哦，了不起，还有呢？

东汉发言代表：……

好的好的，懂了。

可能一提起东汉，大家脑子里第一个冒出来的，就是东汉的开国皇帝，自带光环的光武帝刘秀；第二个想到的就是那首著名的歌"东汉末年分三国，烽火连天不休"……至于从东汉建国到灭亡，这当中的一百九十五年都发生了什么，想必就触及了许多人的知识盲区。

不要紧，今天嗨君就带大家好好掰扯一下刘秀和东汉王朝的那些事。

一、伪"穿越者"VS 真天选之子

要讲刘秀，就不得不提到同时代的另一个大人物，王莽。

在前文我们说过，王莽这人是个大戏精，借着自己太皇太后侄子的身份，篡夺了西汉政权，建立了自己的新朝，改年号为"始建国"，起名方式和其他朝代都不大一样，从里到外透着个性。

王莽登基以后，大力推行改革，提出了许多在古代看来匪夷所思，拿到现代来看却相当合理的改革思想，比如说废除奴婢买卖啦，

推行土地公有制啦，发行国债啦，将盐铁经营权收归国有之类的。

有些现代人就开始质疑，王莽难道是从现代穿越过去的？

首先咱们明确否定，当然不是。如果非要从这个角度思考问题的话，其实王莽更像是个捡到了一本现代书籍的汉朝人。他捡到的这本书还未必有多厚，可能只是一本列了大纲的小册子，王莽看后觉得很有道理，思想很超前，就拿去治国实践。

可问题是，他并不了解大纲下面的详细内容，也不懂得这里面的历史发展规律。他不知道，有些事只有在水到渠成的时候才会发生，不根据现实情况，早早地把它们搬出来，只会水土不服。

所以王莽的改革非但没使国家越来越好，各种朝令夕改的新奇政策，反而导致民不聊生，天下大乱。

一时间，无数农民起义军揭竿而起，其中有三支队伍，声势最为浩大，分别名为赤眉、绿林、铜马。当时人心思汉，人们都盼着谁站出来，把时间轴拉回到繁荣安定的西汉时期。站在大旗下高喊"复高祖之业，定万世之秋"口号的，便有刘秀、刘縯两兄弟。

守业更比创业难

103

这时候咱们就又要旧事重提了——起义最重要的是什么？名目啊！

刘秀姓刘，这个"刘"还不是杂牌，是从汉高祖刘邦那里正版授权下来的，虽然到刘秀这儿已经是第九世，"推恩令"一代代推下来，传到刘秀手里的，已没剩几粒小米，但皇室血统就是牛！刘秀他哥深信这一点，立志要靠自己的王霸之气，做出一番轰轰烈烈的大事业来！

没错，你没有看错，不是刘秀，而是他哥刘縯。

不同于立志养士的兄长，汉光武帝刘秀此时还是个低调的小伙子，平时的日常就是在乡间务农放牛，人生志愿那一栏老老实实填着："仕宦当作执金吾，娶妻当娶阴丽华。"执金吾就是当时在京城巡逻的长官，走在路上很威风，但也威风得有限；阴丽华是刘秀他们村有名的白富美，美得让人一见钟情，但富得也比较有限。

刘秀：人生贵在知足常乐，而我只向往小康生活。

可残酷的现实不允许，没过多久，刘秀就被亲哥的豪情壮志拖下

人生贵在知足常乐，而我只向往小康生活。

了水，因为刘𬘓手下的宾客杀了人，连累得他们也成了逃犯。与此同时，刘𬘓也坐不住了，联络各方，公然起兵。作为亲兄弟，刘秀除了跟也只能是跟，于是在宛城响应，其他人起初还心怀犹豫，看到刘秀这么踏实的人都"入股"了，惊叹"谨厚者亦复为之"，于是纷纷跟投，刘𬘓和刘秀的势力这才逐渐壮大起来。

◉ 这里插入个小细节，刘秀起兵的时候很寒酸，具体多寒酸呢？

没马。

幸好后来他斩杀了新野尉，夺了对方的坐骑。在此之前，刘秀都是骑牛上阵的，可叹虽然老实但是个猛人。

公元23年，同为西汉宗室的刘玄被绿林军拥立为帝，建都长安，史称"更始帝"。可想而知，当时更始帝最怕的是什么？那就是在你身边，还有其他名正言顺的西汉宗室，并且站在一起，他们的光芒更耀眼。

于是没过多久，牛气哄哄的刘𬘓就成了更始帝的刀下鬼。此时刘秀在干什么？他用手下的九千人和王莽的四十万人在昆阳对刚——重点是还赢了。

除去刘秀自身在稳定军心和急搬救兵方面的勇气和能力，这次老天爷也没少出力。《后汉书》记载，决战的那天，"会大雷风，屋瓦皆飞，雨下如注，滍川盛溢，虎豹皆股战，士卒争赴，溺死者以万数，水为不流"。本就被刘秀精兵打乱的王莽大军溃败，战局瞬间逆转，直接导致王莽政权的覆亡。记得上回激战中遇到这种大场面，还是黄帝大战蚩尤之时。

更始帝：老天爷你都不装了是吧？发生这种事，你叫朕还怎么和臣民说，我才是天子？！

就这样，天选之子刘秀凯旋，欢快劲儿没过，就得知了兄长刘𬘓惨死的消息。此时的更始帝坐在皇位上冷笑，心想但凡他表现出一点

守业更比创业难

愤怒，朕就灭了他；就算他不发火，和朕邀战胜之功，朕也能找机会灭了他。

　　刘秀：陛下我错了！

　　更始帝：啊？你错在哪了？

刘秀：虽然不知道自己错在哪，但我就是错了，我在这儿也替死去的哥哥认个错，您这么圣明公正，一定是他无礼犯上才获罪被杀的。功劳？不不不，我这场仗打得不好，哪配谈什么功劳？但陛下酒宴已经摆好了，酒还是要喝的，服丧我就不服了吧，反正我平时和我哥的部下也不熟……

更始帝：你别这样，搞得朕心里还怪难受的。

更始帝一看就不是穿越来的，没看过玄幻小说，不知道主角走的是忍辱负重、扮猪吃老虎的套路。

数年后，积攒起力量的刘秀在鄗城千秋亭自立为帝，建元建武，手中握着光芒万丈的《赤伏符》，臣下高喊着"刘秀发兵捕还道，四夷云集龙斗野，四七之际火为主"的谶语，向天下人昭示什么才是真正的大男主姿态。

此时更始帝和赤眉军已打得两败俱伤，被赤眉军缢死，刘秀趁机进军关中，荡平赤眉，收取关东，而后又攻破陇西，平定川蜀，一统天下。

刘秀揭竿而起时，不过二十八岁，三十岁就做了皇帝，拼齐版图时也才刚刚四十二岁，速通速度堪比拿着攻略打游戏，且一有重大危难，就有人往里面给他"充钱氪金"，堪称真正的天选之子。

不过刘秀这个皇帝也十分争气，平定动乱后，他发展经济，休养生息，整顿吏治，大力发展儒学，兴修太学，提倡教育，致使东汉初年就出现了著名的盛世"光武中兴"。

与此同时，刘秀还是历史上少数不大肆屠杀功臣的开国皇帝，这点做得可比他祖宗刘邦讲究多了。他提倡"柔道治国"，虽然收走了功臣们的权力，但给足了他们荣誉和俸禄，尽可能让每一个功臣体面退休。功臣们也就坡下驴，见好就收，感恩戴德，溜了溜了！

守业更比创业难

二、除了刘秀，他们也很秀

或许因为这个开国皇帝太过完美，就衬得他之后的几位有点默默无闻。

汉明帝、汉章帝、汉和帝：我们也很棒的好不好？

这几位的职业素养都很高，做皇帝做得兢兢业业，但风格上都偏稳健，所以没有留下太多的事迹，以至于很容易被喜爱八卦的大家所忽略。对于他们，我们也不需要了解太多，每位皇帝记住他们做的一件事就够了。

 ### No.1 汉明帝
派遣班超出使西域

汉明帝刘庄，原名刘阳，是刘秀的白月光阴丽华的儿子，加上自幼聪颖，因此备受宠爱。刘秀废郭皇后，改立阴丽华为后，刘庄更是从一个庶子，一跃成为嫡长子，名正言顺地登上了太子之位。

登基之后，汉明帝承袭了他父皇的治国风格，对百姓宽仁，对官吏严格，发现贪赃枉法的官员绝不姑息。在保证国内稳定繁荣的前提下，汉明帝又将目光投向了西域。因王莽时期的动乱，本已被汉军驱赶的北匈奴又卷土重来，光武初年，刘秀无暇他顾，只得又恢复了与匈奴的和亲。

汉明帝决心一改父亲的羁縻政策，与匈奴正面对抗，遂派出了以"不入虎穴，焉得虎子"为座右铭的班超出使西域。

班超原本是个政府文员，这天他"搬砖"累了，就坐在工位上丢掉笔，长叹大丈夫就算没有什么豪情壮志，至少也要像张骞、傅介子那样立功异域，哪能天天在这儿填表做PPT。其他同事都笑他，以为他在说梦话，殊不知班超说的是自己的职业规划，"投笔从戎"一词，就是由他而来的。

出使期间，班超用他的辩才和智计，联络西域各部与东汉交好，和汉军两面夹击，一同对抗强敌北匈奴，斩断了匈奴人的臂膀，迫使匈奴西迁，再不能滋扰汉朝边境。与此同时，班超的出使也增进了西

域各部之间的交流，通过再度畅通的丝绸之路，西域的物产不断输入中原，中原的丝绸等货物，也随着驼铃声被卖往西域。

班超中年持节，返回汉朝时已经七十一岁高龄，受封定远侯，世称"班定远"。"班超出使西域"这一历史事件，横跨了汉明帝、汉章帝、汉和帝三代，东汉最兴盛的年头，班超都在西域用他的勇气和谋略牵制外敌，守护丝绸之路，保卫着祖国的边疆。

No.2 汉章帝
草书高手

汉章帝刘炟和他爹刘庄一样，都是皇帝中的优等生，很努力很努力的那一种，所以历史上将这父子俩治理的这段"大治"时期，称为"明章之治"。

但汉章帝和他爹性格也不太相似，曹丕就曾评价他们说："明帝察察，章帝长者。"意思是说，汉明帝主政严苛，而汉章帝为人温和宽厚，具体体现在对百姓仁慈，对官员和善，哪怕对骄纵的外戚都很宽容，好人卡能堆满整座寝殿。

"温克令仪曰章""出言有文"。从刘炟的谥号咱们就能看出来，他除了会治国，还是位很有文化的皇帝。汉章帝十分重视教育，当时儒学发展到一个瓶颈期，对于某些经典，经学家们多有分歧，汉章帝就在白虎观这个地方，召开了一场文化辩论大会，让博士、大夫们各抒己见，由汉章帝亲自裁定取舍，并命班固（没错，就是上文所说的班超的哥哥）将结果记录编撰成书，在儒学领域做出了巨大贡献。

除此之外，汉章帝还是位书法宗师，大名鼎鼎的"章草"就是指刘炟的书体。历史上另一个在书法领域有这么高成就的皇帝，只有北宋的宋徽宗。只可惜宋徽宗虽然写得一手优秀的瘦金体，但在治国之道上，却远远不及汉章帝，是个名副其实的"偏科生"。

No.3 汉和帝
诛杀窦氏

好人卡不是白收的，因为汉章帝对外戚太宽容了，到了汉和帝刘肇时期，外戚和他们的爪牙就越发肆无忌惮起来。这时期还发生了一些经典宫斗情节，刘肇的亲娘其实并不是当朝窦皇后，而是掖庭的梁贵人，窦皇后心生嫉妒，于是发生了"杀母夺子"的惨剧。

汉和帝从小被杀母仇人养大，做了皇帝后，窦太后临朝称制，外戚窦宪、窦景又专权妄为。天下虽然依旧姓刘，但举国的朝政都被窦氏把持着，年仅十岁的汉和帝既说不上话，也喘不过气。

在他十四岁的那年，窦氏的党羽更是蓄谋弑君，想除掉这个渐渐长大的小皇帝。汉和帝身处深宫，一举一动都被窦氏监视，孤立无援，只能求助于身边的宦官郑众。郑众秘密联系卫尉官丁鸿，连夜捉拿控制了窦氏党羽，一举铲除了这股庞大的外戚势力。

少年皇帝，能在手中没有任何筹码的时候，沉着冷静地做到这种地步，已经相当令人惊叹了。郑众身为宦官，一心护主，忠直勇敢，也令人敬佩。

但汉和帝的这一夺权行动，虽然摆脱了外戚控制，却让宦官得到了权力，从长远的眼光看，仿佛为了抵抗老虎，将狼引入内室，"宦官用权自此始矣"。

三、外戚作死，宦官乱政

汉和帝之所以还能勉强被划在明君那一栏，是因为帮他的宦官郑众碰巧是个好人。

但如果是个人渣呢？

汉桓帝怕你想象不出来，于是用亲身经历给你证明了一下，倚靠宦官和倚靠外戚一样，都是大大的不靠谱！

守业更比创业难

汉桓帝是汉章帝的曾孙，在他之前，还有五位皇帝，分别是汉殇帝、汉安帝、汉顺帝、汉冲帝和汉质帝，最小的不满周岁，看谥号就知道活得都挺悲催。这些小皇帝当然是没有治国能力的，所以东汉末年，基本就是外戚和宦官打擂台。

当时最惹不起的外戚，叫作梁冀，其贪婪放肆程度，比上面提到的窦氏更是加了两个等级。梁冀仗着妹妹是皇后，年少时游手好闲，长大后无恶不作。单单梁冀自己，一共就立过三位皇帝：第一位是顺帝的幼子汉冲帝，登基时年仅两岁，还被抱在怀里，不到三岁便夭折了；第二位是汉质帝，登基时八岁，聪明但有点莽，当众指着梁冀骂："此跋扈将军！"被梁冀公然毒死了，驾崩时年仅九岁；第三位就是汉桓帝，登基时十五岁。

汉桓帝不是个省油的灯，深谙"天要让其灭亡，必先让其疯狂"的道理，先是授予梁冀更大的权力，准许他入朝不必趋行，赐带剑履上殿，随意议论插手国事，自己则联络身边的宦官，施展汉朝皇帝传统技能——反杀外戚。

这一轮反杀依旧非常成功，但也埋下了巨大的祸根。协助诛杀梁冀的五个宦官同日封侯，紧接着无缝黑化，成为比梁冀更恶的存在。他们鱼肉百姓，强占农田，诬告大臣，向皇帝进谗言说官员士子们结党营私，逮捕了二百余人，酿成党锢之祸。

到汉灵帝时，宦官乱政更加严重，年少的汉灵帝对宦官的依赖到了一种神志不清的程度，常常对身边人称"张常侍是我父，赵常侍是我母"。

加上桓、灵二帝本身就不靠谱，一个荒淫好色，迷信长生之术；一个爱好裸奔，在朝中卖官鬻爵。百姓民不聊生，各地烽烟四起，太平道教主张角喊出"苍天已死，黄天当立"的口号，东汉王朝眼见着日薄西山……

还等什么？音乐该起了！

下一章，咱们讲，东汉末年分三国！

嗨君历史小课堂

夏商周的秘密早已深埋地下，先秦的烽烟也渐渐远去，汉王朝的宫阙殿宇于乱世中现出轮廓来，两汉都发生了哪些大事？本章的最后，就让嗨君带领大家系统地复习一下。

本章一开始，我们先认真地浏览了一张《西汉时事简报》，从看似琐碎的资讯中，我们了解到，这个伟大王朝建立之初，似乎并不太平。

楚汉相争，天下定鼎。然而经过秦二世的暴政和连年的混战，故都咸阳城早已被夷为废墟，汉高祖刘邦听取了戍卒娄敬的建议，并未同周朝一样定都洛阳，而是选择了更有利于大汉朝长治久安的长安，同时他也采纳了"廊庙之材非一木之枝，帝王之功非一士之略"的良言，向天下招贤纳士，并拜娄敬为郎中，赐国姓"刘"，号奉春君。

西汉初年，民生凋敝，匈奴侵扰，兼异姓王叛乱，大汉朝风雨飘摇。《汉书·食货志》记载："汉兴，接秦之敝，诸侯并起，民失作业而大饥馑。凡米石五千，人相食，死者过半。"据说当时，就连帝王的车驾都凑不齐四匹毛色相同的马，穷困程度可见一斑。

为了应对这些困境，汉高祖先是定下了与匈奴和亲的策略，以稳定边防，又诛杀韩信、英布等异姓王，在群臣的见证下，杀牲取血，立下"非刘氏而王者，天下共击之"的盟约，这便是历史上著名的"白马之盟"。

为了恢复国力，汉初的几位皇帝和摄政太后皆推崇道家的黄老学说，他们吸取了秦法"苦民伤众"的教训，主张"轻徭薄赋，与民休息"。

汉文帝极力推崇节用节葬，虽贵为一国之君，却常穿粗衣，不肯兴修宫室，也不许用金银等贵重品陪葬，将陪葬品全部改为陶器。他还勒令后宫厉行节俭，后妃衣裳不得拖到地面，以为天下表率。汉景帝刘启依旧提倡节约，为百姓减免赋税。到汉景帝后期，汉朝的国库已经相当充盈，穿钱币的绳子都因腐烂而断掉了，粮仓里的粮食也因吃不完而开始腐烂。

除了节用外，从汉景帝时期起，朝廷便开始筹划削藩，打击势力过分强大的诸侯王，但削藩之路并非一帆风顺。公元前154年，吴王刘濞以"清君侧"为名，联合其他六王发动叛乱，史称"七国之乱"。

平定"七国之乱"后，汉景帝借机收回了一部分诸侯王的权利。到汉武帝时，更是用"酎金夺爵"的方式，以诸侯王所献助祭的"酎金"成色不佳、缺斤短两为借口，削除他们的爵位，废列侯一百零六人。随后，他又采纳了主父偃的计策，施行"推恩令"，准许诸侯王死后，将王国的部分土地分给嫡长子外的其他子弟，共同继承，从而分散其势力，最终巩固了皇权。

除了政治手段外，汉武帝还听取董仲舒之言，推行"罢黜百家，独尊儒术"的思想统治政策，自此儒学取代黄老之学，成为中华文化的思想主流。此外，为了促进国家的文化发展，汉武帝还命人兴建太学，设立乐府。

"抄《上林赋》，得心上人"的传闻真的靠谱吗？读了本章的第二节，想必大家的心里都已有了答案。两汉时期，汉赋广为流行，汉武帝读了司马相如《子虚赋》后，喜爱不已，特召其入宫，同游上林苑，作天子游猎之赋，是为《上林赋》。适逢陈皇后因巫蛊之事，被汉武帝废黜，幽居长门。她为了复宠，特奉黄金百斤托司马相如作《长门赋》，抒发其忧闷悲愁的心绪，以及心中无限的

守业更比创业难

思念之情，只可惜君恩如流水，年幼时"金屋藏娇"的承诺，终究是一句戏言。

军事上，汉武帝一改汉初的羁縻政策，积极出战，开疆拓土。在位期间，他重用卫青、霍去病、李广等名将，北攘匈奴，南平闽越，东伐朝鲜，西征大宛，捍卫了大汉的领土主权，使常年被滋扰的边境恢复安宁。但穷兵黩武也使得国家财力亏空，百姓流离失所，土地荒废，官乱民贫，虽说汉武帝晚年醒悟，下《轮台罪己诏》自省，但依旧难掩其鄙也。

公元前139年，汉武帝为联合大月氏对抗匈奴，派张骞第一次出使西域。在返回的途中，张骞被匈奴单于所擒，历尽风霜，终于在公元前126年返汉。公元前119年，张骞二度出使西域，此次出使，不仅扩大了汉朝的政治影响，还开辟了一条沟通中原与西域的"丝绸之路"，促进了经济的发展，惠及后世。

汉武帝死后，西汉经历了短暂的"昭宣中兴"，但随后朝政再度落入外戚和宦官之手，汉成帝刘骜宠爱赵氏姐妹，被赵婕妤如婴儿般玩弄于股掌之中，最终死于床榻之上，为西汉的衰亡埋下伏笔。

公元8年，太皇太后王政君之侄王莽篡汉，夺传国玉玺，建元"始建国"，自立为帝，改国号为"新"，西汉终结。然而王莽篡汉之后，却急于托古改制，他罔顾历史发展规律，大力推行土地、币制、商业改革，这些不切实际的改革理念不仅没有缓解当时的社会危机，反而激化了各阶级之间的矛盾，致使民不聊生，人心思汉。

在这种局势下，汉室后裔刘秀揭竿而起，扫平天下，建立了东汉。汉光武帝刘秀在位期间，施行仁政，整顿吏治，恢复经济，以"柔道"治天下，同时重视文化教育，提倡儒学，对有气节的名士予以表彰重用，历史上将他统治的时期称为"光武中兴"。

通过本章的阅读，我们也了解了一些"冷门"知识，知道除刘秀外，东汉时期的汉明帝、汉章帝和汉和帝也都是非常杰出的统治者，他们宽严相济的治国理念使得东汉的国力达到了鼎盛，但汉和帝为抑制外戚，重用宦官，也为东汉末年权宦乱政埋下了伏笔。

东汉时期，外戚和宦官相互倾轧极其严重，双方势力此消彼长，把控朝局，弑君废帝之事时有发生。汉桓帝在宦官的协助下，诛杀了"跋扈将军"梁冀，但此举无异于"引狼驱虎"，大大助长了宦官的气焰，最终酿成党锢之祸。汉灵帝对宦官集团"十常侍"的宠信更是达到了荒谬的程度，竟公然宣称"张常侍是我父，赵常侍是我母"，这位少年登基的君王从未将江山社稷放在眼里，竟日渐沉迷于骑驴逗狗、裸游玩乐，可谓荒唐至极。

君王荒淫无道，朝廷卖官鬻爵，宦官横行乡里，加上连年的大旱天灾，最终催生了"黄巾起义"，走投无路的农民们纷纷加入"天公将军"张角的起义队伍，高喊着"苍天已死，黄天当立，岁在甲子，天下大吉"的口号，天下烽烟四起，大汉再度陷入无边的战火之中。

守业更比创业难

第三章 可怜乱世最风流

震惊！原来我们竟被《三国演义》骗了这么多年！魏晋南北朝，穿越有风险，因为这里不仅有如云的美男，还有一群皇帝在现场发癫。本章的最后，您还可以去逛逛名士们的带货直播间，多款奇葩好物等你挑选！

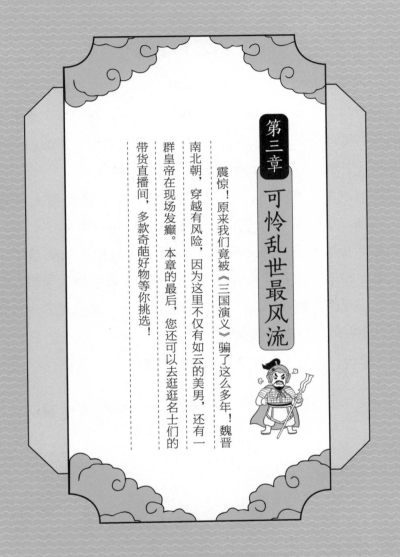

3.1 《三国演义》你唬得我好惨!

《三国演义》作为我国四大古典名著之一,在中华大地上有着响当当的知名度。众所周知,这是一本基于真实历史背景改编而成的小说,因此其中掺杂了许多虚构成分,不能完全当真。

可最近几日,我们陆续收到数条匿名消息,发信人控诉,因为《三国演义》太火,直接导致众多观众只知"李鬼",不知"李逵",将历史真相都抛在脑后了,使得许多历史人物横遭"不白之冤",名誉扫地。为了替诸位英雄好汉提供一条申诉的渠道,我们特别开放了"三国人物辟谣bot"互动平台,欢迎大家跨越古今,积极发言,有冤的诉冤,被造谣的辟谣。

话不多说,我们先来看第一条热门传闻!

👍 赞同　　💬 评论　　✔ 分享　　★ 收藏　　♥ 喜欢

传闻1:"玄德是个老实人啊。"

澄清人: 刘德然①

算了吧!咱们老刘家数他最不老实。你不用知道我是谁,你只需要知道我是刘备的同宗兼同学即可。我俩从小一起长大,从小我爹待他比待我亲多了,搞得我娘都忍不住问:"他家是他家,咱家是咱家,

---
① 刘德然:中山靖王刘胜之后,刘备的同宗(堂兄弟),同学。

你对刘备这小子那么好，莫非这背后有什么我不知道的隐情？"

我爹笑道："哪会啊？难道你看不出来这孩子与常人大不相同吗？"

我娘说："没看出来，我只知道他长了个大高个，两手及膝，双耳垂肩，看着像大马猴似的。"

我爹拍案而起："这就是帝王之相！"我爹还说刘备小的时候，曾经在自家东南角大桑树下嬉戏玩耍，那桑树树冠阔大，遥望亭亭如车盖，刘备就在下面大喊："吾必当乘此羽葆盖车！"

哪个男孩小的时候没喊过我有天要买豪车开越野？可我爹非把这当成刘备发迹的预兆，说高祖皇帝当年也羡慕过秦始皇的御驾。刘备在这事上和老祖宗还真是一脉相承，难怪是中山靖王之后，正经的汉室后裔。为此我爹更加频繁地给刘备打钱，还让他和我、公孙瓒一同去拜九江太守卢植为师。

离开家乡以后，刘备就彻底放飞自我，暴露本性了。每天他书也不读，还总翘课，不是骑马就是遛狗，拿我爹资助的钱买了几身名牌，隔三岔五换着穿，还时不时地去乐坊听小姐姐弹琴，我都不好意思拆穿他，他是奔着音乐去的吗？但这事我也不敢告诉我爹，因为刘备不仅自己长得壮，还结交了一群来历不明的江湖人士，走到哪都有一大群小青年前呼后拥，管他叫"大哥"，尤其是名叫关羽和张飞的二位，一看就惹不起。渐渐地，刘备成了地方一霸，谁想在这片做生意，都得先和"社会我刘哥"搞好关系，还有不少商人争着给他送钱，只求他能"罩着点"。听说他后来率众去讨伐"黄巾贼"了，还立下了军功，得了个县尉的官做。难道真被我爹说中了，此人有大富大贵之相？

不是我嫉妒刘备，看他眼红才来说他坏话，您就单看刘备上学时候这些行为，他像个优等生吗？

💬 评论（2）

@ 督邮：

说得没错，刘备何止不憨厚老实，他……他简直就是恶霸，他殴打朝廷命官！

这事还得从东汉末年的政治环境说起，当时皇帝为了兴建宫馆，纵情享乐，开放了"官爵购买专享服务"，只要有钱，什么人都能搞个关内侯以下的官做做，这还不卖疯了？朝廷官位当场爆单。为了赚更多的钱，皇帝只得令人制定一套"潜规则"——花钱的是大爷不能得罪，那就把靠军功做官的刷下去。我就是领了这样的任务，来到了小小的中山安喜县，谁料却撞上了刘备这样的狠角色，吓得我称病不敢出门，他却主动登门来找我，上来就问："这官保真吗？"

我瑟瑟发抖："保吧……但现在官位特别金贵，就连县令都被炒到了高价，朝廷让你把官位腾出来，我也只是奉命办事。"

他又问我："官印是金子做的，还是绶带是金子做的？"

我不敢言语，他就带人把我从床上绑了起来，捆在大树上，又解下县令的玺绶挂在我脖子上，生生鞭杖了我一百多下呀，差点没把我打死。最后他看在我苦苦求饶的份上，才放我离去。各位记住我一句话，不是沉默寡言的就是老实人，平时喜怒不形于色的，那很可能是个社会大哥啊！

什么？你问鞭打我的不是张飞吗？不是，确定不是，谁动手打的我，我还会不清楚？不过以刘备平时的做派，他找人替自己背了锅也说不定。

@张飞：

澄清一下，虽然鞭打督邮的人变成了我老张这事，纯粹是罗贯中在"移花接木"，但为哥哥顶缸不丢人，我心甘情愿！这督邮实在可恶，我本来就想抽他一顿了！

嗨君捡史：刘备

刘备（161 — 223年），字玄德，三国时期蜀汉开国皇帝，汉昭烈帝。刘备是汉景帝之子中山靖王刘胜之后，父亲早亡，自幼与母亲以织席贩履为业。十五岁时，刘备受刘德然之父资助，与刘德然、公孙瓒一起拜九江太守卢植为师。

少年时的刘备不太喜欢读书，喜狗马、音乐、美衣服。他身长七尺五寸，垂手下膝，耳朵很大，平时少言寡语，喜怒不形于色，但对下人很好，又喜好结交豪侠之士，因此当地的少年人争相投奔他，商人们也纷纷资以金银财物。刘备由此起兵讨伐黄巾军，立下军功，被封为安喜县县尉。后该郡督邮奉命遣散刘备，刘备遂带人将督邮捆于树上，鞭杖百余下，弃官而去。

可怜乱世最风流

传闻2：曹操杀死吕伯奢全家，还直呼："宁教我负天下人，休教天下人负我！"

宁愿我负天下人，决不能让天下人负我。

澄清人： 曹操

太离谱！现在这群写小说的，为了戏剧效果真是什么都敢编，我什么时候杀过吕伯奢了？

我承认，我早年名声不大好，喜欢飞鹰走狗，四处游荡，但他刘备不也这样吗？你们咋不骂他？况且我可比刘备爱看书多了，"三曹之首"，乐府诗之神可不是吹的！做人不要太双标，难道就因为我父亲是宦官养子，你们就妄下论断，觉得我人品有问题？不过许劭给我的评语我倒挺喜欢的，你们可以称我为："治世之能臣，乱世之奸雄。"

想我年轻的时候，曾经做过洛阳北部尉。洛阳那是什么地方？天子脚下，皇亲国戚横行，治安很难管的，特别是我这样的年轻官员，很容易镇不住场子。为此我命人造了几十根五色大棒，放在县门左右，有违法乱纪的，管你是什么出身，先打一顿再说。当时有个深受皇帝宠爱的小黄门，名叫蹇硕，他叔叔仗着宫里有人，知法犯法，公然夜行，被我抓起来当场处决。我这么正直的官员，像谋害吕伯奢一家的杀人凶手吗？

啥？你说看着更像了，那我们就翻翻后世的史书，掰扯掰扯。

你瞧《魏书》里这一段："太祖以卓终必覆败，遂不就拜，逃归乡里。从数骑过故人成皋吕伯奢。伯奢不在，其子与宾客共劫太祖，取马及物，太祖手刃击杀数人。"看清楚了，是吕伯奢他儿子和宾客先要抢劫我的马匹财物，我才反击杀人，这叫正当防卫。我要是不杀掉这些人，三国还演不演了？至于吕伯奢老爷子，我连他面都没见着，更谈不上杀他，冤啊！

💬 评论（4）

@罗贯中：

丞相您先别急着喊冤，我在创作小说的过程中，可不仅仅参考了《魏书》这一本史料，毕竟从书名就可以看出来，这书是您自家出的，难免会替您多说好话。人家《世说新语》是这么写的："太祖过伯奢。伯奢出行，五子皆在，备宾主礼。太祖自以背卓命，疑其图己，

可怜乱世最风流

125

手剑夜杀八人而去。"说的是人家五个儿子对您以礼相待，您却因为多疑，夜杀八人。孙盛的《杂记》里，也曾记载您的这段经历，书中说您："闻食器声，以为图己，遂夜杀之。既而凄怆曰'宁我负人，毋人负我！'"我进行一点艺术加工，改成"宁教我负天下人，休教天下人负我！"这不算过分吧？

@ 曹操→罗贯中：

糊涂呀！你看看《世说新语》是谁写的？刘义庆，你又不是不知道，他们姓刘的对我老曹是什么样的态度，他们说的话能信吗？姓孙的也不靠谱，宿敌，全都是宿敌！不过话说回来，即便孙盛写的是实情，但你自己代入一下当时的场景，像不像午夜惊魂？换谁谁能不害怕，我最多也只是防卫过当而已。而且误杀完，我不是也对几位表示沉痛悼念了吗？再说了，这三个版本哪个也没提我杀了吕伯奢本人啊，这你怎么解释？

@ 罗贯中→曹操：

啊这……这不是显得您剑法高超嘛！

@ 吕伯奢：

我儿子呢？我五个那么大的儿子呢？

嗨君捡史：曹操

曹操（155 — 220年），字孟德，小字阿瞒，中国古代杰出的政治家、军事家、文学家、书法家、诗人，东汉末年权相，三国时期曹魏的奠基者，死后追尊为太祖武皇帝。曹操的父亲曹嵩是宦官曹腾的养子，在朝中颇有名望，官至太尉。曹操少年时就表现出了机警、有权术的一面，且任侠放荡，不治行业，因此世人也不太看重他，唯有桥玄和何颙认为他异于常人，桥玄更是评价曹操："天下将乱，非命世之才不能济也，能安之者，其在君乎！"南阳许劭也对曹操说：

"子治世之能臣，乱世之奸雄。"后曹操果然一统北方，挟天子以令诸侯，权倾朝野。

传闻3：周瑜心胸狭隘，嫉妒诸葛亮火烧赤壁。

澄清人：程普[1]

---

[1] 程普：东汉末年名将，赤壁之战中与周瑜为左右都督。

不过死心吧，就算你编多少瞎话，我们周都督也不会多看你一眼的！

说来惭愧，早年我老程也曾仗着年长，多次对周都督不恭敬，以为他这样一个年轻的小白脸，哪会有什么治军的能力？无非是仗着与孙策将军有总角之好①，才在东吴有了一席之地。想不到周都督即使受到折辱，也始终不和我计较，折节容下，对我老程以礼相待。时间一长，我也见识到了周都督的实力，同时认识到了自己的浅薄，对周都督愈加敬重佩服。要我说，与周瑜交往，就像饮了醇酒，不知不觉就沉醉了。这样的人物，怎会是他们口中的心胸狭隘之人？

至于诸葛亮火烧赤壁，那更是无稽之谈，赤壁之战我本人亲历过，罗贯中你不要骗我。我承认，诸葛亮是有一些口舌之利，要说他有什么功劳嘛，那就是他说服我主，促成了孙刘两家联盟。不过让我主真正下定抗曹决心的不是他，而是我们周瑜大都督。当时东吴的大臣多主张降曹，周都督却开口就直言要害："曹操虽托名汉相，其实汉贼也。将军以神武雄才，兼仰父兄之烈，割据江东，地方数千里，兵精用足，英雄乐业，尚当横行天下，为汉家除残去秽。况操自送死，而可迎之邪？"紧接着又从方方面面分析了两军的胜败关键，一席话铿锵有力，听得我主当场起立鼓掌，拔剑斩断桌子一角，道："孤与老贼，势不两立。君言当击，甚与孤合，此天以君授孤也。"至于后来的火烧赤壁，更是由周都督和黄盖老将军合谋，定下了诈降之计和火攻战术，烧毁曹军船只无数，大胜曹操，名垂千古。

看吧，哪有他诸葛亮什么事嘛！

 评论（3）

@孙权：

啥？周瑜嫉妒诸葛亮？周瑜的忠实粉丝群情激愤，抱走我们白月

---

① 总角之好：指小时候很要好的朋友。

光都督，别家少来沾边！想当年我父被害，兄又早亡，临终将江东基业托付于我，那时我才十八岁，诸将对待我都不够信服，难免轻慢，唯有周瑜率先用君臣之礼待我，给予我极大的尊重，也让我在江东建立了威信。母亲常常对我说，周瑜与我去世的兄长亲密无间，有升堂拜母之谊，家里最困难的时候，是他让出自家的南大宅供我们一家居住，现今虽然我为主公，他为臣子，我也须把他当作亲哥哥来看待。

我江东盛产优质都督，虽说后来的鲁肃、吕蒙、陆逊也很好，但和周瑜比起来，还都差那么点意思。可惜啊！周瑜有王佐之资，雄才过人，却如此短命，难道天意如此？如果没有周瑜，孤哪有登上帝位的这一天？唉，孤念周瑜，岂有已乎？

可怜乱世最风流

129

@曹操：

真是受够你们东吴了，一群周瑜吹。赤壁之战孤之所以战败，那是因为……因为军中发生了疫病，孤为了防治时疫才自己烧毁了战船，主动退出战斗，想不到却让周瑜获此虚名，实在可恨！

@诸葛亮→曹操：

曹阿瞒啊曹阿瞒，立正挨打有这么难吗？承认失败不丢人。在此我特别声明，虽然我也很欣赏周都督，对于能和他并称为"一时瑜亮"这件事，我也深感荣幸，但我本人和周都督真的是不熟，我没帮他借过箭，他也不是我气死的！请大家理性吃瓜，别再给我拉仇恨了。

嗨君捡史：赤壁之战

赤壁之战是指公元208年，孙权、刘备联军在赤壁一带以少胜多，大破曹操大军的著名战役。它与官渡之战、夷陵之战并称为三国时期的三大战役。曹操在平定北方后，挥师二十万南下，攻打位于长江以南的东吴地区，孙权命周瑜、程普为左右都督，联合驻军樊口的刘备一同发起反击。周瑜率领精兵三万，发挥自身水战优势，与曹军隔江对峙，又与部将黄盖拟定诈降火攻之计，最终曹军战船被烧，死伤惨重，只得败逃而归。

赤壁之战是中国历史上著名的以少胜多、以弱胜强的战役之一，战后曹操失去了短期内统一全国的可能性，不得不率兵回到北方休养生息。此战也为三国鼎立局面的形成奠定了基础。

传闻4： 诸葛亮骂死王朗。

澄清人： 王朗

真想不到有一天，竟然需要老夫来自证死因，我寻思着《三国演义》也不是一部魔幻现实主义作品啊，怎么会发生如此离谱之事呢？

首先，重要的话说三次。

老夫不是被诸葛亮骂死的！

老夫不是被诸葛亮骂死的！

老夫不是被诸葛亮骂死的！

老夫是正正经经寿终正寝，死后配享太庙，受封成侯，风光大葬，才不是在两军阵前，因为说不过诸葛亮，导致心肌梗死，摔下马被活活气死的。

老夫不是被诸葛亮骂死的！

可怜乱世最风流

想老夫生于乱世，一辈子埋头读书，本分做人，年轻的时候奉命据守一方，也曾和小霸王孙策斗过几个来回。但战场毕竟不是我这文化人的主场，我一生大部分时间，都在曹魏做文官，凭借着满腹经纶，官位越升越高，从谏议大夫做到了少府，又从掌管刑狱的大理做到了御史大夫、司空，位列三公。曹操在位时我活着，曹丕在位时我活着，后来曹叡登基，老先生我依旧活着。虽然我身为文官，不能沙场立功，但我也一点儿没闲着，陆续编著了《周易传》《春秋传》《孝经传》，在当时的经学圈带起了"王学"的风潮，连曹丕和曹植都十分倾慕老夫的才华。

到这还没完，晋朝时，天下也有我老王家的一席之地。我有个孙女叫王元姬，天资聪颖，很是争气，嫁给了一个叫司马昭的，生了个儿子叫司马炎，就是后来的晋武帝。我还有个孙子叫王恺，明显就不太行，除了有钱什么能耐都没有，听说他后来和一个叫石崇的土豪斗富，震惊了整个西晋富豪圈。

老夫本来想着，这样的一生称得上三国的人生赢家了吧？想不到罗贯中竟给我编排了一个被骂死的结局，让我以一种鬼畜的形式千古留名，实在是令人笑不出来。

评论（3）

@诸葛亮：

我出来领锅了，我想之所以会有《诸葛亮骂死王朗》这段，可能是因为当初我说过的一句话。我说："刘繇、王朗各据州郡，论安言计，动引圣人，群疑满腹，众难塞胸，今岁不战，明年不征，使孙策坐大，遂并江东。"话里话外，也算间接地针对了您，罗贯中他只是借题发挥一下，就变成了这样，所以也不完全是他杜撰的。总之我骂是骂了，死不死就是您那边的事了！

@ 张飞→诸葛亮：

嘴毒还得看咱们丞相！不过说起来，我在当阳桥喝退曹军的时候，为了增强效果，罗贯中也给我写了个跌下马背的龙套，好像叫什么夏侯杰，说他被我吓得肝胆碎裂而亡。这事也是虚构的，从古至今，只听说过有男高音震碎玻璃的，没听说过有震碎苦胆的，趁此机会澄清一下。

@ 关羽→张飞：

倒也可以理解，毕竟罗贯中是咱们季汉①的真爱粉，特别喜欢给咱们团队虚构一些辉煌战绩，有些我自己看着都离谱。比如我虽然曾经于万军之中斩颜良，水淹七军擒于禁，杀了庞德，但是我可不记得自己曾经过五关斩六将，也从来没有三英战吕布的记忆，华雄是孙坚斩的，车胄是我大哥杀的，文丑之死和我也没有关系！

哎，不过有些看起来像是虚构的事情，反而是真的，比如说刮骨疗毒就确有其事——我当时没挂到华佗的专家号，不然有麻沸散我会不用？许昌围猎我想杀了曹操也是真的，要不是大哥拦着我，《三国演义》就提前大结局了。什么？你问"败走麦城"是真是假？你是不是没被关某的大刀砍过？

可怜乱世最风流

---

① 季汉：即刘备所开创的蜀汉政权。季，代表最末，也有末世的意思，因此蜀汉作为汉室正统之末，也被称为"季汉"。

3.2 魏晋：颜狗天堂，帅哥盛宴

咱们上回说到，东汉末年分三国，烽火连天不休。

三位大佬相互僵持了数年后，相继称帝，形成了"三国鼎立"的局势。其中定都洛阳的曹氏国号为"魏"，这个"魏"便是"魏晋"的"魏"。

魏国政权维持了46年，灭掉了蜀汉，包围了东吴，临了却被实际掌权的司马氏端了老窝。公元266年，权臣司马炎逼迫魏元帝禅让，建立了"魏晋"的后半截"晋"。

之所以把"魏晋"搁在一起说，不仅仅是因为这两个朝代，朝堂上站的差不多是同一拨人，还因为一个专有名词"魏晋风度"，这个我们放在后面讲。

西晋的政权来得亏心，统治者不敢以"忠"治天下，只能退而求其次，大肆宣扬孝道，孰料却养出了一群窝里斗的子孙。

公元291年，"八王之乱"爆发，这场皇室内乱历时十六年，直打得山河破碎，民生凋敝，北面胡人趁乱反晋，纷纷南下，史称"五胡乱华"。

公元310年，洛阳倾覆，匈奴将领刘曜在城中杀人放火，大肆屠戮晋朝军民。中原的世家大族为避战乱，纷纷携亲族渡江自保，"中州士女避乱江左者十六七"。

公元316年，长安失守，西晋灭亡。

次年，琅琊王司马睿于建康称帝，史称"东晋"。

东晋时期，皇族衰落，政权和军权都由世家大族把持，地方拥兵自重。部分当权者和大姓士族虽有北伐之意，然而各方势力相互牵制算计，在权谋上攒足了戏份，也就没什么预算用来打仗了。

公元383年，前秦苻坚驱举国之师，意图灭亡东晋。所幸君臣一心，风骨尚在，以谢玄所率北府兵为代表的东晋军队奋力抵抗，乘胜追击，以少胜多打赢了这场著名的"淝水之战"。然而谢安死后，朝中又爆发了多次内斗，桓玄篡权，孙恩暴乱，朝局几度陷入混乱。

公元420年，刘裕崛起，平定战乱，建立刘宋，东晋灭亡，至此"魏晋"宣告终结。

怎么样？是不是有点被绕晕了？

没法子，魏晋这段就是这么乱，这还没把北边的五胡十六国拆开来讲呢。

作为中国历史上最混乱的时代之一，魏晋就像一只巨大的培养皿，美与丑、善和恶都被大量地无差别投入进去，混乱交织之下，发生什么事情都不稀奇。

正因如此，南北朝时期才出现了那么多的神经病——你先别急着好奇，安定医院在下一站，在那之前我们先来围观一下魏晋时期的特产，看看那些凭借美貌留名千古的旷世美男。

两晋无所有，男神特别多。如果你要穿越到汉朝或唐宋，各种密密麻麻的"穿越须知"能看得你眼前发晕，可如果你要来魏晋，穿越指南上八成只有五字真言：

"长得丑别来。"

没办法，颜值在这一时期是绝对的硬通货。现在我们要形容一个男子长得英俊，都会说他"貌若潘安"。潘安，就是西晋时期著名的美男子。当时也有追星"打投"的风气，喜欢哪个帅哥，女孩们就会用鲜花水果掷向他。

可怜乱世最风流

潘安途经洛阳道时，就因为手持弹弓的风姿过于迷人，车里被扔满了瓜果。

少女少妇们为了多看潘安一眼，争相拉起手来，把他的车围在当中，那架势，不比今天顶流明星的接机待遇差。

当时还有个叫左思的人，是位大文豪，撰写的《三都赋》流传至今，但他人长得相当尴尬，《世说新语》原话叫"丑绝"。这天他不知道为什么想不开，也想效仿潘安乘车出游，结果被一群老太太追着吐口水，追出好几里地，委顿而返。

左思有点蒙，明明自己写的《三都赋》卖到脱销，洛阳的纸都不够用了，怎么和潘安比起来，人气却不堪一击？

当时人摊摊手，怜爱道："没办法，咱们看脸的。"

不过你们别以为掷果盈车是什么好事，你看河东卫氏的卫玠，不就是生生被看死的？

魏晋时期最不缺的，就是美男和清谈之士，但卫玠偏偏在这两个领域都能拔得头筹。他擅长玄学和清谈，为人从容而不喜形于色，清谈时有如金声玉振，令当时人倾慕不已，但比他的清谈更有名的，是他的美貌。

玠，圭玉也。卫玠人如其名，其他小孩还在撒尿和泥的时候，他就拥有了超乎常人的美貌。《晋书》记载其"年方五岁，风神秀异"，他的祖父卫瓘曾经不止一次惋惜，说："这孩子自小就长成这样，成年后得俊美成什么样子，只可惜我年纪大了，看不到他长大的那一天！"

卫玠一点也没让祖父失望，少年时便出落得有如玉人一般。他的舅舅王济也是位美男子，但每次见到外甥，都要感叹："珠玉在侧，觉我形秽。"又与旁人说："与玠同游，冏若明珠在侧，朗然照人。"可能这就是传说中的合照杀手，美到发光吧。

但美貌并没给卫玠带来好运。因为容貌过于清俊，看一眼仿佛能多活十年，卫玠每走到一个地方，都会吸引大量围观群众，想看他一眼续命的人把道路都堵死了。然而上天给了卫玠美貌，却夺去了他的健康，长途跋涉的卫玠得不到休息，劳顿之下，竟然被活活看死了，年仅二十七岁，当时人就将这件事称为"看杀卫玠"。

可怜乱世最风流

137

过度追星不可取，奉劝大家离美人的作品近一些，离美人的生活远一点吧。

那么问题来了，上面这件事是怎么被扒出来的呢？这就不得不提到当时的第一八卦周刊《世说新语》。

南朝宋时期，有位叫刘义庆的大贵族，袭封临川王，家里又富又贵，可他一不炫富二不造反，这辈子只有一个理想，那就是追星。

刘义庆不但追与自己同时代的星，还仰慕两晋时期的男神，是个名副其实的"博爱主义者"。他觉得"哥哥"们的好，不能只有他和

不能只有我一个人看到"哥哥"们的美，我要让"哥哥"们流传千古！

这个时代的人知道，他要找人将这些人和事记载下来，流传千古，由此编撰了一本合集，叫作《世说新语》。

他追星的对象是谁呢？

就是我们上面所提到的，具有"魏晋风度"的人。

魏晋风度，也被称为"魏晋风流"，是当时人们公认的名士所应该具有的气质风范，具体表现为崇尚自然、率性洒脱、推崇清谈、弃官归隐、饮酒服药，等等。说到符合这些标准的名士，《世说新语》中首推魏末晋初的"竹林七贤"。

"竹林七贤"性格各异，人设不同，他们之中不仅有狂放不羁的嵇康、喜欢白眼看人的阮籍，还有位列三公的山涛、资深音乐人阮咸，更有雅好玄风的向秀、嗜酒如命的刘伶、吝啬"黑红"的王戎，没有哪一个是完人，却各具特色。

可怜乱世最风流

他们平日喜好在山阳县的竹林中饮酒纵歌，肆意交游。在当时的粉丝看来，"竹林七贤"就像我们今天追"团综"一样，特别上头。

虽然他们这些风流人物，风流到成了当时的标签，但摸着良心说，"竹林七贤"自己并不想这样——毕竟在当时，名士实在不好当。

这一时期，最心累的莫过于名士，最危险的也莫过于名士，毕竟一百年内便经历了N场政权变动，面对无数回人生抉择，换成谁也承受不住。

这群名士中，有的忠于汉室，曹魏篡权，"啪"，你人没了；有的积极进取，跟随曹丕改朝换代，曹魏灭亡，"啪"，人又没了；有的心想，既然政坛这么可怕，那我干脆不出仕，隐居山林总能保命了吧？西晋建立，司马氏强征你入朝为官，你不从，"啪"，你还是没了。

当时的人才们为了不成为政治斗争的牺牲品，干脆拒谈政事，开口老庄，闭嘴玄理，一三五醉酒，二四六服五石散，年年岁岁，没有一天是清醒的。

命是保住了，但也埋下了祸患的伏笔，毕竟所有人都去搞"脱口秀"了，国家谁来治理呢？这也就是后世常说的"清谈误国"。

嗨君捡史：清谈误国

王衍是西晋时期的权臣，出身于琅琊王氏，是西晋时期玄学清谈的领袖。如果说"竹林七贤"时期名士的清谈，还仅限于对自然、老庄和哲学的思考，王衍则把清谈发展成了一种盲目的潮流。加上王衍容貌俊雅，人格魅力大，在朝中又有权有势，当时人就跟入迷了般，有样学样，整个西晋都陷入了一种玄谈的风气中。

王衍和"竹林七贤"的山涛曾有过一次"梦幻联动"，王衍是抱着追星朝圣的目的去的，可另一个当事人山涛就不那么愉悦了。作为政坛前辈、大预言家，山涛望着这个年轻人的背影，心情复杂地叹息道："何物老妪，生宁馨儿！然误天下苍生者，未必非此人也。"大将军羊祜也曾断言："乱天下者，必此子也！"

多年后，王衍奉命率军对战后赵领袖石勒，晋军大败，尸骨成山，王衍被俘。为求自保，王衍对石勒陈说西晋败亡的缘故，还劝石勒称帝。

王衍一副无辜的样子为自己开脱："大哥，这事和我没关系啊！你们都知道我的，我从年轻起就崇尚清谈，不谈世事，不管朝政啊。"

石勒本来对他的风仪还心生崇拜，听了这话，瞬间大怒，斥道："君名盖四海，身居重任，少壮登朝，至于白首，何得言不豫世事耶？破坏天下，正是君罪。"

厚颜无耻至此，达到了反派都听不下去的程度。

王衍最终被石勒推墙压死，死前在脑中回放人生走马灯的时候，他幡然悔悟，想到自己虽然没有古之贤士那么大的能耐，但要是不沉迷虚无的清谈，尽全力匡扶天下，结果总好过今日。

可又有什么用呢？悔之晚矣。

但魏晋风流之所以能有那么大的魅力，不仅将刘义庆吃得死死的，还让后代很多读书人都心向往之，有的可不仅仅是虚无的清谈。

魏晋是中华文化发展空前繁荣的时期之一，它是书画的土壤、诗歌的摇篮，无数瑰丽的艺术作品在这时诞生，当时人们喜欢的帅哥也绝不只是花架子，他们大多都是多才多艺的国风美少年。

"朱雀桥边野草花，乌衣巷口夕阳斜。旧时王谢堂前燕，飞入寻常百姓家。"

南京乌衣巷，乃是东晋人不得不去的打卡圣地，人人翘首观望，期盼能一见"乌衣之游"的风采；琅琊王氏和陈郡谢氏，堪称当时最了不起的人才培养中心，中国历史上最早的专业早教课堂。

可怜乱世最风流

141

打开魏晋时期世家大族的家谱，几乎代代都能找到几个顶尖的书画家。

不信你看，远远向我们走来的，是"书圣"王羲之和他优秀的儿子们；谢氏则派出了山水诗的祖师爷谢灵运和李白的偶像谢朓；谯国桓氏不甘示弱，《梅花三弄》听过吗？是我们家"笛圣"桓伊作的；论起天下画画顶级高手，那还得数江南顾氏的顾恺之；既然说到江南士族，怎么能不提大名鼎鼎的陆氏兄弟，陆机和陆云文才盖世，风头可不是吹的……

什么，你说陶氏也派子弟出场了？他们寒门来凑什么热闹？哦哦……你说他们家孩子叫陶渊明啊。

要问为什么当时的世族在教育上这么拼，淝水之战的主将谢玄给出了答案：

"譬如芝兰玉树，欲使其生于庭阶耳。"

其实很好理解嘛，孩子培养成材了，过年带出去要压岁钱都倍儿有面子。更何况当时的政坛还都是门阀士族说了算，正所谓同气连枝，一荣俱荣，一损俱损，家族教育就理所应当地被排在了第一位。

说到这儿，就不得不提到谢玄的叔父，东晋时期的"大教育家"兼传说中的气质型美男子——风流宰相谢安①。

根据当时名士的标准，谢安毫无疑问，也是位杰出的清谈家，但他和王衍不一样——王衍误国，谢安救国。

"追星笔记"《世说新语》记载，谢安四岁时，人们就能看出来他与其他孩子有很大的不同，往那一站，就是权谋文男主角幼年形态。名士桓彝见后大惊，叹道："此儿风神秀彻，后当不减王东海。"王东海即王承，当时号称"东晋第一名士"，可见这一赞誉可不是一般有分量。

值得一提的是，当时朝廷选拔人才的制度叫作"九品中正制"，一个人是否有才能，全看这些门阀士族的名士怎么说——就这样，谢安在刚刚能上《爸爸去哪儿》的年纪，就被列入了准国家人才名录。

现在热搜上那些"整个娱乐圈都在等××长大"，都是虚的，东晋时期，满朝文武君臣都在等谢安长大，这才是真的。

转眼谢安长到了弱冠之年，朝廷的官位都给他留好了，谢安却收拾行李跑了。

跑到哪了？会稽东山，没错，就是《兰亭集序》里记载的那个适合春游和野餐的地点。

和"竹林七贤"差不多，谢安当时也找了群志同道合的小伙伴一块儿玩耍，每天登山打鱼、饮酒聊天，下雨了也不知道往家跑，开心得不得了，其中便有书圣王羲之、文学家孙绰、高僧支遁等。除此之外，谢安还承担起教导子侄的重任，研究出了许多高明先进的教育方法，"言传身教"一词便由他而来。

可怜乱世最风流

---

① 谢安：字安石。东晋时期政治家、军事家，淝水之战东晋一方的总指挥。《谢太傅寒雪日内集》中的谢太傅就是谢安。

　　谢安的这些行为，乍一看很正常，实际上站在朝廷视角去想，却显得很怪。

　　你说你一个什么都能做得好的人，偏偏不来给朝廷做官，这是种什么行为？这让人很难不多想呀。即便从他自身来看，满腹才情，大好年华，不想着建功立业，在这儿搞什么提前退休，也未免辜负了自己。

　　日子久了，他不着急，家里人却替他着急。夫人刘氏这天就旁敲侧击地问：你那些同辈的兄弟们都大富大贵了，你就不想过这样的生活吗？

谢安眉头一皱，鼻子一掩，道："恐不免耳。"

……

来人，把我们谢老师抬到凹造型总决赛冠军领奖台上去。

为了召唤谢安出山，朝廷众臣可谓使出了浑身解数，最终，在一句"安石不出，如苍生何？"的终极咒语下，谢安姗姗登场，开局便和当时的大权臣桓温智斗了三百回合，沉着冷静地把对方拦在了篡位前最后一步，任凭刀斧加身、性命威胁，谢安都没有颤抖一下眼皮。

公元383年，"大魔王"苻坚挥师百万南下，打赢这场淝水之战的是谢安的侄子谢玄，却有无数人因此记住了谢安。无他，这一回谢安的造型凹得更加成功，堪称举世无双，在所有人都心生慌乱的时候，只有他面无惧色，从容淡定地和人下棋赌别墅。在大破敌军后，他也只是将加急战报放在床上，了无喜色，继续下棋。经人询问，才徐徐答道："小儿辈遂已破贼。"

回想起谢安这些年的行为，很难让人不怀疑，他是不是有未卜先知的能力？

紧接着谢安的行为推翻了这一猜想，咳，对，你没有看错，他在迈过门槛的时候，由于太过高兴，木屐的齿折断了，可他竟然都没发现。

可见他不是不慌，只是剧情进展到那儿了，他不得不演出那种不慌的感觉，可能演技拔群，也是晋朝名士的必要自我修养吧。

美好、荒唐、穷困、奢靡……对于魏晋这段历史，后人总能找出各种截然相反的词汇去形容。

乱世已然过去，我们今天再度回首，战争的烽烟渐渐消散，《世说新语》中的美男们也骨枯黄土，永远留在了千年之前，唯有那一抹烟云水气般的魏晋风流，仍萦绕在中国人的气质中，沉淀为历史的印记。

可怜乱世最风流

3.3 南北朝：我也有病，可以加入你们吗？

来，脑洞收一收，美男那篇已经揭过去了，时代的车轮隆隆开到了南北朝，等待你的将是一大拨以奇葩和疯狂著称的危险皇帝。

相信大家都看过不少穿越小说，有的作者历史拎不明白就开始搞半架空，具体架空在哪儿呢？哎，宋、齐、梁、陈国名好听，北周、北魏好像也不错，姓萧、姓高、姓拓跋的男主一听就拉风，再加上读者对这段历史多半不了解……就决定是你了，背景就定在南北朝！

停，停，亲爱的作者可不能那么搞，这样的设定下你的女主角很可能走不进婚姻的殿堂，直接就被当时的帝王送去了灵堂。

因为众所周知，在南北朝当皇帝，不需要学历，只需要病历。

接下来，就让咱们一起来看看，他们都有些什么大病？

病人1号·刘骏

民　　　族： 汉族

国　　　别： 刘宋

主 要 诊 断： 被迫害妄想症

病人基本情况： 刘骏（430 — 464年），字休龙，小字道民，刘宋第五位皇帝，宋文帝刘义隆第三子，宋孝武帝。《南史》记载其："少机颖，神明爽发，读书七行俱下，才藻甚美，雄决爱武，长于骑射。"在位期间，刘骏尊孔礼佛，恢复礼乐，选贤任能，任用寒士，形成了"寒人掌机要"的政治格局。但统治后期，疑心深重的刘骏开始大肆诛杀宗室，大兴土木，沉迷享乐，致使朝局动荡，也令刘宋天下蒙上了一层挥之不去的阴影。

病人1号：患有被迫害妄想症的刘骏

父子亲情算什么

忠心耿耿的大臣算什么

我又算什么

兄友弟恭算什么

发病过程：

公元424年，辅政大臣谢晦、徐羡之、傅亮、檀道济等人正蓄谋策划一场政变，政变的主要目标很明确——就是要废掉刚继位两年的新帝刘义符。

看到这儿，你把桌子一拍，书本一合，大胆！敢行此大逆不道之事，这些大臣的忠心真是喂了狗，难道他们就不怕午夜梦回，先帝刘裕去敲自家窗户吗？

非也非也，你可错怪这几位了。

他们不仅问心无愧，而且自认为忠心可昭日月。毕竟东晋末年，

实在是乱得让人心惊，今天孙恩揭竿而起，屠尽几座城，明年桓玄卷土重来，在建康改朝换代，寒门出身的宋武帝刘裕费了九牛二虎之力，才终于将南方一统，可在长江以北，还有北魏胡人虎视眈眈。

面对这样的局势，贤明君主都不一定应对得了，偏偏登基的刘义符还是位不折不扣的昏君，每天除了喝酒就是玩乐，从不把心思放在政事上，甚至还在华林园中开起了小商品店，搞些你买我卖的角色扮演。

几位顾命大臣一看，这是要完啊，是顾新帝的命，还是顾刘宋臣民的命，眼下只能选一个。几个人聚在一块一合计，得了，反正从汉末到东晋，权臣废皇帝也是司空见惯的事，都是刘裕的儿子，为了保住刘宋的江山，哪个来当皇帝又有什么大不了？

他们没有想到，在他们看来，这件如同蝴蝶扇动翅膀的小事，将会在后世掀起多么恐怖的滔天巨浪。

这年五月，还在睡梦中的刘义符惨遭幽禁，不久被杀，原因是实习期没有通过。他的弟弟刘义隆被扶上帝位，史称宋文帝。

首先，顾命大臣们的眼光是值得肯定的，刘义隆真的是位明君英主，比他哥适合当皇帝多了，在位期间休养生息，减免赋税，发展经济，开创了"元嘉盛世"。但在这样的朝廷里当皇帝，换谁谁脊背不发凉？说不准哪天，砍死他哥的大刀就悬在了他的后颈上，而理由可能仅仅是他某天上班忘记打卡。

刘义隆怕呀，吓得整宿整宿不敢睡觉。

因此没过两年，刘义隆就开始了权臣清除工作，将檀道济、傅亮一伙人杀了个干干净净，就连归隐避祸的谢晦都被拽回来砍了脑袋。

其实剧情发展到刘义隆这里，还算正常，都控制在冤冤相报、你死我活的范围内，没上升到疾病范畴，可到了刘义隆的儿子刘骏那里，剧情就变得很刺激了。

本来这个皇位轮不到刘骏坐，刘义隆最宠爱的儿子是太子刘劭。

刘骏最初并无非分之想，只是安安分分地做个藩王，杀杀外敌，一家人很和谐。但谁能想到，太子刘劭在婢女的唆使下，竟搞起封建迷信活动，诅咒自己的亲爹，事情败露后，更是发动兵变，乱刀砍死了刘义隆。

刘骏人都傻了，心想你俩怎么杀起来了，合着那么多年父慈子孝都是假的呗？

他叹息了一声，随后举起大旗干脆利落地把刘劭给灭了，自己夺位，是为宋孝武帝。

刘骏继位后，其他兄弟也不干了，都不是正统，哥儿几个谁也不服谁，都领兵来抢皇位。所以他当皇帝后的主要工作，就是杀兄弟，杀叔叔，什么南郡王刘义宣、南平王刘铄，什么武昌王刘浑、竟陵王刘诞，来一个他杀一个，来一双就杀一双。

杀顺手之后，刘骏看那些归顺的兄弟，也越看越不顺眼，总觉得他们会背刺自己，于是决定通通杀掉，不留后患。

这样做的直接后遗症就是，刘骏变得越来越丧，每天都在怀疑人生，思考父子亲情算什么，兄友弟恭又算什么。在冰冷无情的皇室，所谓的血脉亲情就像是笑话，更不用说其他感情了。

失去精神寄托的刘骏，从一个擅长骑射、文武双全的小王子堕落成了一个彻头彻尾的烂人。朝政也不管了，正事也不干了，他像一个民间流氓那样，沉迷于奢侈享乐，每天除了喝酒就是赌钱，"终日酣饮，少有醒时"，生活作风也十分不检点。这个我们不展开细说，只能说刘宋皇宫上方飘的，那都是敏感词。

刘骏还喜欢给自己的大臣取外号，管留胡须的臣子叫山羊，管北方的臣子叫老伧，十分的不文明。通常这种情况下，就会有人出来规劝，说"老吾老以及人之老"，陛下您如果不愿意别人这样骂您的爷爷，也就不该这样骂别人的爷爷。

可怜乱世最风流

😊 刘骏：朕的爷爷还轮得到别人骂？朕都是亲自骂。

作为开国皇帝，他爷爷刘裕的生活十分俭朴，居住的屋室床头只有一截土墙，墙上挂的是麻葛灯笼，旁边驱赶蚊蝇的拂尘做工也十分粗糙，充满了艰苦朴素的气息。

侍中袁顗见之百感交集，赶紧拉来刘骏，想给他上上思想品德课，说陛下您也跟着学习学习，忆苦思甜，别整天大兴土木，修建那些奢华的宫室了。

刘骏对此不屑一顾："他（刘裕）是什么出身，朕是什么出身？他一个种田的老农，这些东西对他而言已经够用了！"转头就把刘裕故居推倒，盖起了玉烛殿。

袁顗赶紧掐住自己的人中以免被气死。

满朝文武和刘宋百姓天天想，日日盼，总算把病重的刘骏送走，迎来了新皇帝。新皇帝刚满十五岁，能有什么心理阴影？所有人都以为好日子要来了，却没想到，噩梦刚刚开始。

这位新帝的名字，叫作刘子业。

病人2号·刘子业

民　　　族： 汉族

国　　　别： 刘宋

主　要　诊　断： 杀人狂综合征

病人基本情况： 刘子业（449 — 465年），小字法师，南朝宋的第六位皇帝，宋孝武帝刘骏长子，宋前废帝，以残暴变态著称。儿时动荡的生活使刘子业养成了暴戾偏激的性情，掌权后，他贪图奢靡，纵情享乐，大肆屠杀朝臣，草菅人命，又囚禁虐待自己的多位叔父，最终被自己的亲信在竹林堂中杀死，被弑时年仅十七岁。

如果说刘宋前几任皇帝"黑化"，都是外界因素诱使他们一步步走向堕落，那刘子业这个小皇帝，就是天生的坏种。

病人2号：患有杀人狂综合征的刘子业

看看今天谁是刀下鬼？

可怜乱世最风流

坏到什么程度？《宋书》用十二个字来形容他，叫作"手足靡肩，行秽禽兽，罪盈三千"。被自己朝代的史书骂成这个样子，可见刘子业的恶不是寻常昏君所能企及的，拍成电影都得是80+级禁片那种，一般活人看不了这个。

刘骏在位时，也觉察出这个儿子不对劲，他发现刘子业呈给他的起居文书字迹特别潦草，就把他叫过来大骂了一顿，说："闻汝素懈怠，狷厉日甚，何以顽固乃尔邪？"从语气上我们能感觉到，如果单单是训斥字迹不佳，没必要用这么狠的词，肯定是刘子业在当太子的时候，就暴露出不少恶迹，让杀人无数的刘骏都感到细思极恐。

登基后，没了父皇压制，刘子业也彻底不装了。他生理上还没有成熟，但精神已经走向变态，具体做了什么在这不好展开讲，差不多就是乱伦N次、滥杀N次、玷污宗庙N次这种程度。他爹疑心病发作，顶多是杀一杀宗室发泄，人死不过头点地；可刘子业发病，忌惮自己叔父的时候，往往选择折磨羞辱他们，无所不用其极。

他将自己的三个叔叔建安王刘休仁、山阳王刘休佑和湘东王刘彧统统关进竹笼，像对待畜生一样对待他们，拖曳打骂，还把他们的衣服脱光，让他们在泥水里吃猪食，自己则在旁边哈哈大笑。

刘彧体型肥胖，刘子业就管他叫"猪王"，管另外两个叔叔叫"驴王"和"杀王"。廷尉刘蒙的小妾怀孕，马上就要临盆，刘子业突发奇想，非要把她接进后宫去，如果生男就立为太子。他越想越高兴，决定庆祝一下。正好叔叔刘彧惹他不爽，刘子业当即让人把他扒光，手脚绑在棍子上，让人像抬待宰的牲畜一样，把他送到厨房，并吩咐："今天杀猪。"

刘彧听了这话，魂都吓飞了，果真惨叫得像杀猪一般。

多亏建安王刘休仁沉着冷静，笑着对刘子业说："猪今天不该死。"

刘子业眉毛一挑：你算老几，朕凭啥听你的？

刘休仁继续道："等皇太子出生，再杀猪取其肝肺庆祝，岂不更好？"

刘子业两手一拍道："说得好，说得有道理，那就晚点再杀。"转头他将这事搁在了一边，刘彧才死里逃生，被放出来。他们这几个叔叔还算运气好的，刘子业的叔祖刘义恭受不了他的暴行，想要谋反，结果被刘子业发觉，不仅四个儿子全部被杀，自己也被砍掉四肢，总之结局非常惨。有多惨你自己去查查就知道了。

刘子业还喜欢让宫女在竹林堂里裸奔，有个宫女不从，刘子业就残忍地将她斩杀。

当晚，他梦见那个宫女变成阿飘来找他，还骂他活不到明年麦子成熟，从此刘子业便认定竹林堂有鬼。但按照人设，杀人狂刘子业当然不可能怕鬼，于是他决定"明知堂有鬼，偏向鬼堂行"，拿着弓箭去竹林堂射鬼。

结果鬼没遇到，却遇到了恨他入骨，比鬼更可怕的人。

公元465年，所谓的"猪王"刘彧策划了一场惊险的复仇，他联络刘子业的亲信寿寂之和姜产之，将年仅十七岁的刘子业杀死在竹林堂中，篡夺了他的皇位。

值得一提的是，刘彧不仅继承了侄子的皇位，还继承了侄子的病。登基之后他反手便杀死了救过自己命的刘休仁，随后的行径更加奢靡癫狂，残暴程度不亚于刘子业。他生了个儿子刘昱，更是堪称变态中的变态。

如果非要给刘子业的种种行为找个外因的话，那可能是因为他小的时候被吓着过，毕竟他爹刘骏和前太子刘劭对打的时候，他就被困在建康，命悬一线，也见识了不少恐怖场面。但笔者更倾向于认为，刘子业先天在人性上便存在着某种缺失，他没有同情和爱的能力，思

可怜乱世最风流

153

维混乱，狠戾躁动，只能靠杀人奸淫来发泄情绪，这样的人本该关在精神病院，却在一千多年前阴差阳错地做了皇帝。

史书总结刘子业的一生时，说但凡哪个皇帝沾上他的一条恶行，都可以成为遗臭万年的暴君，何况他集这些恶行于一身，真是造物之奇迹。

末了还要补上一句：得其亡，亦为幸矣。

翻译一下：幸好死了，谢天谢地！

病人3号·萧绎

民　　　族： 汉族

国　　　别： 南梁

主 要 诊 断： 偏执型人格障碍

病人基本情况： 萧绎（508 — 555年），字世诚，小名七符，号金楼子，梁武帝第七子，南朝梁第四位皇帝，梁元帝。初封东湘王，娶妻徐氏，夫妻不睦。侯景之乱平定后，萧绎于江陵继位，公元554年，江陵失陷，萧绎向西魏投降，后被侄子萧詧用土袋闷死。萧绎喜爱文学，在诗赋方面均有造诣，爱好藏书，还精通书画和音乐，堪称才华横溢。

发病过程：

铁打的江山也经不住一群神经病皇帝作死。公元479年，权臣萧道成经过一番政治运作，终于除掉了暴君刘昱，从他拥立的宋顺帝手中接过皇位，建立了南齐。

那么问题来了，南齐有没有神经病？答案是有的，梁元帝萧绎的精神状况就不大良好，不过好在他不大折磨老百姓——他主要为难自己。

萧绎的爱情之路相当坎坷。他娶妻的那一天，车行到西州，狂风

病人3号：患有偏执型人格障碍的萧绎

大起，屋翻树断，不一会儿竟雨雪交加，好好的喜事搞得满眼素白，老天爷就差出声大喊，你们这对成不了，回去吧，这婚别结了。

或许为了顺应天意，他和王妃徐昭佩的关系，可以用四个字来形容——水火不容。

萧绎自小酷爱读书，文质彬彬，身份还不是一般的高贵；相比之下，徐昭佩不仅长相一般，各方面都一般，按正常逻辑，两人谈恋爱这谁巴结谁很明显啊！

也许，爱情这玩意儿真的不是可以用逻辑来衡量的。

作为正室，徐昭佩非但不争宠，她还相当、极度、超级讨厌自己的丈夫，几乎是看一眼就会吐的那种。《南史》记载，徐妃好喝酒，每次喝酒，必吐在萧绎衣服里。

萧绎也不是个正常人，照理说，王妃都这么对他了，即便不像刘宋那些变态一样大开杀戒，他把脸一耷，再不理徐昭佩，别人也没法

说什么——可他偏不，隔三岔五地，他还去寝宫找徐昭佩，还盼着徐昭佩化好妆，美美地来见自己。

男人啊，真是让人看不懂。

徐昭佩当然不会让他如愿，她知道萧绎瞎了一只眼睛，并且对这件事十分敏感，因此每次萧绎要来的时候，她就在镜前画好一半的红妆，以讽刺萧绎，萧绎看后便会大怒拂袖而去，这便是历史上有名的"半面妆"。

注意到细节了吗？"每次"，是每次。

还原一下，萧绎和徐昭佩的日常应该是"起驾—见王妃—半面妆—被气走—起驾—见王妃—半面妆—再次被气走……"不是，萧绎在你心里就没有不见王妃这个选项吗？回回自己找气受，这是图什么？

萧绎这么一操作，反倒是徐昭佩被气昏了。当时也没法因为感情不和而离婚，为了彻底与萧绎切割，徐昭佩开始进行各种违规操作，王府哪个女子和萧绎关系不好，她就把人拉过来义结金兰，蹦迪喝酒；谁为萧绎怀上了孩子，她就让人打胎。

为了证明自己虽然相貌平平，但依然能拥有爱情，她多次和俊美朝臣私通，互传小情书，甚至在朝中流传着"徐娘半老，犹尚多情"的韵事，萧绎家中，满天祥云飘绿。

即便这样，萧绎依旧没把徐昭佩怎么样，还称赞自己和徐昭佩的儿子萧方等，邀请徐昭佩一起再生一个这样的娃。

结果可想而知，徐昭佩不仅当场拒绝，还被气哭了，萧绎讨了个大大的没趣。

两人维持着这种奇异的夫妻关系，一直到公元549年，两人的孩子萧方等去世，加上萧绎宠妃王氏被害，他一直疑心是徐昭佩下的手，积怨之下，令徐昭佩自杀。徐昭佩也没有任何的迟疑，回去便跳井自尽了。萧绎将她的尸体交还给徐氏，对外宣称自己休妻，用庶人礼将徐昭佩下葬，也不许自己的儿子们服丧。

看到这，有人不免要感叹，这才对嘛，虽然说不上哪里对，但这个思维逻辑起码像是正常人能干出的事。但随后萧绎又做出了一件在正常人看来不正常的事，再次证明自己不是正常人。

据传，他给徐昭佩写了篇长文，发在了自己的社交平台上，题目叫作《荡妇秋思赋》。围观群众心想这还不看？争先恐后地点了进去，这才发现此赋辞藻华美、情思婉转，饱含着对心上人的思念和悲伤之情，以女性视角，感同身受般，生动地刻画了一位期盼心上人归来的妇人形象，结尾一句"春日迟迟犹可至，客子行行犹不归"，直击心灵。

围观群众：把狗骗进来杀是吧？

所以直到千年后的今天，我们仍未能知晓，萧绎对徐昭佩所怀的，到底是怎样一种感情？只能说偏执型人格障碍患者的世界太复杂，我们看不明白。

病人4号·高洋

民　　　族： 鲜卑化汉人

国　　　别： 北齐

主 要 诊 断： 多重人格障碍，俗称精神分裂

病人基本情况： 高洋（526 — 559年），字子进，鲜卑名侯尼于，北齐开国皇帝，高欢次子，高澄同母弟，母为娄昭君，自幼不受宠爱。公元549年，高澄遇刺身亡，高洋执掌朝政，次年逼迫东魏孝静帝禅位，改国号为齐。在位期间，高洋以韬晦闻名，励精图治，编修律法，征伐外族，致使国家兴盛。但同时，高洋也是个有名的暴君，他残忍多疑，以杀人为乐，嗜酒纵欲，行事无比荒唐。

可怜乱世最风流

病人4号：患有多重人格障碍的高洋

变身

发病过程：

有读者急了，说你别光说南朝，北朝难道就不配有自己的病案系统吗？

配配配！和家族遗传病史丰富的南朝相比，北朝的病例更纯正，更典型，譬如北齐的初代皇帝高洋，就是个教科书式的精神分裂症患者。

他不发病的时候，你会觉得这个人好英明神武，好棒，文韬武略，堪称皇帝中的楷模；可一旦疯起来，豺狼虎豹遇到他都得绕着走，因为实在是凶不过啊！

高洋好喝酒，酒水就像他的变身器，每每醉酒，都能实现人格的转换。这天他的侄女乐安公主入宫，和他吐槽新婚生活不适应，婆媳关系不融洽，这要是正常状态的高洋，肯定会温柔地安慰侄女，但乐安公主这天来得不巧，正赶上高洋喝得酩酊大醉。

乐安公主：你……你是谁？

高洋：杀人魔。

于是他当即就冲到乐安公主的婆家，揪住公主婆婆的衣领子，醉醺醺地问她："老太太，你想你丈夫吗？"

老太太抖如筛糠：结发夫妻，那怎么不想呢？

高洋：那我送你去见他好不好呀？

下一秒就把老太太的头砍下来，扔到了墙外，乐安公主人都吓疯了。

高洋十分宠爱一对姓薛的姐妹，精神正常的时候，温柔多金，要星星不给月亮。薛姐姐就有点得寸进尺，想在皇帝面前为父亲求个司徒的官位，为了讨高洋欢心，还特地斟上美酒。

◉ 喝了酒的高洋：变身！

刚才还优雅多情的他勃然变色，不仅大骂了薛姐姐一顿，还拿出锯子，亲自一点一点将薛姐姐锯死。对，你没有看错，锯死。

《钢锯惊魂》在北齐上线，主演：高洋。

他肢解了薛姐姐，把她的头藏进怀里，带到了宴会上，当众来了个三分投，在场宾客都被吓吐了，高洋却怡然自得，用薛姐姐的腿骨做成了一把琵琶，动情弹奏，边弹边唱："佳人难再得"，唱着唱着便开始痛哭。给薛姐姐送葬的时候他跟在后面，哭得比死了亲娘还难受。

种种行径，让人感叹齐文宣帝为何会这样？

官方公认的说法是，高洋小的时候，因为长得丑还患有白癜风，非常不受母后娄太后的喜爱。娄太后是个终极颜控，一心只宠爱美貌的儿子高澄，对高洋则各种贬低伤害，高洋为了自保，只得装疯卖傻，连心爱的老婆李祖娥被高澄觊觎，也不敢吱声。即便这样，他也

随时有被杀掉的危险。

久而久之，高洋装习惯了，本来是大智若愚，时间长了就真疯啦。

在这种高压环境下，高洋衍生出了多重人格，有时候是英明君主，有时候是得道高人，有时候是杀人狂魔，有时候又是妙龄女子，最奇怪的时候，还会变成跑酷达人、裸奔健将。

除此之外，和一些人格分裂患者一样，高洋还有着很强的自毁倾向。开国之初，他想给王朝取个年号，叫作"天保"，可想想又觉得不吉利。

高洋一号：\"天保\"不好，这两个字拆开是\"一大人只十\"，不就预示着我只能做十年皇帝吗。

提议此年号的大臣瑟瑟发抖。

高洋二号：有什么不好的？这是天意，我觉得自己这个样子，有十年皇帝可做就不错了。

提议的大臣满头问号，依旧瑟瑟发抖。

和一般忌讳说"死"的皇帝不同，高洋对自己的死看得相当之淡，有人说这是因为他精通占卜之术，但还有一种可能，就是他本身就不那么想活。我们不妨设想一下，假设那个仁德的高洋是这个身体的主人格，他清楚地知道，自己那些癫狂的副人格时不时会夺去主动权，在外作乱，而自己却无法控制，只能眼睁睁看着自己变为禽兽，这种情况下出现自毁意识也不奇怪。

这样荒唐癫狂、无人不杀的高洋，唯独对皇后李祖娥很是礼敬，即便在人格分裂的时候，也从不伤害她。可如果说李祖娥是他的真爱吧，他又强娶了她的姐姐李祖猗，把人家的丈夫射得像刺猬一样，还是由于李祖娥劝说哭诉，他才放过李祖猗。让人不禁好奇，李祖娥这个女人身上，究竟有什么神奇魔力？

李祖娥：想不到吧？我是他的心理医生。

北齐的第五位皇帝高纬的精神也不太正常，喜欢扮演乞丐，又爱玩模拟集市，平生最喜欢的就是傀儡戏，想必这种多重人格障碍也是会遗传的。高氏家族唯一没有大病的，可能只有兰陵王高长恭，这个美貌的男子能征善战，为了震慑军中，还用狰狞面具遮掩自己的俊脸，只可惜最后还是被高纬杀死，可叹美男薄命。

可怜乱世最风流

3.4 奇葩好物带货直播：登山屐、五石散、刘伶醉……

各位家人，欢迎来到魏晋南北朝购物直播间！

为了感谢大家长久以来的一路相随，为了回馈广大粉丝朋友的热情和支持，今天我们特别精选了时下最热门的几种奇葩好物，在直播间以最低的价格分享给大家。我们的产品都是生产地直发，全场保真，假一赔十，您买不了吃亏，买不了上当。希望家人们走过路过不要错过，动动手指，为主播点点关注！

话不多说，上链接！

一号链接：谢公屐

🔗 直播好物｜谢公屐

今天我们首先要向家人们介绍的，就是这款居家旅行必备的清凉木屐！

大家不要看它设计简约、外观朴素就轻视它，要知道这可不是一般的木屐，这是李白诗里的木屐，是东晋大才子谢灵运同款的"谢公屐"！

谢灵运不用跟大家多做介绍了，人家是什么人物呀，出身谢氏名门，自小便是远近闻名的神童，文章之美，江左无双，山水诗写得那叫一绝，就连宋武帝刘裕都是他的忠实粉丝。如果把天下的文才分为十份，人家自己就能独占一份，就问这样的才华，谁不想沾上一沾？

试想，您在考试的时候，穿上一双咱们大谢同款的开运木屐，吟诗作赋还不是信手拈来？交友待客蹬上一双谢公屐，朋友看了，都

谢灵运
202.2万点赞

小时榜

更多精彩

⑯ 陈郡谢氏鞋厂：新款谢公屐工厂直发，
现在拍下，送谢灵运手写山川游记！

⑰ 大唐诗仙李白：我只穿谢公同款
时尚木屐，你确定不来一双吗？

⑱ 大明学霸宋濂：穿上谢公屐，歌吟万松
间。不穿谢公屐，不足以谈诗文风雅！

说点什么……

可怜乱世最风流

会连连惊呼您品位不俗，风流潇洒。花最少的价格，获得最高贵的体验，就问还有哪种产品能做到？

有家人担心咱们这款木屐会不会空有虚名，穿起来不舒服。这里主播来澄清一下，不是的哦，咱们背后的投资人，也是谢公屐的发明人谢灵运。他自己就是个专业的旅行家，他一生醉心于游览名山大川，为了获得更好的观光体验，公务员都不当了，更是豪气到遇山凿山，遇树砍树。

这样一位资深"驴友"，对登山鞋的要求，自然也是高于常人的。

他在登山的过程中，发现普通的两齿木屐因上山下山的着力点不同，穿起来不够舒适，于是亲自开发了一种可装卸的新式木屐，上山时可去其前齿，下山时则卸去后齿，这样穿起来不仅清凉，而且格外省力，穿过的名士都说好！

注意，咱们的这款谢公屐是申请过发明专利的，您在其他地方买到的都是假货，只有直播间拍到的才是厂家直销正品。想要的宝宝们赶紧去拍，今天只要在我们直播间点了关注的，一律优先发货，还额外赠送运费险。您收到后如果穿着不合脚，咱们随时支持退换，陈郡谢氏家大业大，不差钱！

说点什么：

@ 陈郡谢氏鞋厂：

欢迎来到直播间！新款谢公屐工厂直发，福利不断，现在拍下，还送谢灵运手写山川游记！

@ 大唐诗仙李白：

脚著谢公屐，身登青云梯。梦游天姥山，我只穿谢公同款时尚木屐，你确定不来一双吗？

穿上谢公屐，歌吟万松间。木屐声与歌声节拍铿然相和，兼具娱乐性和音乐性。我觉得谢公屐作为一种产品，已经超脱了它本身的实用性，上升成了一种艺术载体，不穿谢公屐，不足以谈诗文风雅！

嗨君捡史：谢灵运

谢灵运（385 — 433年），名公义，字灵运，小名客儿，东晋至刘宋时期文学家、佛学家、旅行家，兼通史学、佛学，擅长书法，山水诗派鼻祖。出身于钟鼎之家，是东晋名将谢玄之孙，袭封康乐公，承父祖之资，家业甚厚。自幼博览群书，才学过人，《宋书》中提到他"文章之美，江左莫逮"。擅长创作山水五言诗，鲍照评价其诗"如初发芙蓉，自然可爱"。除了诗文方面的成就外，谢灵运还是一位杰出的旅行者，他喜爱游山玩水，在游历山川的过程中感受自然之美，还发明了特制的登山鞋"谢公屐"。

二号链接：刘伶醉

🔗 直播好物 | 刘伶醉

接下来主播要介绍的，是本场的重磅产品，那就是大名鼎鼎的美酒纯酿——"刘伶醉"！

"刘伶醉"顾名思义，是大名士刘伶饮过的美酒，并且就算是刘伶这样的知名酒徒喝了，都要大醉上几天。

据说，刘伶身为"醉侯"，最喜欢"借杯中之醇醪，浇胸中之块垒"，更是趁着醉意，挥毫写下《酒德颂》，借酩酊大醉的酒后状态，折射自己放浪超脱、睥睨万物的人生态度。刘伶来到名臣张华[①]家访友，张华便投其所好，拿出当地酿造的美酒款待他，刘伶喝过后惊

可怜乱世最风流

---

① 张华：西晋时期政治家、文学家、藏书家。

165

喜不已，久久不能忘怀，此酒便因此得名"刘伶醉"。

今天在直播间，主播要告诉大家一个好消息！那就是我们通过特殊渠道，搞到了刘伶醉的酿酒秘方，还研发了专门的生产线，从此"刘伶醉"不再是名士贵胄独享，直播间的每一位家人都有机会品尝到这坛绝世佳酿！

"天生刘伶，以酒为名。"要知道，刘伶不仅自己爱酒，更是在社会上带起了一股"嗜酒"风潮。主播听说，在魏晋名士圈，甚至还流传着这样一条不成文的规矩，即不饮"刘伶醉"，不足以谈人生。

这不，我们前段时间就收到消费者钟会①先生的来信，钟先生自述是"竹林七贤"天团的忠实粉丝，尤其喜爱天团中的"打铁②担当"嵇康和"权谋担当"山涛，十分想加入他们的清谈会，感受当代名士的无穷魅力。可就是因为酒量不行，不懂美酒，屡屡被拒之"林"外，为此他十分苦恼。

后来钟先生打听到，"竹林七贤"常常聚在一起开怀畅饮，趁着醉意长叹宇宙人生，纵歌长啸，于是他赶忙从我们这订购了一大批"刘伶醉"。

"刘伶本就是'竹林七贤'之一，他的品酒水平更是当世无双，他喜欢喝的酒，竹林七贤一定都喜欢，看来我钟会进军'竹林圈'有望了！"钟会激动地在信中写道。

直播间前的您也想像钟会一样，与名士们交朋友，聚会品味美酒吗？那就不要犹豫了，赶快点击链接，购买我们的"刘伶醉"吧！特别提示，我们是冷链配送，整箱包邮哦！

---

①钟会：三国时期魏国军事家、书法家。《世说新语》中记载，他非常崇拜嵇康，曾大张旗鼓前去拜访，想要与其结交，却在嵇康处受到了冷遇。或许因为这个原因，他非常记恨嵇康，后出言诋毁，致使嵇康被杀害。
②打铁：嵇康为人狂放不羁，藐视世俗，《晋书·嵇康传》记载，他生活贫苦，曾靠与向秀一同在大树下打铁来维持生计。

刘伶
202.2万点赞　♡

👑　小时榜

◯　更多精彩

⑯ ◡◡　阮籍：我想和你老刘
　　　　一起喝酒了。

⑰ ❀　刘伶妻：刘伶，你也别回家了，跟
　　　　你那几壶酒过去吧！

⑱ ♡　钟会：喝了刘伶醉，
　　　　加入"竹林圈"。

⑲ ☆　山涛：不饮刘伶醉，
　　　　不足以谈人生。

说点什么……　🎙

可怜乱世最风流

167

说点什么：

@ 刘伶：

戒酒是不可能戒酒的，你问喝多喝死了怎么办？这我早就想好了，平日我外出时，通常都乘坐一辆鹿车，携一壶酒，让仆人扛着铁锹跟在我身后，叮嘱他："如果我突然死了，就把我就地埋了。"

什么墓地啊，祭祀啊，我不在乎那些，有酒就行，醉后何妨死便埋？

鄙人酒喝多了就喜欢裸奔，别人看了就笑话我，我心想这群人，格局太小了，懂什么是旷达。我便指着他们道："我以天地为栋宇，以屋室为衣裤，诸君为何跑进我的裤裆里了？"气得那群人瞠目结舌，一个字都说不出来了。

@ 阮籍→刘伶：

伯伦，晚上来我家喝酒啊。我当官了！别误会，之前他们那些人求着我做官，但我一点兴趣都没有，可这回不一样，我是早早听说了，这个什么步兵校尉的后厨有三百石美酒，我这才捏着鼻子去当了这个破官。我是为了做官吗？我是想和你老刘一起喝酒啊。

@ 刘伶妻：

没错，我就是这个酒鬼的冤种老婆。姐妹们都说羡慕我，夸我丈夫是当世名士，我跟着沾光，不仅能够近距离看到阮籍、嵇康这样的风流大帅哥，还能听乐队弹唱，欣赏竹林金曲《广陵散》。只有我知道，没有对比就没有伤害，见过了帅的，再细看我丈夫就更加残忍！

长得丑也就算了，我也不是那么以貌取人的，可他喝起酒来，那叫一个不管不顾，常常醉倒在路边，还得我大老远地去"捡"他。天天把酒当水喝，这谁能受得了？我就苦口婆心地劝他，还是少喝点吧，毕竟这酒也不能当饭吃，让他多少也出去打个工。劝到后来哭哭闹闹，倒酒摔瓶这也是有的。可他却一回也没听过，还跟我谈什么宇宙，什么避世，说我根本就不懂他！照我看他也别回家了，跟他那几壶酒过去吧！

嗨君捡史：刘伶

刘伶（221 — 300年），字伯伦，魏晋时期名士，与阮籍、嵇康等人并称为"竹林七贤"。刘伶身长六尺，外貌非常丑陋，被《世说新语》描绘为"悠悠忽忽，土木形骸"。他崇尚道家的"无为而治"，常以"细宇宙齐万物"为意，不愿做官，放情肆志，以嗜酒酣醉闻名于世。为人淡泊寡言，不妄交游，却与阮籍、嵇康关系很好，常常在一起畅谈饮酒，喝到大醉，尝作《酒德赋》一篇。

最后，嗨君友情提示，小酌怡情，嗜饮伤身，未成年人禁止饮酒哦！

三号链接：五石散

🔗 直播好物 ｜ 五石散

你是不是忍不住因自己皮肤暗黄、精神不振、不够潇洒而感到焦虑自卑？你是不是每天都在为无法融入上流圈子而暗自烦闷苦恼？你是不是时常感觉身体虚弱，气血亏虚，心有余而力不足？

所有名士，你们的救星来咯！

今天我们要介绍的，就是这一款一次服用、终身种草的神仙级保养品"五石散"。或许大家都曾好奇，曹操的养子、尚书何晏为什么能做到一天十二个时辰都神采奕奕，且没有黑眼圈，皮肤白嫩得仿佛开了美颜一样，身边更是追求者无数，永远是名士圈子的焦点。不仅我们纳闷，魏明帝曹叡也曾对此表示怀疑，起初他还以为何晏是用了什么奶油肌粉底，仔细一问才知道，原来是服用了我们家的神奇五石散！

 何晏
202.2万点赞

小时榜

更多精彩

⑯ 孙思邈：胡说八道！现在这些直播平台真是为了带货，良心都丧了！

⑰ 皇甫谧：孙大夫说得对啊！我奉劝大家，宁食野葛，不服五石。

⑱ 张仲景：尔等耽溺享乐的小人竟将配方偷换，将"良药"变成"流毒"，何其可恨！

说点什么……

何晏表示，原本他也是抱着试试看的态度，从朋友那购买了两包，想不到服用之后，不仅皮肤变得细腻有光泽，心情也跟着开朗了许多，上头的时候，体力更是能打倒一头牛。此话一出，京师翕然。现在五石散已成为天下名士必备的养生良方，休闲娱乐来一包，全家聚会来一包，婚庆节日也要来一包，你家里不备上充足的五石散，朋友都不愿意上门的！

不过最近因为某种原因，五石散被归入了禁药行列，价格水涨船高，我们也是很为难啊！不过经过种种努力，我们还是为大家争取到了一千包货，为了避免有的家人抢不到，今天我们全场限购十包，多买不送，希望大家能理解！

说点什么：

@ 何晏：

和大家科普一下，五石汤本为"医圣"张仲景研制，大品牌，错不了——只不过后来人们忽然发现，这五石散不光治疗伤寒的时候好用，闲暇时候来几包，也令人顿觉神明开朗，嗨得整宿整宿睡不着。正所谓"下药治病，中药养性，上药成仙"。我心想，说不准这就是成仙的捷径啊，不比什么炼丹辟谷的成效快多了？为了追求刺激，咱们团队又对五石汤配方进行了一些小小的"调整"，终于研制成了链接里的终极版"五石散"。

虽然最近我也隐隐感觉五石散用多了，仿佛身体被掏空，不过肉身轻盈了难道不是飞升的前兆吗？这么好的东西，我当然不能独享，欢迎各位名士踊跃下单，下单后更可凭购买凭证免费加入"西晋修仙协会"，参加我们的玄谈晚宴。还犹豫什么？下一个成仙的就是你！

@ 孙思邈：

胡说八道！现在这些直播平台真是为了带货，良心都丧了！五石散那是能轻易服用的东西吗？主播只讲五石散的虚假功效，背后的危

可怜乱世最风流

害你是半个字也不提呀！我是药王听我的，大家不仅不要在任何渠道购买五石散，就算哪天偶然得到了五石散的方子，也要立即、马上、当场焚毁，不要让它流传到世间，贻害后人！

@ 皇甫谧：

孙大夫说得对啊！自我介绍下，我是针灸界的顶级专家，你们在中医针灸课上学的，都是我研究烂了的东西。说来惭愧，我早年不学无术，为了赶时髦也曾服用过五石散，深知它的副作用有多可怕，这些年来我四处行医，更是眼见无数人被五石散所害。

五石散药性燥热，虽然能让人精神亢奋，却也会令人浑身发热，四肢酸重，浮气流肿，咳喘不已，仿佛身染"热毒"，无法治愈。服用者为了散热，就连隆冬时节也需裸袒、食冰，酷暑时就更不用说，赤膊裸奔，口发狂言，精神恍惚，甚至痴呆发疯者数不胜数，多少人因此断送了性命，或落得终身瘫痪。所以我奉劝大家，宁食野葛，不服五石，因其确有猛毒，不可不慎！

@ 张仲景：

五石汤是给你们这么用的？本发明者震怒！想我一生游历各地，苦修医学，耗费数十年终于写下《伤寒杂病论》，为的就是把伤寒疫病赶出华夏大地，让普天下的黎民百姓拥有健康的体魄，研制五石汤的初衷也是如此。想不到尔等耽溺享乐的小人竟将配方偷换，将"良药"变成"流毒"，何其可恨！每副药方的配比，都是我们医者精心配置调整容不得半点差错，你们短期之内觉得爽，那都是错觉，长久服下去只有一种结果，等死吧您呐！

嗨君捡史：何晏

何晏（？—249年），字平叔，三国时期曹魏大臣、玄学家，东汉大将军何进的孙子（一说何进弟何苗之孙），同时也是曹操的女婿。何晏早年丧父，母亲被曹操纳为侍妾，从小作为曹操养子，被其抚养长大。何晏自小便以才华和外貌深受曹操宠爱，生活待遇不逊于曹操亲生儿子，平时又喜浮华张扬，行为无所顾忌，常常身着世子服饰出入府中，因此魏文帝曹丕十分憎恶他，用"假子"来称呼他。何晏也是在曹丕、曹叡死后，才被曹操曾孙曹芳重用。何晏在朝中与大将军曹爽交好，因此得以位列三公，但在高平陵之变时，他与曹爽一起为司马懿所杀，被夷灭三族。

何晏喜好玄谈，以才辩显于贵戚之间，同时也被名士傅嘏评价为"利口覆邦国之人"。除此之外，何晏还是一位滥用五石散的"瘾君子"，他带起了名士们服散的风潮，但也最终为五石散所害，变得"魂不守宅，血不华色，精爽烟浮，容若槁木"。

四号链接：菩萨皇帝

🔗 直播好物 ｜ 菩萨皇帝

接下来这款产品可不得了，他之所以珍贵，就珍贵在这是全场唯一孤品！

不是主播吹牛，出了我们这个直播间，您上穷碧落下黄泉，历数上下五千年，都找不到第二个这样的奇葩，他就是万众瞩目、尊贵至极的菩萨皇帝——萧衍！

因为菩萨皇帝过于稀有，只此一尊，本场售卖将采用竞价拍卖的形式，出价高者得之，一锤定音，公平交易。特别介绍一下，咱们这次拍卖是经过同泰寺，也就是萧衍舍身出家的那座皇家寺庙官方认定的，拍卖募集来的资金也将全部用于寺庙建设和讲经弘法等活动中，您拍到手就相当于做功德！拍到手佛祖必将赐福给您！

在竞价之前，按照惯例，主播先向大家简单介绍一下菩萨皇帝的

 神秘人
202.2万点赞 ♥

 👑 小时榜

   ✕

○ 更多精彩

全场唯一孤品来咯!
——菩萨皇帝萧衍

⑯ ◡ 南朝梁群臣:陛下不是被赎回来了吗?谁来解释一下,这怎么还带返场的?

⑰ 🌸 侯景:不瞒各位,我侯某人觊觎菩萨皇帝很久了……

⑱ ♡ 梁武帝萧衍@侯景:噫,哪里来的变态?莫非是要造反吗?

⑲ ✵ 韩愈:梁武帝在位四十八年,前后三次舍身为寺家奴,其后竟为侯景所逼,饿死台城……

说点什么…… 🎤

收藏价值。

菩萨皇帝本名萧衍，后世也称为梁武帝，是南朝梁如假包换的开国皇帝。咱们鉴定一件宝物首先要看的是什么？哎对，看产地。萧衍这样的品相，懂行的朋友们肯定一眼就看出来了，他出身于大名鼎鼎的兰陵萧氏。

兰陵萧氏，南朝顶级门阀，和琅琊王氏、陈郡谢氏、汝南袁氏并称为"四大侨望"，是当时可望而不可即的世家高门。萧衍还在襁褓中时，已然是受世人艳羡的贵公子，但比家世背景更值得炫耀的，是萧衍自身的优秀品质，他自幼聪慧，年纪轻轻便心怀韬略，文武双全，浑身上下都闪耀着炫目的王霸之气，让南齐名臣王俭看了，都直呼"贵不可言"。后来他更是推翻了南齐东昏侯萧宝卷的统治，代齐建梁，勤政爱民，多次抵御北魏南侵，实在是一位顶呱呱的英明君主。

萧衍不仅长得好，气质佳，还是位出色的文学家，他和李白的偶像"小谢"谢朓、"永明体"的倡导者沈约等人并称为"竟陵八友"，是当时的顶流文人天团。因为思想层次超高，萧衍也早早地迷上了佛教，就连小名"练儿"都是取自佛经，全称"阿兰若"，意为"寂静的禅定之所"。信佛信到深处，萧衍更是连辛辛苦苦打下来的皇位都不坐了，非要来寺庙里换上僧衣当和尚，拦都拦不住，立誓要将自己的精神和肉身都献予佛寺，这才有了今天的拍卖大会。

有家人质疑说，咱们这不是贩卖人口嘛？贩卖人口放在哪朝哪代都是违法的呀！这里紧急辟谣，我们这次拍卖与贩卖人口性质大不相同，本次活动的所有流程，都得到了菩萨皇帝萧衍本人的鼎力支持，换句话说就是，献身佛法，是他本人完全自愿的，并无任何外力逼迫。你们非要说这是"一个愿打一个愿挨"，也没什么毛病。

说了这么多，我们的拍卖现在就要开始了，本次菩萨皇帝的起拍

可怜乱世最风流

175

价是一万万钱。

好，这位买家出价一万万五千万钱！不愧是南梁宝地，富庶丰腴，还有比一万万五千万钱更高的吗？

现在南朝梁的大臣们集体筹款，开出了两万万钱的天价。

两万万钱一次！

两万万钱两次！

两万万钱三次！

成交！！！

让我们用掌声恭喜南朝梁的诸位大臣，你们成功赎回了自己的皇帝！本次拍卖所得将全部用于佛前供奉"三宝"，欢迎社会各界监督。

说点什么：

@ 南朝梁群臣：

之前咱们不是已经花一万万钱将陛下赎回来了吗？谁来解释一下，这怎么还带返场的？陛下您出来说说，您是怎么想的，是皇宫住得不舒服还是儿子们不孝顺，您怎么又去寺庙出家了？吃素就那么开心吗？这回咱们再筹集两万万钱，再赎一次，请您回来老老实实继续当皇帝，就算臣等求您了！

您贵为一国之君，想出点礼佛钱不是不行，但也没有这么一亿一亿往外拿的，国库撑不住，老百姓也活不起了啊！寺庙还放话说，钱不到账皇帝就不还俗，您细品品，这像不像绑票？再说了，您看看那些越盖越奢华的佛寺，那些日渐膘肥体壮的和尚，像是清心寡欲该有的做派吗？说您不懂佛法吧，您为了礼佛当真是抛下所有，不顾一切；可说您崇信佛教吧，真正的高僧达摩祖师来了，您又偏偏看不上人家。真是帝王心，海底针！

@ 侯景：

不瞒各位，我侯某人也觊觎菩萨皇帝很久了，如果能够把他搞到手，我一定将他关在建康台城的宫殿里，每天不给饭吃，不给水喝，也不准他见人……

@ 梁武帝萧衍→侯景：

噫，哪里来的变态？莫非是要造反吗？

@ 韩愈：

梁武帝在位四十八年，前后三次舍身为寺家奴，其后竟为侯景所逼，饿死台城，国亦寻灭。事佛求福，乃更得祸。

嗨君捡史：梁武帝

梁武帝（464 — 549年），字叔达，小字练儿，出身兰陵萧氏，是南朝梁的开国皇帝，也是永明年间文人集团"竟陵八友"之一。公元500年，起兵攻讨东昏侯萧宝卷，次年攻陷建康。公元502年，接受齐和帝萧宝融"禅位"，建立南梁。萧衍统治初期，勤于政务，厉行节俭，选拔良吏，重用世族，多次抵御北魏南侵。但他晚年崇信佛教，怠于政务，曾四次到同泰寺中出家，又多番被群臣捐钱"赎回"还俗，前后耗资超四万万钱，致使朝政混乱。侯景叛乱，被囚禁于建康台城，饥饿交加，忧愤成疾，最终竟活活饿死。

可怜乱世最风流

嗨君历史小课堂

两汉的乐章已奏完最后一个音符，但流散在各处的豪杰们仍怀揣着热烈的理想，他们期盼凭借自己的力量，为国除贼，匡扶汉室，于历史的灰烬中挽救起这个曾经无限辉煌的王朝，扶大厦于将倾。

但历史的走向往往偏离初衷，随着政权的不断更迭，末日的暮光再也遮掩不住，汉室的灭亡似已成为定数。

谁来接替这个延续了四百多年的伟大王朝？谁有资格做新的九州之主？人们在权力的旋涡中力争上游，斗得你死我活。就连那个曾经痛骂董卓"贼臣持国柄，杀主灭宇京"的曹操，也最终走向了"挟天子以令诸侯"的道路。

"白骨露于野，千里无鸡鸣。"乱世无疑是令人悲哀的，但同时也充满了机遇，各路诸侯兴兵讨董，各领风骚，赤壁之战过后，又迎来魏、蜀、吴三国鼎立。

人人都在说英雄，盼英雄，也个个都想沙场做英雄，一时间烽烟四起，群雄逐鹿。一千多年后，一个叫罗贯中的明朝人把关于这段历史的民间故事收集起来，编撰成了一部场面恢宏的小说《三国演义》，让这些昙花一现却活出个性的英雄走进千家万户，让他们的人生故事变得妇孺皆知。

但小说毕竟是小说，七分真三分假，演义与史实不可随意混淆。

譬如《三国演义》中将刘备描写成一个时常垂泪、仁善老实的"圣人"形象，就有点偏颇了。刘备这个人在真实历史上，可是很强悍的，他不太喜欢读书，喜狗马、音乐、美衣服，喜欢结交豪侠，因此也有了自己的势力和追随者，还曾一怒之下，鞭打督邮，解绶弃官，脾气大得很。

他与关羽、张飞是关系好到能同榻而眠的"好兄弟"，但史书上并没提过"结拜"这一节，"桃园三结义"不过是罗贯中浪漫的想象。话说回来，如果这三人真的结拜，该拜哪位大神呢？

类似的误传还有"曹操杀死恩人吕伯奢一家""诸葛亮骂死王朗""关羽过五关斩六将""三英战吕布"等，希望大家能辩证地去读小说，在感受演义故事精彩刺激的同时，也适当了解下历史真相到底是怎么样的。

《三国演义》中被误解最深的，当属东吴的大都督周瑜。书中将他描写刻画成一个心胸狭隘、嫉妒诸葛亮才智、最终被活活气死的极端形象，但历史上的周瑜却心胸开阔，折节容下。老将军程普称赞他："与周公瑾交，若饮醇醪，不觉自醉。"同时，他也是东吴赢得"赤壁之战"的首功之臣，只是书中运用了移花接木的手法，将他的战术和功劳转嫁到了诸葛亮的身上。

杜牧有诗云："大抵南朝多旷达，可怜东晋最风流。"

三国混战接近尾声，下一站，我们来到了传说中的魏晋南北朝。"魏晋"盛产风流美男，而南北朝却时常出现奇葩，在阅读本章内容时，你可得做好心理准备，因为当时天潢贵胄们的颜值和行为常常会突破你的想象。

这里有获得"掷果盈车"美誉的美男子潘安，也有被活活看死的卫玠；这里有性格各异、最爱饮酒长啸的"竹林七贤"，也有操控"淝水之战"的幕后大佬谢安……

如果你对于魏晋名士们的风度念念不忘，还没有看够的话，嗨君这里建议你买一本南朝刘义庆编写的《世说新语》，径直去翻里面的"容止篇"，看完你就会明白杜牧的那句诗到底是什么意思了。

可怜乱世最风流

通常，天才和疯子只有一线之隔，荒谬混乱的南北朝向我们证明了这个真理。

这一时期，战乱频频，胡汉争锋，南有宋齐梁陈，北有北魏、东魏、西魏和北齐，更有数不清的胡族部落星罗棋布。国家一旦多了，皇帝也会变多，政权更迭频繁，疯疯癫癫的皇帝数量也会成倍增长，因此历史上出现了身患"被害妄想症"而大肆屠杀宗室的宋孝武帝刘骏，暴戾邪恶、行径堪比禽兽的小皇帝刘子业，患有偏执型人格障碍、与王妃纠缠不断的梁元帝萧绎，时而贤明、时而滥杀的北齐皇帝高洋……

我们在惊叹他们的残暴无道、慨叹他们的身世可怜之余，也格外能感受到，和平实在是太重要了——战乱使人精神失常，皇帝也不能幸免。

了解完魏晋南北朝的历史，赶快来当时的"直播间"逛一逛。

在这里，我们为大家准备了那个时代的知名特产，先穿上一双谢灵运发明的"谢公屐"，跟随这位贵公子同游名山大川，感受山水诗的别样魅力；再来一壶"刘伶醉"，与魏晋名士"竹林七贤"隔空碰个杯，咱们喝的不是酒，是不拘礼法、托身宇宙的逍遥态度。

"五石散"是旧时代的糟粕，害人伤身还上瘾，不管别人说得多么天花乱坠，咱也离得远远的。要知道，清谈、服散、嗜酒这"三宝"可害惨了两晋人，身体被搞垮了不说，国破家亡也接踵而来，不信你瞧瞧著名的"瘾君子"何晏，皮肤虽白得吹弹可破，但一看就一脸肾虚。

"菩萨皇帝"萧衍，咱们也还是别要了吧，毕竟一个偌大的国家还等着他去治理呢，况且他这人礼佛成本太高，咱们普通人根本供不起，只能遥遥瞻仰一下此人的辉煌事迹了。

嗨起来的中国史

顾闪闪 著

下册

北京理工大学出版社
BEIJING INSTITUTE OF TECHNOLOGY PRESS

图书在版编目（CIP）数据

嗨起来的中国史：全2册/顾闪闪著. -- 北京：
北京理工大学出版社, 2024.5
ISBN 978-7-5763-3727-3

Ⅰ. ①嗨… Ⅱ. ①顾… Ⅲ. ①中国历史 – 通俗读物
Ⅳ. ①K209

中国国家版本馆CIP数据核字（2024）第060111号

责任编辑：李慧智　　　文案编辑：李慧智
责任校对：王雅静　　　责任印制：李志强

出版发行 / 北京理工大学出版社有限责任公司
社　　址 / 北京市丰台区四合庄路6号
邮　　编 / 100070
电　　话 / （010）68944451（大众售后服务热线）
　　　　　（010）68912824（大众售后服务热线）
网　　址 / http：//www.bitpress.com.cn

版印次 / 2024年5月第1版第1次印刷
印　　刷 / 天津睿和印艺科技有限公司
开　　本 / 710 mm × 1000 mm　1/16
印　　张 / 24
字　　数 / 323千字
定　　价 / 118.00元（全2册）

前言

　　翻开这套书之前，看着书名上"嗨起来"三个大字，一些读者朋友就开始蹙眉了——中国史何其严谨，何其庄重，怎么能嗨得起来呢？

　　遥想学生时代，我的许多朋友也保持着同样的想法。他们在高考前埋头苦读，被一堆堆参考书包围，头发日渐稀疏，更有甚者开始怀疑自己的记忆力。盯着课本上那一张张相似的面孔，他们不禁发问：这是谁？这又是谁？仿佛那些来自千百年前的历史人物是有意在和学生们作对一样，让人不禁想为他们掬上一把伤心泪。但同时，这拨年轻人又是精力最旺盛、好奇心最强的一代。虽说打开书本总是怀疑人生，但合上书本，聊起八卦，就没有他们吃不明白的瓜，扒不明白的惊天猛料。

　　当你和他们讲汉大赋的时候，他们双眉紧锁，可听说抄《上林赋》得心上人时，他们抄得比谁都起劲；当你讲到"竹林七贤"时，他们无聊转笔，当你提起"时下顶流男团那些不为人知的秘辛"时，他们生怕漏听了一星半点细节。

　　这让我开始思索，为什么不能用更加轻松的方式，来带领大家学习历史？为什么不能找出那些最牵动大家兴趣的话题，将浩如烟海的中国史串联起来，让历史事件成为大家茶余饭后关注的"街头逸闻"？

　　真正热爱历史的人都明白，中国史绝不是索然无味的。相反，它跌宕传奇、有血有肉，其间存在着无数的奇迹和偶然。时至今日，古时的太阳仍照耀着这片幅员辽阔的土地，而千年前的中国人也曾望着无垠的苍天，动情地演绎着属于那个时代的兴衰荣辱，喜怒哀乐。

　　其实，历史兴趣不是"学"出来的，而是"嗨"出来的。希望我的文字，能让大家不由自主地将自己带入那些或金戈铁马，或歌舞升平的朝代中去，与当时的人处在一起，闹在一起，一同听两汉的驼铃，赴魏晋的宴饮，赏唐时的明月，逛宋朝的夜市。到那时，你必然会对着他们伸出手，道一声："我们重新认识一下，好吗？"

　　我相信，当你惊叹于路旁鲜花娇妍的时候，你定然也会更有兴趣停下来，询问每一株花的名字，探寻它的四时枯荣，关心它如何而生，因何而败。

目 录

第四章 唐宋穿越攻略

4.1 唐宋多好汉，围着山寨转 // 002

4.2 皇后们的茶话会 // 016

4.3 穿唐还是穿宋，这是一个问题 // 032

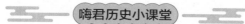 嗨君历史小课堂

第五章 盛世定居指南

5.1 胡饼冰酪大闸蟹，是谁馋了我不说 // 050

5.2 唐宋美妆潮服红黑榜，拒绝踩雷！ // 065

5.3 有官做的都去写诗，没官做的写得更棒！ // 077

嗨君历史小课堂

第六章 冷门八卦研究所

6.1 提问，在明朝做官是怎样一种体验？ // 098

6.2 东厂VS西厂，小伙子想进哪个厂打工呀？ // 113

6.3 五行皇帝奇葩说 // 127

嗨君历史小课堂

第七章 马背上的黄金帝国

7.1 盘点北方狼族那些稀奇古怪的名字 // 146

7.2 说之前先给大家唱一段吧 // 158

7.3 清穿男主大PK // 169

7.4 小李子，把哀家代购的洋玩意儿呈上来 // 181

嗨君历史小课堂

第四章 唐宋穿越攻略

叮咚！即将前往唐宋两朝的旅客，请拿好这份保姆级攻略。在接下来的旅程中，你即将邂逅瓦岗寨和梁山的诸位好汉，所以请一定准备一匹脚程快的宝马和足够的买路钱，你还能见证贞观、开元盛世，更有可能面见一代女皇武则天！

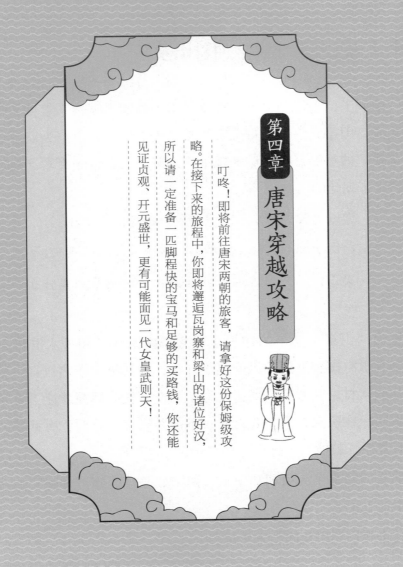

4.1 唐宋多好汉，围着山寨转

"咱们上回书说到，有一英雄，本为朝廷军官，平素仗义疏财，深得人心，因事犯法，幸得义士相救，逃上山去，落草为寇，结交众多身负武艺的英雄豪杰，后被推举为山寨之主，带领义军连战连捷，多次粉碎了朝廷的围剿……"

等等，你以为我说的是《水浒传》里的呼保义宋江？

瓦岗寨初代BOSS翟让：兄弟们，这个宋朝人山寨我！

宋江：梁山泊、瓦岗寨本身就是山寨，咱们就别提什么"山寨"不"山寨"的啦！

作为"山寨文学"的代表作，《隋唐演义》和《水浒传》塑造了诸多有勇有谋、豪迈拉风的英雄好汉，为后世无数热血青少年提供了做梦的素材。和秦汉时期只有皇室宗亲、贵族后裔才能当主角的大环境不同，在唐宋，不需要首充，不需要氪金，只要你有武艺，有豪情，有梦想，就能当大哥！

那么问题来了，唐朝和宋朝，两个好端端的盛世帝国，怎么就和山寨牵扯上了？

这个我们还得从隋朝末年说起。

一、瓦岗散伙人

瓦岗寨的第一任BOSS我们开头说过了，叫作翟让，是个小公务员，一不留神进了监狱，坐事①当斩。

---

① 坐事：意思是因事获罪。

《资治通鉴》中把这段展开讲了下，说当时有位叫黄君汉的狱卒，见他如此骁勇，便存了救他的心，深夜潜入，对翟让道："翟法司，天时人事，抑亦可知，岂能守死狱中乎？"谁都有倒霉的时候，堂堂大丈夫，死在狱中算怎么回事呢？

翟让答曰："让，圈牢之豕，死生唯黄曹主所命！"豕就是小猪的意思，意思是现在我就像那猪圈里的小猪，是死是活还不是在你老黄的一念之间。

黄君汉于是打开了枷锁，放他离去。

英雄微时，惺惺相惜，这种桥段在历史上并不少见。问题是这时候，一个真正的大男主该是什么反应？来，我们先看一个正面的例子，《三国演义》里陈宫也是这么放走曹操的，对此曹操昂首挺胸道："吾祖宗世食汉禄，若不思报国，与禽兽何异？"被问到接下来的打算，曹操说："吾将归乡里，发矫诏，召天下诸侯兴兵共讨董卓，吾之愿也。"

同样的情况，同样的场景，翟让又是怎么做的呢？

他哭了。

对，你没有看错，翟让哭了。翟让拉着黄君汉的手说："老黄啊，你对我太好了，你是我的救命恩人。可是我跑了，你咋办呢？"

黄君汉：我一下就推开了！我说男子汉大丈夫哭哭啼啼的像什么样子？本来还以为救了个男主，现在再看……突然有点微妙的感觉。

果然，翟让真不是个能成大事的人。他在瓦岗寨做了一段时间的老大，感觉自己做盗匪头子还行，但军队规模拉起来了，自己在政治方面的局限性就凸显出来了，长此以往不利于瓦岗寨的发展。于是他做了一个决定，要将集团BOSS的职位，让给自己的副手、足智多谋的李密。

唐宋穿越攻略

李密：还有这种好事？你等着，我来了。

李密的出身，要比翟让高贵多了。他是西魏名将李弼的曾孙，父亲李宽乃是隋朝的上柱国，蒲山郡公，自己也是袭爵的大贵族。想当年，杨素的儿子杨玄感起兵反隋，他作为智囊为其献上、中、下三

策，怎奈杨玄感头脑很不灵光，不仅自己兵败，还连累李密也锒铛入狱。

狱卒：看我干什么？真以为人人都是黄君汉啊！

机智的李密用不着狱卒搭救。前些年有部获得奥斯卡奖的大片叫《肖申克的救赎》，李密在1400多年前就演过一遍，并且他还不仅仅自己越狱，而且带着六个同伴一块越，他们在墙上挖了个大洞，在狱卒眼皮底下溜了。越狱后的李密隐姓埋名，自称刘智远，在淮阳郡讲学，还招收了不少学员，之后听闻瓦岗寨举义，便前来投奔。

翟让的武艺胆略加上李密的智谋手段，让瓦岗军在反隋的道路上所向披靡，但人往往就是这样，可以同患难却不能共富贵。

眼看着李密距离皇帝只有一步之遥，当年跟随翟让创业的老员工不干了，心想我们九死一生给瓦岗寨打地基的时候，他李密还不知道在哪呢！皇帝不是不能当，但要当也得咱们老大翟让来当。

可李密不这样想，翟让交到他手里的只是个小型创业公司，从融资到上市再到业界NO.1，靠的可都是他李密的实力。

有位名人说过，没有统一指导思想的山寨，就像一盘散沙，都不用别人打，走几步就散了。

虽然翟让自己并没有把"皇位"抢回去的心，但有这样一个得人心、有实力的前老板在身边，李密始终觉得睡不安稳。在一些细小的矛盾激化后，他决定先下手为强，除掉昔日的好战友、今朝的心腹大患翟让。

后人回顾这段历史的时候，常常会感叹："宁学桃园三结义，不学瓦岗一炉香。"这里点播一首《真相是假》，送给今夜心碎的瓦岗寨团粉。

翟让死后，瓦岗军人心不定，军事实力也在内斗中受到重创。李密自视眼下已无对手，越发骄横，致使瓦岗军离心离德，最终在与王

唐宋穿越攻略

世充的对战中落败，他只得率众降唐。轰轰烈烈的瓦岗起义，落幕仓促而凄凉。

瓦岗寨的大业，终结于一些隋末的塑料兄弟情。

二、隋唐英雄传

虽然轰轰烈烈的瓦岗起义最终以失败告终，但它却间接地成就了一个中国历史上最伟大的王朝——唐。

唐朝的创始人李渊，原本是隋文帝杨坚团队里的一号猛人，有北周贵族血统，据说还是西凉君主李暠的后裔。当然这些朝代和煌煌大唐比起来都是过客，大家也不用详细了解，只需要知道，李渊的家族非常上流，独孤皇后①是他的亲姨妈，隋炀帝是他的亲表弟。

李渊出生的时候，有紫气冲庭，神光照室，左边腋下有条紫色的胎记，形状赫然就是条飞龙。

李渊（瑟瑟发抖）：陛下，我说我只想好好当我的唐国公，为大隋效力，您信吗？

隋炀帝：不太信。

就在瓦岗军气势如虹地与隋王朝对刚之时，备受隋炀帝猜忌的李渊为求自保，也不得不举起反旗。作为一位成熟的政治家，李渊有地位，有财力，有部将，还有几个能拿得出手的好儿子，称得上是万事俱备，只欠四方人才来投……

瓦岗寨：别急别急，在加班加点地造啦。

作为大唐人才指定培训中心，瓦岗寨为未来的大唐帝国培养了多位政治、军事人才，几乎承包了半个"凌烟阁二十四功臣"排行榜。

篇幅有限，我们只说几个深受大家喜爱的。

---

① 独孤皇后：隋朝第一任皇后，辅佐隋文帝杨坚开创隋朝基业。

首先出场的这位武将，虽不能说是史上最能打的，却是千万名将中我们最脸熟的一位，但凡你是中国人，就不可能没见过这位爷，他就是"门神"——秦琼秦叔宝。作为《隋唐演义》中的重要角色，小说里的秦琼是个标准的高颜值男神，"身长八尺，两根金装铜悬于腕下，身材凛凛，相貌堂堂，一双眼光射寒星，两道眉黑如刷漆"，是名副其实的"门面担当"。历史上的秦琼虽然没有搭救李渊、当铜卖马这样的传奇经历，但形象出入也不大，同样是李世民麾下猛将，骁勇过人，能单枪匹马斩将于万众之中。

和秦琼一起投唐的，还有大名鼎鼎的程咬金，在小说中他的特技是"三板斧"，尤其擅长从"半路杀出"，外号"混世魔王"，运气极好，是隋唐众英雄中的第一福将，明明是个壮汉，却凭可爱在诸多角色中脱颖而出。历史上的程咬金也是有福之人，他武艺高强，善使马槊，在讨隋战争中屡立战功，后参与玄武门之变，接连升迁，活到了七十七岁高龄。

提到李勣这个名字，大家可能没什么印象，可你让他穿上马甲看看，哟，这不是徐茂公嘛！作为一个热爱改名改姓的英雄，徐世勣、李世勣都是李勣的曾用名，懋功则是他的字，在文艺作品中化为"茂公"。小说中的"徐茂公"仙气飘飘，是瓦岗寨的军师，仿佛无所不能。历史上的李勣也是个有大智慧之人，他虽为武将，却冷静多谋，兼通医术，曾奉旨编撰《唐本草》，自撰《脉经》。他为人重情重义，信奉生死有命，却不迷信方士，一生备受荣宠，却始终不骄不躁，用当时的眼光来看，几乎算得上一个完人。

最后这一位虽不是因为瓦岗寨出名，但他也的的确确是瓦岗寨出身，他就是大唐第一"杠精"魏徵。作为山贼窝里出来的文臣，魏徵这辈子就没怕过死，不但不怕，他还常常做出主动"找死"的事。作为谏议大夫，他脾气耿直，言语暴躁，累计给唐太宗李世民发送"骚扰短信"二百多条，个性签名是"兼听则明，偏信则暗"，特长是和

唐宋穿越攻略

自己的君主对着干。淡泊名利，最大的个人爱好是吃醋芹，曾经因为长孙皇后的劝谏，保住一条命，却在长孙皇后死后，逼着唐太宗拆掉了眺望亡妻的层观。魏徵在唐太宗心目中的定位是面会说话的镜子，这一设定早于《白雪公主》一千多年。虽是以犯颜死谏闻名于世，唐太宗却赞他"妩媚"。

008

嗨君捡史：凌烟阁二十四功臣

　　唐朝贞观年间，唐太宗李世民为了纪念当初一同打天下的诸位功臣，命画家阎立本在凌烟阁内描绘二十四位功臣的画像。这二十四位功臣中包括长孙无忌、杜如晦、魏徵、房玄龄等文臣，也有尉迟敬德、李靖、李勣、秦琼等知名武将。

　　凌烟阁画像不仅是对唐太宗往昔戎马岁月的追怀，更体现了他作为君主，知人善用，礼敬功臣的胸怀，激励着大唐有志之士像这二十四位功臣一样，报效国家，建功立业。唐代诗人李贺在诗中就曾写道："男儿何不带吴钩，收取关山五十州。请君暂上凌烟阁，若个书生万户侯。"

三、道君皇帝宋徽宗，不爱武艺爱文艺

同样是山寨，瓦岗寨和梁山初期设定差不多，组建方式差不多，就连好汉的描写手法都大致相仿，可剧情上，却走向了两个极端——一个为盛世大唐拉开了序幕，一个为繁华的北宋王朝敲响了丧钟。

宋徽宗： 怪我喽？

别说，还真怪这位。

宋徽宗赵佶登基这年，距离瓦岗军起义，已过去了四百七十多载。如果说隋炀帝自取灭亡，是因为他太想打仗了，掏空了家底，没完没了地打，宋徽宗则和他刚好相反——守着仁宗、神宗、哲宗攒下的丰厚遗产，这位昔日的富贵王爷过惯了安逸日子，在他眼里，整天打打杀杀的多不斯文，他一个搞艺术的看不得这些。遵循着能割地花钱绝不动刀兵的准则，宋徽宗将祖宗定下的"重文轻武"国策践行到了极致。

简单来说，他是个庸懦的昏君。

但你要把宋徽宗和其他沉迷酒色的昏君一概而论，对人家也有点不公平，都是玩物丧志，宋徽宗这个"志"丧得，从品位上就不一样。

作为一位很愿意透露姓名的大佬，宋徽宗诗书画印无一不精，自创了铁画银钩的瘦金体，白鹤、锦鸡画得那叫一绝，《画继》中评价他"天纵将圣，艺极于神"。为了追求自己的艺术理想，他创立了历史上大名鼎鼎的翰林书画院，不仅倾情投资，还亲自出题、批卷、授课，培养了张择端、王希孟等顶级画师。连他身边的大奸臣，都得挑那种艺术造诣极高的，像权倾朝野的蔡京，就是历史上著名的书法

家、散文家。

更难得的是，这样一位艺术发烧友，居然还不是个宅男。

赵佶还是端王时，就热爱足球运动（当时叫蹴鞠）。驸马都尉王诜手下有个随从，能写擅画，还是蹴鞠健将，一次他奉命去给赵佶送个快递，正赶上赵佶在自家院里踢球，这位随从在一旁边等边看，忽然露出了迷之冷笑。

赵佶：笑什么笑？你行你上。

随从就这样获得了上场机会，只踢了半场，就紧紧抓住了赵佶的眼球，从此步步高升，官运亨通。后来赵佶成了宋徽宗，这位无半寸军功的随从也坐上了太尉的高位，他就是《水浒传》的一号大反派高俅。

除此以外，宋徽宗还和历史上绝大多数昏君一样，是个收集狂。

咱说堂堂一国之君，囤积点珠宝花鸟、奇珍异兽的，也不算过分，但艺术家就是艺术家，嗜好都和别人不一样，他专好收集大石头，造型越怪他越喜欢。究其原因，并不是宋徽宗命里缺矿，他只是犯了一个所有皇帝都会犯的错误——实在太想成仙了，而在他所宠信的道士口中，奇石乃是祥瑞的象征，长相越怪，吉祥指数就越高。加上假山怪石小众而崎岖的形态，如病梅①一般，彰显着收藏者的品位，深受当时文人们的追捧，文艺先锋宋徽宗怎能不心动？

可陛下啊，这奇石可不是宝石禽鸟，派辆小车就能给您配送上门，这样动辄几吨的收藏品从全国各地运到您的"艮岳"②皇家花园，少不得遇墙推墙，遇房拆房，这几千笔拆迁款您给报销一下呗？

宰相蔡京向你丢去白眼："陛下当享天下之奉，区区几块石头，何足计哉？"

不仅如此，蔡京还贴心地为宋徽宗开通了全国奇石运输专线，即《水浒传》中提到的"花石纲"。

🧑 嗨君捡史：花石纲

北宋时期，官府将运输各项物资的船只编组为"纲"，通常十艘船称为一"纲"，"花石纲"则专指为宋徽宗运送奇花异石的运输编组。宋徽宗信奉道教，

---

① 病梅：古代文人画士赏梅，以其弯曲、稀疏、倾斜的病态为美，卖梅花的人为了迎合他们的喜好，就会砍掉梅树健康的枝干，将其摧残为"病梅"。
② 艮岳：指宋徽宗于宣和年间兴工修建的皇家园林，初名万岁山，后改名艮岳、寿岳，或连称寿山艮岳，亦号华阳宫。1127年金人攻陷汴京后被拆毁。

唐宋穿越攻略

自封"道君皇帝",他听信了道士"加高东京东北地势,有益于绵延子嗣"的说法,下令修建"艮岳",并按照所谓的风水,从全国各地运来奇石,搭建成"万岁山"。此事由蔡京举荐的朱勔主持,朱勔为勒取奇石,四处搜刮,不择手段,同时也借机谋取私利,结党营私,致使无数百姓破产,卖儿鬻女以供其需。花石纲"流毒州县者达二十年",成为北宋末年诸多农民起义爆发的重要原因之一,加快了北宋王朝的灭亡。

四、水浒一百单八将× 宋江和他的三十五个小弟√

讲到这里,精通《水浒传》的你抑制不住兴奋,指着宋徽宗大笑:"后面这段我熟!该梁山一百零八个好汉出场了,大河向东流,天上的星星参北斗,宋江哥哥一出手,就问你怕不怕?"

宋徽宗挠挠脑壳:"宋江?哪个?好像只是隐隐约约听说过。一百零八个?瞎说,他们哪有那么多人,难不成是朕记错了?"

来自元末明初的施耐庵脸红搓手:"不好意思,实际上只有三十六个,剩下那七十二个都是我为了撑场面,临时编的。"

《水浒传》的男一号宋江,在历史上确有其人,走的也是江湖浪客路线,性格和我们熟知的有点出入,为人"勇悍狂侠"。当时的朝廷大兴"花石纲",对百姓强征暴敛,向贫困的渔民加征赋税,宋江等人忍无可忍,揭竿而起,开始和欺压他们的官军发起正面对决,根据地就在书中的梁山泊。

《宋史》记载,当时有个叫侯蒙的大臣曾向宋徽宗上书,说:"江以三十六人,横行齐魏,官军数万,无敢抗者。其才必过人。"应该就是水浒众英雄最早的雏形。

南宋时,文人龚开听说这三十六人起义的事迹,觉得十分值得展开讲一讲,遂著《宋江三十六人赞》,分别给他们附上了"呼保

义""智多星""玉麒麟"这样拉风的绰号，又给每个人写好了譬如"平康巷陌，岂知汝名？太行春色，有一丈青"这样十六字的"人设"，宋江等人从此便从毫无灵魂的"三十六人"，成了一个个鲜活

又生动的形象，出现在街头巷尾说书人的故事里。

所以等着宋江一行人去暴捶方腊的，可能要失望了。

历史上的宋江集团充其量就是个比较顽固的水贼团伙，天天扛着鱼叉船桨大喊"俺要制霸梁山"的那种，虽然上过几次全国性的时事新闻，也短暂地让宋徽宗头疼过一阵，但实力只能在局部地区排前几名，远远没到能和全国赛冠军方腊对殴的程度。

关于这伙人的下场，施耐庵老先生还是很尊重历史的，该以悲剧结尾的地方绝不强行搞大团圆结局。起初，宋江等人利用地理优势和勇气智计，确实取得了不少胜利，打出了名声。但很快，朝廷派出了海州知州张叔夜，一个打赢过羌人的专业级武将，带着顶级装备和比宋江多几倍的敢死队，与起义军进行了激烈的海战。小河沟里出来的宋江哪见过这阵势，被烧了船，断了退路，万般无奈之下，只好接受了朝廷的招安。

🌀 所以和忠君保守思想没什么关系（大声）！单纯打不过了，就投降了！

关于历史上的宋江，到底有没有被朝廷派去征方腊，史学家们众说纷纭，但无论梁山最终有没有变成朝廷的一把尖刀，宋江等三十六人的结局都是非常悲惨的——没被打服的宋江还不死心，仍做着轰轰烈烈的起义梦，后面也想过要反扑一把，但队伍还没拉起来，就被官军折了旗。

水泊梁山的死灰还没来得及复燃，就被一盆水"嗤"的一声，浇灭了。

所以大家千万别被演义小说带偏了，北宋真正声势浩大的农民起义，那还得看"梁山"传说中的"死对头"方腊。

方腊本为睦州清溪县的一个漆园主，政和年间，江南百姓因"花石纲"之故，深受剥削残害，方腊也是受害者之一。见惯了民生疾苦的方腊于是开始暗暗救济贫苦游民，很快聚集了几百人，他时常椎牛酾酒款待这些人，聚众宴饮。

公元1120年，方腊假托"得天符牒"，率领数千人，以诛杀主持"花石纲"的朱勔为名，竖起义旗。他自称"圣公"，建元永乐，苦于朝廷"侵渔"的渔民们闻风来投，队伍很快扩大到了十万之众。起义军声势浩大，所向披靡，接连攻陷六州五十二县。愤怒的起义军沿路诛杀地方官员，又挖掘蔡京祖坟以泄愤，鼎盛之时，起义军的人数据说已达到百万，四方为之震动。

但最终，在童贯等人的全力镇压下，方腊起义还是失败了，起义军多位将领被杀，七万余人战死。宋军虽消灭了这股强大的起义势力，但自身的军力也遭到重创。因疲于应付起义，朝廷未能全力对抗辽、金等外敌，间接导致后来的靖康之祸。

4.2 皇后们的茶话会

女士们，先生们，欢迎来到嗨君茶话会！

今天我们请到的这三位嘉宾可不得了，她们分别是隋、唐、宋这三个大一统王朝的皇后，而且都是自己朝代最有名的那一位。听说，这三位皇后娘娘近日都收到了来自自己儿子的一封信，在茶话会开始前，嗨君先来替大家念一下。

> 大娘娘：
>
> 让朕多吃一口螃蟹，难道就这么难吗？
>
> 宋仁宗

> 母后：
>
> 人生就像一场戏，儿孙琐事由他去。这个道理您为什么就是不懂呢？您的掌控欲总是那么强，年轻的时候管着父皇，年纪大了又干预立储之事，监视我们兄弟。可杨广他是个戏精啊，您知不知道？这个太子做不做，事到如今儿也无所谓了，但您如此偏袒二弟，做儿子的真的很伤心。
>
> 隋废太子杨勇

> 母后：
>
> 太委屈，连退位都是我最后得到消息。母后……不，应该叫您陛下了，外面骂您牝鸡司晨的那些话，您听到了吗？儿子可是每天都在听着。我不明白，明明我们也有过一家人其乐融融的时候，难道父皇还不够爱您吗？为什么您的野心总是得不到满足呢？
>
> 唐中宗李显

看来每家都会有亲子烦恼，皇家也不例外，对于儿子们的来信，皇后们又是什么看法和态度呢？想必大家已经猜到三位嘉宾的名字了，让我们有请独孤伽罗、武则天和刘娥！

一号嘉宾·独孤伽罗

嘉宾资料卡：独孤伽罗（544—602年），复姓独孤，字伽罗，鲜卑族，北周太保独孤信第七女，自幼聪慧，雅好读书，博古通今。十四岁时嫁给了后来的隋文帝杨坚，与丈夫情投意合，夫妻恩爱，在朝政上亦颇有自己的见解，宫中将其与杨坚合称为"二圣"。晚年支持晋王杨广，废黜东宫杨勇，谥号"文献皇后"。

皇后宣言：

在我很小的时候，母亲就告诉我，我独孤家的女儿不嫁则已，一旦出嫁必将母仪天下。我把这话记在心里，虽然还是个少女，却时时刻刻用皇后的标准来要求自己，平时不是在读书，就是在锻炼身体，毕竟谁能拒绝一个自律的女孩呢？没有这个道理！

很快，我的大姐嫁给了北周后来的世宗皇帝宇文毓，死后追封明敬皇后，以彰显她的贤德。四姐也嫁给了身份显赫的唐国公李昞，生了个儿子李渊，一看就不是个省油的灯，想必未来还会有大动作。

身为她们的妹妹，我自然也不能逊色，姐妹几个颜值在这儿摆着，毕竟我们的爹独孤信当年就是个大帅哥。很快我爹给我相中个小伙儿，是随国公杨忠伯伯家的长子杨坚，年方十七岁，长得那是真不错，额上有五柱入顶，目光外射。他小名"那罗延"，我字"伽

罗"，一个意为金刚力士，一个意为沉香木，听着就是旗鼓相当的出色。

但我俩的婚姻生活才刚开始，天上就飞过来一口黑锅。北周的权臣宇文护非说我爹参与了谋反，逼我爹自尽，连带着我丈夫一家也被搞得很惨。所幸我和杨坚少年夫妻，十分的恩爱，再大的风浪，也阻挡不了我俩百年好合，矢志不渝是我们婚姻的代名词，"誓无异生之子"是他对我的承诺。

那段时间，杨坚想得最多的，就是怎么韬光养晦，我考虑得比他远一点，想的是怎么把他扶上皇位。终于有一天，上苍给了我们这个机会，北周的宣帝暴毙，杨坚还在犹豫，我却趁机给他勉励。

"大势已然，骑兽之势，必不得下！"

虽然这时候，我娘家已没了什么势力，但就是我的这句话，给了杨坚代周立隋的勇气。很快杨坚坐上了皇位，他不仅立我为后，还满脸真诚地向我保证，后宫除了我这个正妻，不会有其他的嫔妃。我听后心里也是很安慰，感觉这么多年与他患难与共的辛苦没白费。

☀ 可是我忘了一句话：宁愿相信世上有鬼，也不能相信男人这张破嘴。

刚开始的几年，一切都还算顺利。但时间长了，杨坚还是没能管住自己，他见异思迁，临幸了一个姓尉迟的小宫女。我听闻大惊，心头火起，提着剑就要昭告天下人，谁才是这后宫唯一的女主人。

被我杀了小新欢，杨坚很生气，连个嫔妾都保护不了，让他觉得自尊心受到了毁灭性打击。为了发泄情绪，他翻身上马，在山谷间奔跑了二十多里，嘴里还骂骂咧咧，说当皇帝有什么劲，连自己的后宫，都由不得自己！

杨坚你要这么说，那你这辈子可真是白活了，十个孩子都看着呢，你给我口下留德。后人说我善妒，骂我疯魔，可你们都忘了，当

初是他要和我"死生契阔"！是不是美女当前，说过的话就可以统统作废，难道言而无信就是你们男人追求的品格？

最终杨坚拿我也没辙，我俩只能化干戈为玉帛，到了选择储君的时候，他还得找我出谋划策。我静下心来观察了很久，发现太子杨勇宠妾灭妻，满腹怨言，日日沉迷声色；晋王杨广为人俭朴忠贞，潜心礼佛，最重要的是还孝顺，我看真是不错！抱歉我真没看出他是装的，将来还会兴修运河，毕竟眼前一个草包，一个演技天才，换你会不会选错？

好吧，我承认眼光方面相较之下，我是有点逊色，可难道继承人是我一个人选的，杨坚他就没亲自认可？人性善恶这种事嘛，从来都是盖棺定论，谁也奈何不得。杨广开始犯错的时候，我都已经死了。划重点，我都已经死两年了！你一个堂堂王朝的兴衰，到头来为难我一个去世之人，是不是也有点扯？

让我来问问你们，想为大隋的江山挑选一位最优继承人难道是种罪过？

我想说的都说完了，我儿真是让为娘操碎了心，不怪他父皇要废他啊！

对于太子杨勇这封信，独孤皇后想说些什么吗？

杨广真的做了这些肮脏事吗？

Q：对于太子杨勇的这封信，独孤皇后您想说些什么吗？

A：我想说的基本都在上面了，老大啊，你光怪母后偏心，你怎么不反省下自己不争气呢？你弟杨广，他虽然是个暴君，但好歹还是个演技派，最起码他是有政治野心和眼光的。

你呢？我和你父皇在这边高高兴兴地宣扬一夫一妻，你转头就纵容小妾害死正室；我们在这边玩了命地提倡朴素节俭，你却把宫室搞得那么奢侈；你父皇处罚了你，但凡你有点心眼，接下来的日子就该安分守己，可你呢，怨声载道，闹小脾气。

杨广即便是个垃圾，他还知道装上一装呢，你是连装都不装了，直接摆烂，还怪你父皇和我废你？

二号嘉宾·武则天

嘉宾资料卡： 武则天（624 — 705年），十四岁进入唐太宗后宫为才人，太宗去世后，入感业寺为尼。后复进宫，为唐高宗皇后。公元674年加号"天后"，与高宗并称"二圣"，自创字改名为"武曌"，寓意"日月当空照"。唐朝至武周时期政治家，中国历史上第一位也是唯一的女皇帝。在位期间，她改国号为"周"，定都洛阳。政治上，她打击门阀势力，发展科举，改革吏治，严惩贪官，同时知人善用，广开言路；军事上，她北定西域，南征吐蕃，维护了帝国的稳定和统一。公元705年，宰相张柬之等发动"神龙政变"，逼迫年迈病笃的武则天退位，拥立唐中宗复辟，恢复唐朝，为其上尊号"则天大圣皇帝"，驾崩后与高宗合葬于乾陵。

对，朕就是想自己当皇帝，你们有什么不满吗？

朕从入宫伊始走的就不是温顺贤良这个路数，很多人误以为朕缺少宫斗这项技术。记得唐太宗晚年喜欢养小动物，养了匹倔强宝马狮

子骢，却没有人能驯服。我在旁边看着，心想这群废物，太宗问我咋办，我说对待这种犟种你就得靠吓唬。

"妾能制之，然需三物，一铁鞭，二铁楇，三匕首。铁鞭击之不服，则以楇楇其首，又不服，则以匕首断其喉。"

太宗很惊异，从没见过我这么清新脱俗不做作的少女，我心想别说区区狮子骢，把这三样用在陛下你身上，你也得服。

从此以后，太宗就没怎么召过我，我怀疑他是年纪大了有点怕我。

转眼青春匆匆而过，唐太宗驾崩，我也被送进长安感业寺去念经拜佛。我知道太子李治心里很是爱我，给他父皇侍疾的时候就总是偷偷看我，但我俩隔着层辈分，我也没太指望这份感情能开花结果，可他宫里的王皇后看热闹不嫌事大，替我添了一把火。

我心里也清楚，王皇后热心拉拢我，实则为了和萧淑妃宫斗，大家都是"千年的狐狸"，别以为我不知道她那点小九九。就萧淑妃这种水平，我真的很好奇王皇后怎么斗了那么久，这才刚一进宫，我就帮她结束了这场战斗。反正对我来说，一切只是顺手。可王皇后你怎么会天真到以为我这样的角色，会替你当完工具人后拍拍屁股就走？

◎ 很快，我找到了自己新的人生目标，我想当皇后。

扳倒王皇后对我来说，简直是易如反掌，只需要一点点筹谋计划，甚至不怎么需要伪装。很快，唐高宗就发现了，这宫里哪个优秀女性才能在政治上和他旗鼓相当，于是他冲破重重阻碍立我为后，还把生杀大权和我一起分享，我当然不可能放过这么好的机会，开始疯狂进步成长。

咱摸着良心说，李治对我真的很好，好到我想给他唱一首《爱的供养》，可老天爷或许是嫉妒他天纵英才，非要拉着他提前退场。我纵使万般不舍吧，也想清楚了一个道理，他走之后，未来的路我只能

唐宋穿越攻略

023

自己一个人来闯。

我起初遵照唐高宗的旨意，老老实实立李显为帝，谁知道这小子偏听偏信他老丈人，实在是不争气。我就问他，这个皇帝你是不是不想继续做下去，那我就废你为庐陵王，彻底遂了你的心意。我转头又立了第四子李旦为帝，我也试过还政于他，但这个老四竟然没有半点接受的魄力。

我想好吧，那我就自己上。为了实现目标，我开始任用来俊臣这种酷吏，我虽然支持广开言路，但也不阻止有心人来告密。很快全国各地开始出现吉兆，我侄子说这全是催促我登基的天意，我欣然迁都洛阳，在那里当上了旷古第一女帝。

为了更好地大展身手，朕把国号由唐改为周，朕知道，要保证一个偌大帝国长治久安，从吏治到军事再到教育，哪方面都不能放手。在我的统治下，安西四镇安定，吐蕃分置十州，国家空前繁荣，突厥可汗来投。可总有那么些人，想把朕从通天宫赶走，天天喊着什么牝鸡司晨，什么窥窃神器，叫骂声不绝于口。

朕不仅不生气，还看出写檄文的绝对是个高手，仔细一打听，作者竟然是写"鹅鹅鹅"的骆宾王，朕马上喊来宰相，骂他这样优秀的人才朝廷竟然不收。朕也有点小爱好，晚年宠幸了几个漂亮面首，但这也不算什么大事，毕竟朕都当皇帝了，还不能享受享受？

晚年朕突发奇想，让人在合葬陵前立了块碑，碑上却没有刻字。后人对此众说纷纭，有的褒奖赞扬，也有的暗暗讽刺，其实朕想表达的无非是"任人评说"这四个字，如果非要往深了说，那朕就是这样一个让你们看不透的女子。

Q：对于中宗李显的这封信，陛下您想说些什么吗？

A：李显你委屈，你以为朕就不委屈吗？你知道朕把你从房陵接回来，又立为太子，是闹着玩的吗？当时朕没几年好活了，本来就是想把天下托付给你，谁知道那群人非要搞什么神龙政变，差点拆了朕的养老院，把我们母子搞得这么不体面，太过分了！别提你父皇了，你父皇要是知道你皇帝当成这个德行，也绝对会和朕站在一边。

三号嘉宾·刘娥

嘉宾资料卡: 刘娥,宋真宗赵恒的第三任皇后,本为蜀地孤女,后至京师,入三皇子赵恒王府。因身份卑贱,曾被宋太宗赶出,寄居在指挥使张耆府中。宋真宗继位后,受封美人、修仪、德妃。公元1012年,宋真宗力排众议,立刘娥为皇后。公元1022年,宋真宗驾崩,遗诏立皇太子赵祯为皇帝,尊皇后刘娥为皇太后,军国大事均需皇太后处置。刘娥临朝称制后,先是下令将祸乱朝纲的"天书"与真宗一同下葬,又铲除了奸臣丁谓、权臣曹利用,平息了朝中接连不断的党争,又下旨在成都设立"交子务",由官方发行了世界上第一种纸币交子。

皇后太后宣言:

大家好,我叫刘娥,来自隋唐之后的大宋王朝。

可能因为出身原因,和上面两位相比,我和我丈夫的爱情故事显得更加曲折。那天,我正和我的前夫龚美在汴梁街头唱小曲讨生活,谁曾想这个不争气的突然声泪俱下,当街说要卖了我,幸好指挥使张耆这时恰好路过,还劝我不要伤心,对待这种渣男最好早点摆脱,用不着恋恋不舍。

他把我介绍给了他的顶头上司赵恒,这个赵恒也就是后来的宋真宗,我和他一见钟情,坠入爱河也是意料之中。谁曾想这时候赵恒他爸爸宋太宗从天而降,骂我出身卑贱,将我赶出了赵恒的后宫,还逼

迫他娶了出身名门的潘氏女，我这好好的初恋转眼成了外室，只能寄居在张耆府中。

这个张指挥使因为赵恒的缘故，对我很是敬重，我不想继续做一个没文化的乡野女子，所以托他帮我找来许多书籍，昼夜读书，特别用功。转眼太宗驾崩，赵恒继承大统，他迫不及待地把我接回宫里，宫里人人都知道，有个蜀地来的唱大鼓的女子，近来特别受宠。我知道一个男人如果心里有你，那你压根不用去争，所以我做人特别低调，安分守己，对郭皇后也很是尊重。

对于我在宫中的表现，赵恒特别满意，转头就封我做了修仪，还总感叹我一个孤女，拿了那么多封赏都不能给家人送去。这天，他突发奇想，非让我认我前夫龚美为兄弟，还让他改姓为刘，派人给他送了一大堆好东西，我委实没懂这里面的逻辑，但想想好像也不是很重要，他无非是用尽各种办法，向我表达爱意。

郭皇后驾崩以后，赵恒就一直惦记着立我为后，可寇准那帮老臣却坚决反对，说我身份微贱，等级明显不够。但我也不是很着急，慢慢攒着等级，最终还是从皇后做到了太后，我牵着赵恒的继承人，未来的宋仁宗，用心思考着大宋朝未来的路，究竟该怎么走。

首先要取缔的，就是宋真宗在位时搞出的"天书运动"，那玩意儿在我们正常人眼里属实罪孽深重。一群人为了迎合真宗的好大喜功，耗费了大量的人力、财力，去搞什么劳什子"天降祥瑞"，还大兴土木，修建奢华至极的玉清昭应宫。

其实当时我也劝过真宗，别搞这种封建迷信，多用点心搞搞文治武功，可宋真宗却表示，我们这就是封建社会，当然要迷信！这我还能说什么？只能等他驾崩，再紧急叫停，避免更离谱的事情发生。

之后我又有了项大举措，那就是平息了贯穿整个宋朝历史的党争。我语重心长地和大臣们说：大家都是在为国家做事，现在皇帝年幼，尔等当然要齐心协力辅政。希望你们能少一点拉帮结派，多一点荣辱与共，尽心竭力工作少不了你们的年终分红，本后垂帘听政以来，只办一件事——公平，公平，还是公平！

其实我也知道，宋仁宗这个小皇帝表面上对我特别尊敬，背地里却视我为肉中刺眼中钉，其实我也考虑过要不要直接做掉他，效仿武则天，在大宋朝也搞一个所谓的"日月当空"。帝王衮服我都准备好了，可是看着孩子那清澈的眼神，我又有点动容，一来是看品相他还像个明君，与庸懦的李显大不相同；二来呢，他爹对我太好了，做这事属实有一点对不起真宗。

于是我放弃了取而代之的初衷，将衮服上的十二纹章减去了两章，还省去了帝王的佩剑，堂堂正正地去祭奠赵恒那些老祖宗。我告诉他们，我刘娥没有辜负赵恒的嘱托，接下来，我会还政于君，自己退回到后宫。这是我自己的觉悟，可笑前朝那些大臣，还以为我没有谋朝篡位，是仰赖他们的救护之功。

其实我和宋仁宗之间，始终有个疙瘩，那就是他名义上虽然是我生的，但我并不是他的亲妈。当年我身边的侍女小李，被临幸后偷偷生下了他。因为我进宫多年没有生育，宋真宗就让我以亲生母亲的名义代她养娃。在我去世之后，这事还是暴露了，宋仁宗伤心欲绝，和李氏终生没能相见，成了他心头的一块疤。

他派兵包围了刘氏亲眷的宅邸，还亲自去李氏灵柩所在的寺庙探察。满朝大臣都在外面围着，想我在世的时候，这群人就天天盼着我黑化，现在找着机会指责我了，可不是要积极地随时准备开骂。

只可惜太后娘娘我技高一筹，棋高一着，早就想好了解决的办法。

其实我和李氏的关系和他们想的不一样，一点也不差，不仅情同姐妹，还常常一起喝茶。在她去世后，我以皇太后的冠服给她下葬，还用上了当时最先进的保鲜办法。结果就是宋仁宗在棺椁前看到的尸体长年不腐，面色如生，他也只能感叹："自今大娘娘平生分明矣！"

从此，我的一笔黑历史也变成了佳话。

Q：仁宗皇帝信中说的，希望能多吃一口螃蟹，是什么事？您能回忆起来吗？

A：哎！这么多年了，他还记着这口吃的呢。他刚刚即位的时候，虽然贵为天子，但从年纪上看，也不过是个十三岁的少年。他父皇临终将他托付给我，希望我能将他辅佐成一代明君。我身上责任重大，对他的管教就严了些，平时这也不许他吃，那也不许他做的。正好孩子尚在叛逆期，心里肯定有些不痛快。

他自幼就苦于风痰之症，久治不愈，又喜欢吃虾蟹海鲜这些发物，病不是更好不了了？我禁止他吃这些，难道是在害他吗？可我的好姐妹杨淑妃的育儿思路却和我大相径庭，一点都不理性，经常藏着螃蟹偷偷给仁宗吃，还劝我大可不必这么虐待我们的儿子！

唉，我的傻姐妹！岂不闻慈母多败儿，惯子如杀子，我要不这么严格，他能成为大宋朝最自律克己的皇帝？

4.3 穿唐还是穿宋，这是一个问题

相信很多朋友看到这里，早已迫不及待地背起了自己的小背包，准备去唐宋邂逅帅哥秦琼、燕青，再扮上当时的"时世妆"，去跟心中的偶像武则天、刘娥做姐妹。这都好说，毕竟我们"嗨起来时空旅行社"的宗旨，就是为你提供最全面的穿越资讯，让你拥有最完美的旅行体验。

但嗨君在这里很遗憾地提醒你，作为一名卑微的打工人，你的年假可只有这几天。这就意味着，是去万国来朝的盛世大唐，还是去雅致宜居的北宋汴梁？你必须在这之间做出艰难抉择。

先别急着掷骰子！让我们分别来看看，这两个"穿越排行榜"上人气最高的朝代，都有哪些好？穿越前要做哪些准备？它们在衣食住行方方面面，是不是足够合你的口味？

把攻略做明白了，你再拍板也不迟。

一、最佳着陆点

按照程序，开启穿越之旅前，你要先填一张表。

看着表格第一栏的"穿越年份"，你陷入了沉思。已知唐朝享国二百八十九年，宋朝存在三百一十九年，算上武则天，合起来总共有三十九位皇帝，落在哪一位统治的时期，才能保证咱们安全地穿越过去，再全须全尾地穿越回来？

在着陆点的选择上，可不能不慎重。

这里我们向你推荐几份不会出错的典藏套餐：唐朝路线，首选"贞观之治"和"开元盛世"；宋朝路线，我向你强烈推荐宋仁宗统治时期，这几个时段的客户好评率都在99%以上，用户体验出奇的一致。

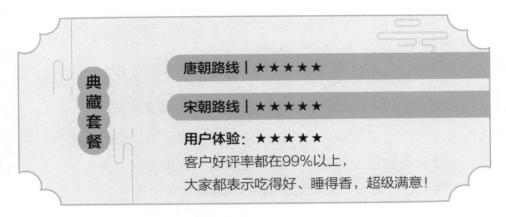

典藏套餐

唐朝路线｜★★★★★

宋朝路线｜★★★★★

用户体验：★★★★★
客户好评率都在99%以上，
大家都表示吃得好、睡得香，超级满意！

TOP1 唐朝路线：贞观之治路线

首先，秦王李世民的粉丝看过来，偶像统治的时期，怎么能错过？

"贞观"是唐太宗在位时期的年号，取自《易经》，意为"天地之道，贞观者也"，格局一下子就拔上去了，所以这段时间的治国理念，也非常的大气。

对内朝廷采取三省六部分权的制度，你穿越过来基本遇不到那种把持朝政的大奸大恶，君王选贤任能，从善如流，朝臣之间也非常友好，大家上朝都有地方坐，有事大家一起商量，有困难也共同解决，时不时还能一起聚餐吃个饭，聊聊家常八卦；对外开疆拓土，国家版图空前辽阔，打完突厥揍西域，在外无对手，四夷称臣。圣天子也不再把少数民族当成蛮夷，"王者视四海如一家，封域之内，皆朕赤子"，不仅允许他们入境经商，还欢迎外国学子来唐做交换生，一句话总结，就是"朋友来了有好酒，豺狼来了有猎枪"。

最重要的是，贞观年间的百姓，活得非常有安全感。《资治通鉴》记载："贞观四年，天下大稔，流散者咸归乡里，米斗不过三四钱，终岁断死刑才二十九人。东至于海，南极五岭，皆外户不闭，行旅不赍粮，取给于道路焉。"物价低，刑罚宽，吃得饱，穿得暖，这么宜居的时代到哪找去？

TOP2 唐朝路线：开元盛世路线

想围观杨贵妃美貌的往这边走！开元年间，杨玉环还是个豆蔻少女，她生活的盛唐，正在她未来夫君的治理下，走向鼎盛。

其实夹在这两个盛世之间的武周也很不错，只是站起队来有点危险，不建议无脑穿，但我们不能否定武则天大帝的实力和业绩，毕竟底子打得好，才有开元年间大唐的再度崛起。

武则天之后，皇位又传回了唐中宗李显的手里，正当大家都在感叹大唐命硬，走到死胡同了还能峰回路转活过来时，国家就又开始半死不活了。

不为别的，只因李显家的媳妇和女儿鸡血打多了，都想当"武则天2.0"，可她们空有野心，却没啥政治眼光，只顾着架空哄骗李显，把朝廷搅得乱成一锅粥。

而唐玄宗李隆基做的，就是关掉了煤气罐，倒掉了这锅馊掉的粥，又给自己亲爹煮了一锅新的，端到龙椅前说："爸爸，请喝。"

注意，他在做这些事的时候，还只是平王，不是太子——太子是他的长兄李宪。李宪看着刚刚被捧上皇位的父皇，和全权负责捧的三弟李隆基，他能说啥？他还敢说啥？他只能讲，三郎①，虽然哥哥本名叫"成器"，但远比不上你成器，这个储君还是你来做，哥哥我哪凉快哪待着去。

于是李隆基在没有同室操戈的情况下，光明正大地坐上了本不属

---

① 三郎：李隆基为唐睿宗李旦的第三子，故又称"三郎"。

于他的皇位，紧接着马不停蹄地缔造了一个盛世，那便是我们前面提到的"开元盛世"。

咱们常说："条条大路通罗马，可有的人就生在罗马。"在当时的人看来，出生在大唐就是这种感觉，体面，富贵，踏实。"忆昔开元全盛日，小邑犹藏万家室。稻米流脂粟米白，公私仓廪俱丰实。"就是盛唐最好的写照，唐玄宗接连任用姚崇、宋璟、张说、张九龄等四位贤相，对朝堂吏治进行了系统的革新，同时发展农耕，兴修水利，老百姓饭吃饱了，国家也就安定下来了，国家安定强大，自然声威远播，万国来朝。

开元时期，大唐的国土面积已经达到了一千多万平方千米。各国商旅汇聚长安，操着生涩官话的留学生们在礼宾处准备应试，真正做到了"全世界都在说中国话"。

不仅如此，开元年间的文化事业，也堪称发展空前，光泰斗级别的诗人就有李白、杜甫、王维、孟浩然、岑参、高适、王昌龄……在这个文豪井喷的时代，不留下几首传世作品，实在不好意思自我吹嘘。更有"一舞剑器动四方"的公孙大娘，"穷丹青之妙"的吴道子以及唐玄宗亲自搭起的皇家戏班子"梨园"，他们如一朵朵奇葩，争相在开元时期绽放。

这样一段梦幻泡影般的岁月，来得匆匆，去也匆匆，好像就是为了供人凭吊怀念而存在的，也难怪"诗圣"杜甫会用这段回忆治愈余生了。

TOP3 宋朝路线：仁宗盛治

和盛唐比起来，宋朝显得稍微有一点点憋屈，不仅没能做到万国来朝，时不时还得和辽、西夏打几架——通常还打不过，只能以议和为结局。

宋仁宗他老爹宋真宗在位期间，也曾御驾亲征，与辽血战了一

唐宋穿越攻略

035

番。虽然最终和辽军战了个五五开，甚至还略占优势，但出于领土与和平考虑，大宋依旧与辽签下"澶渊之盟"，结为兄弟，每年向辽提供银十万两、绢二十万匹的"军旅之费"。

这事说起来虽有点憋屈，但也不是完全没有好处，至少对于双方老百姓来说，休战绝对是好事。"金钱换和平"的二十五年间，边境"生育繁息，牛羊被野，戴白之人，不识干戈"，也间接缔造了一个繁荣的盛世。

这里我们还要感谢刘娥女士，不仅稳稳地接住了丈夫宋真宗留下的家业，还为大宋朝培养出了一个宽仁律己的"绝对优等生"——宋仁宗。与其他皇帝唯我独尊的姿态不同，宋仁宗从即位的那天起，就生怕自己当不好这个皇帝，科考场上士子间互相竞争，皇宫里他是自己卷自己，稍有一点不符合《古代完美帝王规范》了，他都要自我检讨，深感惭愧，三天三夜睡不好觉。

包拯当廷骂他，唾沫都飞到脸上了，他忍着；苏轼的弟弟苏辙身为新科士子，写长文历数他的错处，他也忍着，转头还要表彰苏辙直言善谏，勇气可嘉；就连吃饭的时候嚼到沙子，后槽牙被硌得生疼，他依旧忍着，因为他知道，这事一旦说出去，服侍自己的宫人就会被处以死罪。

"委屈自己，成全天下"是宋仁宗为君的宗旨。

"圣明有道唐虞世，日月无私天地春。"是苏轼写给宋仁宗的颂词。

在他身上，你能明显地感觉到，天子也是公务员，原来当皇帝竟然这么不容易。他去世时，"京师罢市巷哭，数日不绝，虽乞丐与小儿，皆焚纸钱哭于大内之前"。弥漫的纸灰将天日都遮蔽了。宋朝时期，臣民将皇帝称为"官家"，后人评价这位守成之君，说他"百事不会，只会做官家"——这里还要拉踩一句宋徽宗，"宋徽宗诸事皆能，独不能为君耳"。

宋仁宗时期，全国的人口达到了1246万户，要知道即便是大唐最鼎盛的开元年间，总人口也不过800多万户。在仁宗的治理下，宋朝的政治、经济、文化、科技都达到了全盛，朝堂上有范仲淹、韩琦、欧阳修、司马光、王安石等治世之材，江湖间有苏轼、柳永、曾巩等文坛巨匠，四大发明有三项出自宋朝，而这三大发明都是在宋仁宗时期，得到了广泛应用。最关键的是，百姓生活富足，市井小吃遍地，娱乐活动也相当丰富！

不管你是为了打卡还是享受生活，政治清明、经济繁荣的宋仁宗时期都不可错过！

二、交通工具选择

有朋友举手说，这个您不用讲，我都穿越到古代去了，当然要过一过骑马坐轿子的瘾，宋词里不是写了"骑马踏红尘，长安重到，人面依似当年好"吗？什么青骢骏马、汗血宝马都给我安排上，咱们兜里不差钱。

这……只能说办不到。

首先，马在宋朝不是一般的稀罕，什么劳斯莱斯幻影和宋朝的马比起来，那都只能称之为"实用代步工具"。回想起来，上一个这么"缺马"的时代还是在汉朝初年，当时社会经济环境整体不好，皇帝出门都凑不齐四匹毛色一样的马，宋朝也就比汉初好那么一丁点儿。

你说，这不对啊，您刚才不是说了宋朝超级富有，市民经济空前繁荣，要不是因为这个，我也不想来。

但咱首先要认清一件事，就是并非所有事情都能用钱解决的。再回想一下，汉朝是从什么时候结束"马荒"的？没错，汉武帝时期，

因为当时卫青和霍去病很能打，收复了河套平原，汉人有了大片丰沃的草场，才能大量繁育良马，将马匹输送到全国各地。除了河套平原外，陕西地区和河北那一片也适合养马。

可宋朝尴尬就尴尬在，这三大马匹的繁育区它是一个也没占上，到南宋时期，更是把整个北方都丢了，你让它在哪牧马？苏州园林还是热带雨林？

最重要的是，马在当时不仅是交通工具，还是战斗工具，马匹的多少直接决定了骑兵的数量。所以举国的马匹基本都用来打仗了，就这还不够用呢，朝廷三天两头就要去民间"强制征马"，你养了马不交出去就是对国不忠，万一哪个好事的去趟衙门："草民要告发×××私藏马匹"，你全家都得进监狱住几天，破财消灾是少不了的。

你叹了口气，那就坐轿子吧，新鲜，舒服。

抱歉……也有点难。如果你去的是南宋，还有点可能；在北宋，想都不要想。

众所周知，古代封建社会等级秩序森严，早晨上班的时候，如果五品官和三品官遇上了，那五品官的车肯定是要缩到小巷里让位的。北宋时期，王安石、程颐等上流士大夫间流传着一句口号，叫作"不以人代畜"，说拉车载人那是畜生做的活儿，我大宋是人本社会，做不出这么不文明的事，所以官员再权势滔天也不坐轿子。他们都不坐，底下那些小官就更不敢坐，更不用说乡绅富商，所以轿子在北宋很少见。

最实用的交通工具

| 滴滴打驴 | ★★★★★ | 共享单驴 | ★★★★★ | 异地还驴 | ★★★★★ |

你哭丧个脸，说这可怎么办，总不能让我靠11路游大宋吧？你别急，没马不是还有驴吗？据说大宋的开国皇帝赵匡胤就是骑驴投军，

最后"黄袍加身"、君临天下的。作为宋朝最实用的交通工具，驴有着"底盘低、低耗粮、续航久"三大优点，上到公卿下到娼妓都可以骑乘，在当时，甚至还有"滴滴打驴""共享单驴"和"异地还驴"等贴心服务，旅客朋友们可以尝试一下。

你不要觉得骑驴没面子。陆游怎么样？是个大名人吧，家境也比较殷实，但出门远行，人家也是"细雨骑驴出剑门"，细细一品，是不是也很潇洒有气质？

执着于骑马的旅客，你可以选择唐朝路线。唐朝虽然比宋朝要早上那么几百年，但唐朝的人均养马数量，可比宋朝要多得多。就像现在常把"有房有车"作为小康家庭的评判标准，在唐朝，你家如果没有一匹健壮漂亮的良马，你都不好意思和同事一起出门郊游；如果一个成年男子出门不骑马，而选择坐轿，就很容易被人指指点点："瞧瞧这人，脸色蜡黄，马都上不去了，估计是体虚，得赶紧补起来！"

唐朝人为什么这么喜欢骑马，这事还得从当时的皇族老李家说起。

咱们知道，唐朝创始人李渊的母亲独孤氏就是鲜卑人，他们一家原本是北朝的世袭大贵族，也就是说，李渊身上至少有二分之一的游牧民族血统。所以这家人不光建立大唐前战斗力爆表，即使长安定鼎，到了清平盛世，骑马狩猎的血液也依旧在他们身体里沸腾。

与宋人重文轻武的风潮不同，唐人尚武，到了唐玄宗后期甚至有些"穷兵黩武"，即便是拿笔杆的读书人，也无不向往策马扬鞭，建功疆场。没仗可打的日子里，朝廷每年也会定期开展狩猎活动，佩雕弓，穿胡服，大队人马浩浩荡荡奔猎场而去。

但和汉初一样，刚刚结束了混乱的大唐也没那么多马，往多说也只有几千匹，只能用来打打仗，士庶根本骑不起。撸马爱好者李世民一看，这还得了？遂率领大军振臂一呼：

"不用急，本王把骏马的价格给大家打下来！"

这个"打"，不是嘴上痛快，是真刀真枪地打。

唐武德元年（618年）冬，秦王李世民与割据陇一方的薛举大战于泾州，将丰沃的陇右牧场纳入了大唐的版图，至此唐朝人便开始撒了欢地养马。贞观至麟德四十年间，官方记录的马匹数量已猛增到七十万六千匹。加上唐朝时，西域各部来朝，贸易往来频繁，外国商人们想购买唐朝的丝绸特产，往往就用宝马来交换。

马匹供应量上去了，价格紧跟着就下来了。如果你是大户人家，尽可以豪掷一笔，买几匹五花马来彰显身份；但如果你只是个普通公务员，想买匹上下班的代步工具，花上点小钱，也可以拥有一匹吃得少跑得稳的"节能型"坐骑。

李白诗云："五花马，千金裘，呼儿将出换美酒。"

这也就是在马匹遍地的大唐，要是换到宋朝去，他敢这么搞？

为了养好这些马，大唐还专门制定了管理马匹的法律《厩库律》，官方的养马机构太仆寺，光是兽医就有八百多名，政府也鼓励民间养马。在出土的唐三彩文物中，我们仍能看到许多色彩鲜艳、膘肥体壮的骏马形象。继位之后的唐太宗李世民因为太爱自己的马儿们，不光给它们取了"飒露紫""白蹄乌"这样响亮的名字，甚至还请能工巧匠为这六匹各具特色的宝马刻制浮雕石像，装饰在自己陵寝的北门，这便是历史上赫赫有名的"昭陵六骏"。

大唐民风开放，不仅男子能骑马，在《虢国夫人游春图》中就生动描绘了宫廷美人们驭马的英姿，所以想穿越到唐朝的姐妹们可以安心了，至少骑马这个项目在当时是不存在性别歧视的。因为唐人太爱骑马，甚至催生出了"马球"这一户外运动。"追逐轻薄伴，闲游不著绯。长拢出猎马，数换打球衣。""球员"们骑着自家精选出的骏马，手中高举着和今天"高尔夫球"几乎同款的球杆，在球场上奔腾竞技，打到兴头上，天黑也不休战，"燃十围之烛以击球，一烛费钱数万"，是名副其实的奢侈运动。

听到这，许多小伙伴就要扼腕叹息了，兴盛于唐朝的马球运动，难道到了缺马的宋朝，就失传了？

这可难不住机智的中国人，宋朝人看看自己憨厚可爱的坐骑。

没有马，那就打驴球喽！

三、绕不过的"金钱关"

交通工具解决了，接下来就要考虑旅行的另外两个重要因素——花钱和认路。

要保证"逛吃"的质量，咱们旅行资金一定要准备够，毕竟你还要畅游《清明上河图》取景地，在东市西市买买买，囊中羞涩可不成。

但是在中国古代，你要面对的却不仅是腰包鼓不鼓这一个问题。假如把时间轴往前调调，回到隋朝初年，你走在市场上会惊讶地发现，大家手里的钱怎么都长得不一样？

一问才知道，百姓们手里拿的，有的是北周的"五行大布"，有的是南朝陈的"太货六铢"，还有北齐的"常平五铢"。一个老汉从口袋里翻了翻，甚至找到了一枚刘宋时期的旧钱，这些货币在当时都能使用。这就好比人民币、美元、英镑、日元同时在你家门口的菜市场流通，别说政府头疼，就连买菜大妈都搞不明白，每个茄子用各种货币计量，分别价值多少？

隋文帝当然不可能允许一个大一统王朝存在这种经济问题，于是他在自己登基的第一年，就铸造了隋钱币"开皇五铢"。后来隋炀帝

唐宋穿越攻略

在杭州开炉铸钱，铸造的钱币中加入了"锡"这种物质，放时间久了会逐渐发白，因此也称为"五铢白钱"。"白"这个颜色在中国传统中，并不是很吉利的颜色，但很快，人们在这枚铜钱里发现了更晦气的秘密。

隋朝"五"的写法和现在不一样，类似于上下两个三角形拼成，看起来就像个沙漏的形状。我们都知道，铜钱外圆内方，这个"沙漏"，恰好与"内方"其中一条竖线紧挨着，合在一起就组成了一个"凶"字。

隋末的老百姓也发现了这一点，每次拿出钱都会在心里念叨一句，大凶之兆，隋朝这是要完啊！

❄ 隋炀帝天天被这么诅咒，果然最终被缢死于自己的丹阳宫。

唐朝统治者发现了这一点，决心取缔隋五铢钱，同时避开"凶钱"的雷。这次他们铸造的钱币相当精巧可爱，统一径八分，重二铢四絫，积十文重一两，上面四个钱文，乃是由大书法家欧阳询书写，选择的都是"大吉"的字眼，名为"开元通宝"，旋读亦通，为"开通元宝"。

这种在唐初铸造的钱币，不仅形制合理，质量有保障，从外观来看也开阔大气，体现了大唐格调，因此深受百姓喜爱，不单单为后世定下了铸钱标准，更影响到了日本、朝鲜等海外国家。甚至直到今天，"开元通宝"仍作为一种辟邪、旺财的古董，被人们精心收藏着。

如果你要去唐朝玩几天，不妨多换一些"开元通宝"随身携带着，就好比有锦鲤傍身，一顺百顺。

说完了唐朝，我们再来看看宋朝的钱。

宋朝时期，不仅有铜铸的元宝钱币，还出现了世界上最早的纸币。

上面我们说了，在宋朝，普通百姓也可以很有钱，但钱多了，怎么携带就成了问题。北宋年间，一两银子可兑换800～1000枚铜钱，这么算下来，想出手炫个富，首先你需要随身携带一辆拉钱币的车，这对商人和远行者来说，显然太不方便。于是成都地区率先出现了商人

唐宋穿越攻略

自由发行的"交子"，与现代纸币的性质还不大一样，更像是今天的支票。

宋仁宗年间刘娥掌权时期，朝廷专门设立了"交子务"，由官方统一刊印交子，严格监管，杜绝假冒伪劣，大家尽可以放心兑换取用！

唐宋穿越不易，攻略时时谨记。

读了这几节的内容，想必各位对隋、唐、宋这三大王朝都有了更加深入的了解，也对本次穿越之旅的目的地有了更加明确的选择，接下来是去见证贞观之治？还是去围观仁宗盛世？需要的盘缠和交通工具都准备齐全了吗？都要去哪些知名景点打卡？

为保万无一失，本堂课我们就来最后回顾一下，这些穿越前必背的重要知识点。

要聊唐宋历史，"山寨"是避不开的关键词。

本章一开始，嗨君就向大家介绍了两个名声响亮，且与历史息息相关的山寨，它们都由一群有勇有谋的英雄人物组建，又都被写进了民间的传奇小说里，请大声喊出它们的名字——

对喽，正是隋末的瓦岗寨。

隋朝末年，好大喜功的隋炀帝向南兴修大运河，向北三征高句丽。他自负聪明，想要做出一番震古烁今的大事业，却搞得举国上下人口锐减，民生凋敝，百姓怨声载道。后人评价他："磬南山之竹，书罪无穷；决东海之波，流恶难尽。"但鉴于大运河的功用和历史意义逐渐显现出来，也有不少后人为隋炀帝"平反"，认为他此举虽在当时饱受非议，却"利在千秋"，甚至将其与大禹治水的功业相提并论。

是非功过难凭只言片语定论，但有一点是可以确定的，那便是这些劳民伤财的举措让隋炀帝大失民心，繁重的徭役逼着无数百姓揭竿而起，而瓦岗寨就是当时最有势力的一支。

瓦岗寨的第一任领导翟让本为东郡功曹，因犯法逃入瓦岗寨，

唐宋穿越攻略

他聚集起单雄信、徐世勣等一批英勇少年，剽行舟、掠商旅，落草为寇，劫富济贫，积累了丰富的资用，因此吸引越来越多的人前来投奔，很快，依附瓦岗寨的徒众达到一万多人。

但经过几次与隋朝的正面对抗后，翟让决定将首领的位置"禅让"给出身贵族、更具政治眼光的李密，可他未曾想到，此举竟会为自己引来杀身之祸。在瓦岗寨新旧势力的争斗过程中，翟让惨遭李密等人杀害，瓦岗军彻底易主。但李密的位置也没能坐多久，翟让死后，瓦岗寨内部陷入混乱，最终败给了当时的另一位枭雄王世充，势力在一夕之间土崩瓦解。

这场围绕着争权夺利的内讧至今仍为后人所不齿，因此老话常说："宁学桃园三结义，不学瓦岗一炉香。"

瓦岗寨虽然最终分崩离析，却为唐王朝的建立提供了诸多的人才，这些瓦岗出身的豪杰也大多在唐朝封侯拜将，得以善终。

在唐宋史书中熠熠闪光的，不单单有这群英雄儿郎，提起当时的杰出女性，可真称得上一句"巾帼不让须眉"。

隋朝独孤皇后十四岁嫁给隋文帝杨坚，跟随他一路出生入死，她眼光长远，胸怀大志，对隋朝的建立功不可没，一句"大势已然，骑兽之势，必不得下！"推动了丈夫称帝的进程，与杨坚并称为"二圣"。虽因废黜太子杨勇、扶持隋炀帝杨广一事，饱受后世非议，但她对隋朝的贡献是不可磨灭的，她也是历史上少有的与皇帝践行"一夫一妻制"的皇后，性格强势，个性十足，连隋文帝都要敬畏她三分。

唐朝的武则天更是女性中的强者。作为中国历史上唯一的女皇帝，她退能宫斗辅政，进能改朝换代，涤荡寰宇，是一位名副其实的伟大政治家。从唐太宗的才人，到唐高宗的昭仪，再到与皇帝一同临朝的"天后"，直至最终建立武周，洛阳称帝，武则天一路走来，靠着自身的努力不断逆天改命。登基后，她发展科举，改革吏治，明察善断，知人善用，成就丝毫不逊于历史上的其他男性皇帝。即便后来唐中宗复辟，唐朝恢复，也无人能抹杀她在位时的光辉，史册注定有一页帝王书为她而留。

北宋时期，同样极具政治才能的刘娥则做出了另一种选择。一方面，她临朝称制，把控朝局，同时，她也严厉地教导小皇帝赵祯，即后来的宋仁宗，将其培养成为一位能够继承自己事业的仁德帝王，而后她功成身退，还政于君，与深爱自己的宋真宗同葬永定陵。她虽非宋仁宗亲生母亲，却也并非戏文《狸猫换太子》中的恶女，她善待厚葬李宸妃，忍辱负重地扶持仁宗，在称帝的诱惑前仍能守住本心，可谓无愧于天地良心。

随后，嗨君又向大家推荐了几个最适合穿越的"着陆点"，它们分别是唐太宗统治的贞观时期、唐玄宗所在的开元盛世和宋仁宗治下的仁宗盛治。读过正文您就知道，这三个时期各有各的好，如何选择全凭你的取向喜好。

只是还有几个细节，这里嗨君再叮嘱一遍，你可一定要记牢：交通工具选择上，宋朝骑驴，唐朝策马，携带的钱币你首选"开元通宝"，隋炀帝的"五铢白钱"凶煞晦气你千万别碰，如果经济情况允许的话，你到了宋朝，也可以随身携带几张大面额的"交子"银票。

不过唐朝时可是有严格的"夜禁"制度的，天一黑你就别在外面乱窜了，小心被抓起来，遣送回时空管理局，那可就麻烦了！

第五章

盛世定居指南

大唐或大宋，都是盛世都好玩，定居可以闭眼选。冰酪醉蟹吃不够，古典潮服穿不完。写诗听曲考科举，最后别忘了到州桥夜市转一转……

5.1 胡饼冰酪大闸蟹，是谁馋了我不说

上一章，我们主要向大家介绍了唐宋时期几个宜居的盛世，以及一些基本的出行须知……有游客朋友看着看着就坐不住了，说你这攻略做得也忒不全了些，难道你以为我们大老远跑到千年以前去，光是为了打卡看风景的吗？"美食"的事，你是一个字也不提啊！

咱都是务实的穿越者，一个朝代要是饭不好吃，GDP再高，也和鄙人没有关系！

了解了解，你先别急，唐宋两朝的美食，就像它们的华服一样，哪是只言片语就能交代清楚的？所以今天嗨君将美食单独列了一个版块，你细细看，慢慢品，而后再决定去哪个朝代大快朵颐，可好？

唐朝A套餐

- 胡　饼——香酥诱人又管饱
- 酪樱桃——古早水果绵绵冰
- 切　脍——大唐"毒药"，生鲜上瘾
- 羊　汤——羊羊那么可爱，炖汤一定很鲜美

🌙 胡饼——胡麻饼样学京都,面脆油香新出炉

站在长安的街头,你本想找点花样稀罕的美食吃吃,想不到还没走到饭馆,就被街边新烤好的胡饼勾去了魂儿。不同于当时盛行的蒸制面食,炉中烤出来的胡饼表皮酥脆,面香扑鼻,和在面中的髓脂和蜜被恰到好处的火候烘得焦香,咬上一口,薄薄的外皮在齿间碎开,细细的熟芝麻口齿留香,越嚼越能品出饼中的甜味,不由得让人感叹碳水的快乐,吃完一个还想再来一个!

其实"胡饼"这种主食,传入中原已久,只不过在唐朝又再度"火"起来。《太平御览》记载,喜好裸奔的汉灵帝的心头好就是胡饼,他不仅自己爱吃,还带起了京师的老百姓爆买胡饼的风潮。北魏的《齐民要术》中也曾详细记载胡饼的做法,并交代这种饼可以存放很久,是居家旅行必备的干粮。到唐朝时,市井大厨对胡饼进行了进一步改良,在胡饼的一层层面皮中夹入了剁碎的羊肉馅,又用胡椒、豆豉、油酥调味,将这种升级版的胡饼称为"古楼子",想必味道和今日的羊肉锅盔差不多,唐朝的百姓有口福了。

白居易的好友杨万州就是个忠实的胡饼爱好者。老白吃饼不忘好朋友,在忠州做官时,还特地买上一份当地的胡麻饼,随诗一起寄给杨万州,告诉他这里的胡麻饼是一比一照着京都复刻的,请饥肠辘辘的馋大使帮自己尝尝,这和长安辅兴坊相的比起来味道如何。

武则天时期有个叫张衡之的四品官,只因为在路边贪吃一口胡饼,被考察仪容的御史撞了个正着,隔天就被弹劾"丢失官威",最终惨遭"流外出身,不许入三品"的严厉惩罚,这就完完全全是无妄之灾了。当时的御史不知道,六十多年后,他们的玄宗皇帝因安史之乱逃入蜀中,也得靠着不起眼的胡饼充饥,这时候,就谈不上什么威严不威严的了。

你把这个胡麻饼和我写的诗一并带给杨万州，问问他这胡麻饼和长安的比起来，味道怎么样？

酪樱桃——拨醅争绿醑，卧酪待朱樱

沉迷于胡饼美味的你连吃了三大个，忽然喉咙一噎，满脸通红，随机抓住一个路人，艰难地问道："劳驾，请问……有没有一点点？"路人挠头，不明白你要的"一点点"是什么，又看你这副被胡饼噎住的模样，瞬间了悟，一把将你拉到旁边的"饮子铺"去，为你点上一份清凉生津的竹沥饮子，请你喝下去。

你狼狈地喝了一大杯，顿觉浑身舒爽，可细细一回味，这东西似乎不是那么甜美，略带苦涩，还有几分似曾相识的感觉——你一拍大腿，这不是广东孩子的噩梦——凉茶吗？

虽然这两者不能画等号，但在成分做法上，还真差不多。饮子是唐朝时期一种用果品、香料、药材熬制成的饮料，可以呷饮代茶，也可以冷服，有一定养生保健的用处，但并不能真正代替药物。在大唐的饮子铺里，除了刚才喝的竹沥饮子外，你还能找到杏仁饮子、芦根饮子、人参饮子等，品种不比今天的奶茶少。

你点点头，明白喝这东西很有好处，可你还是更想吃点正常的甜品，譬如那种果味的、奶香的，最好还凉丝丝的。热情的路人一招手道："现在正是樱桃成熟的季节，跟我回家去吃酪樱桃吧！"

就像这种甜品的名字一样，"酪樱桃"由樱桃和鲜乳酪两部分组成。将樱桃数颗去核，再在上面绕圈浇上雪白的乳酪，送去冰窖急冻，吃的时候还要用鲜花点缀，别提多有情调了。你不觉肃然起敬，这位路人朋友想必是大唐的达官贵人，家里又是樱桃，又是冰窖的，这可不是普通家庭能消费得起的。

唐朝时期，樱桃的地位非常之高，远高过今天的"车厘子"。每年收获的第一批新鲜樱桃，须等皇帝、贵妃尝过之后，再专门设宴邀群臣共享，名为"樱桃宴"。当时的皇帝还会钦赐樱桃给新科进士或赏识的臣子，更为樱桃赋予了一层不是红宝石胜似红宝石的额外价值。"诗佛"王维和"诗圣"杜甫都曾领此殊荣，杜甫领了樱桃出门时，还是高举着倒着走的，一边走一边流眼泪，"忆昨赐沾门下省，退朝擎出大明宫"。

吃老李家一点樱桃，可真不容易！

吃老李家一点樱桃，真是不容易呀！

切脍——呼儿拂几霜刃挥，红肌花落白雪霏

吃饱喝足，你又想尝点新鲜的吃食，路人兄一拍大腿，拉着你说晚上别走了，正好他老丈人新钓了一条活蹦乱跳的大鲈鱼，晚上他亲自下厨料理，做一道连隋炀帝都赞不绝口的"金齑玉脍"。

你赶忙推辞，难以置信地说老兄您都啥身份了，家里有冰窖的人物，还用得着亲自下厨？路人兄说，这你就不懂了，在我们大唐，吃鱼脍那可是一件美事！能亲手将一条活鱼"斫"成薄如纸、白如雪的"生鱼片"，可不仅仅是一门手艺，更是一项高雅艺术。

北魏《齐民要术》中记载，切脍的讲究从动刀前就开始了。"切脍人，虽讫，亦不得洗手；洗手则脍醒。"要吃完之后，才能去洗手。所以当你看到路人兄上来就开始制作鱼脍时，可别在心里嘀咕唐朝人不讲卫生。在这里，不洗手是为了最好地保证切脍的口感，不使鱼肉产生腥味。

而所谓"金齑玉鲙"，传说是隋炀帝时流传下来的美食，《大业拾遗记》中详细记载了切脍的做法：取一条三尺以下的鲈鱼，用布裹好沥干水分，放置在盘内，再取香柔花的花穗和花叶，与鱼肉一起相间着切成细丝，佐以蒜、姜、盐、白梅、橘皮、熟栗子肉、粳米饭七种配料，即所谓的"金齑"，一同食用。霜后的鲈鱼肉白如雪，切成纤薄的细丝后完全吃不出腥味，入口品味到的只有鲜鱼滑嫩弹牙的口感，加上搭配完美的佐料，令人回味无穷。"良人玉勒乘骢马，侍女金盘脍鲤鱼。"唐朝人的优雅生活，离不开鲜美的鱼脍。

说到这，路人兄还不忘提醒你，鱼脍虽美，可不能多吃！未经高温处理的生鱼中，还残存着不少未被杀死的寄生虫，三国时期有个叫陈登的才子，就因为吃多了生鱼片……细节咱就不说了，可以去自行搜索，免得你接下来吃不下别的美食了。

☕ 羊汤——烹羊宰牛且为乐，会须一饮三百杯

看到"羊汤"，你立马就不服气了，唐朝人凭啥那么爱吃羊肉，难道是我最爱的牛肉不配吗？

非也非也，不是不想吃，实在是不敢啊。和作为战斗力爆表的马一样，在古代农耕社会，牛类除了被做成水煮牛肉外，还担当着更神圣的职责，那就是耕地。你吃一头我吃一头，荒废的地无牛来耕，长此以往是不是要动摇国家根本？

因此唐太宗李世民曾明确规定，废除汉魏以来赏赐臣民牛肉的习俗，杜绝宰杀，改为赏赐七十岁以上老人酒、米、面。唐玄宗也下诏："杀牛、马、骡等犯者科罪，不得官当，荫赎。公私贱隶犯者，先决杖六十，然后科罪。"足见处罚之严厉。

你忍不住又要问了，那李白怎么还敢在诗里公然写"宰牛"？

盛世定居指南

答：这不才显得我们李哥豪放不羁，不拘一格嘛。

开个玩笑，其实牛在唐朝也不是完全不能宰，馋得要命的老饕们这时候就开始和朝廷玩起了文字游戏——不让杀牛，是因为老牛能耕地，那小牛犊又耕不了地，我们吃一吃，不犯法吧？

小牛犊：我真是谢谢你全家，你倒是给我个长大成牛的机会啊！

不过牛肉在朝廷的管理下，终究没能成为案板上的主要食材。当时的人嫌狗肉臭，嫌未劁过的猪臊，转了一圈，发现还是羊肉最鲜美，不仅能做胡饼馅，还能熬成热气腾腾的羊羹，大冷天喝上一碗，别提多舒坦了。

武周时期，武则天喜欢一种用香料炖煮羊肉再切片而食的吃法，名为"冷修羊"，吃到兴头上，还曾感叹"珍郎杀身以奉国"，这里的"珍郎"指的就是被做成美味的羊，可见武则天对羊肉的喜爱。再反观女皇对儿子李显的嫌弃，真正是"生你还不如生碗羊汤"。

宋朝B套餐

- ◯ **夜市美食**——吃夜宵叫外卖，吃货的人生理想
- 🍶 **冷　　饮**——清甜可口，夏日必尝
- ◯ **蟹　酿　橙**——宋朝的网红美食
- 🍶 **点　　茶**——将茶艺玩出花儿

◯ 夜市美食——龙津观夜市，灯火亦煌煌

接下来，让我们鼓掌欢庆由唐到宋，美食界里程碑式的跨越——没错，伟大的夜市诞生了！

当时的人对夜市的热衷程度，和现在还不一样——想象一下，在此之前的几百年，人们晚上都被关在家里，半夜肚子饿了也只能去厨房喝口冷粥。突然有一天，朝廷宣布宵禁解除，夜市开放，琳琅满目卖什么的都有，美食点心变着花样地上市，关键还价格低廉，你能不亢奋吗？估计恨不得天天晚上约朋友出去嗨。

至于全国夜市哪家强？你请跟我来。

汴梁东水门到西水门之间的河道上有十三座桥，"州桥"便是其中相当有名的一座。它大名天汉桥，正对大内御街。和相邻的相国寺桥一样，州桥桥梁低平，下方一般不通舟船，只有船身较小的西河平船可以穿过。州桥桥柱都是用整块的青石筑成的，排列整齐，沿岸两边的石壁上雕刻着海马、水兽、飞云等祥瑞图案，远远看过去十分气派。

但这座桥之所以名扬四海，靠的却不是颜值，而是热闹非凡的"州桥夜市"。

盛世定居指南

057

夕阳西下，从河面吹来的晚风轻拂着人们的脸颊，万家灯火中，沿街商贩揭锅盖时涌出的蒸汽模糊了汴梁城白日的繁华。从州桥向南而去，各色美食一径排开，直叫人目不暇接，不仅有能迅速填饱肚子的"下班套餐"——水饭＋烤肉，还有炖到熟烂的鸡鸭鹅兔、各色卤味，供行人打牙祭解馋，无须高价，统统只要十五文。曹家从食①铺子外，买糕点的顾客们排成了长队，麻腐鸡皮、麻饮细粉、悬煎羊白肠、素签、水晶脍更是不可不尝的招牌美食。

在这里，人们忘记了满身的疲惫，尽情享受着休闲和美食带来的乐趣，一直到三更时分，夜市中的人群依旧摩肩接踵，沉浸在市井烟火气中舍不得离去。

但即便是宋朝人，也不可能天天去夜市，若想吃外面做的美食了怎么办？你往《清明上河图》上看，大宋版"外卖小哥"已然上线。只见他手中拿着两碗打包好的夜宵，急匆匆地出了酒店大门，往配送目的地赶去。在宋朝，人们管这种满街乱晃的人叫作"闲汉"。但闲汉可一点不闲，今晚他照旧接到了许多份订单，当时的"市井经济之家"和今天的白领一样，总有懒得做饭的时候，"外卖"行业遂应运而生，就是这么便利！

● 冷饮——玉碗冰寒消暑气

除了各色酒菜外，州桥夜市的另一大主角非甜品冷饮莫属。

荔枝膏、梅子姜、金丝党梅、水晶皂儿、砂糖冰雪冷元子、绿豆甘草冰雪凉水、生腌水木瓜……宋朝的甜品有多少种，谁都说不清楚，毕竟在这个讲究风雅的时代，不仅闺阁小姐们习惯搞点小甜品吃吃，就连平日不苟言笑的士大夫们，也是甜品铺子的忠实粉丝。

以"嘴馋"闻名于世的大文豪苏轼就曾在《四时词》中写道："垂柳阴阴日初永，蔗浆酪粉金盘冷。""蔗浆"顾名思义是指纯天

---

① 从食：指副食、小吃、点心等食品。

然的甘蔗浆水，"酪"则指滑腻的乳酪，苏轼将这两种美味放在一起冰镇食用，俨然将冷饮当作夏日风物的标配，早晚都要来上一盘才过瘾。不过冷饮吃多了也有副作用，让苏轼本来就不太健康的胃肠雪上加霜——"暑热袭于体外，冷饮侵入体内，加以夜不得眠，形神交瘁"，但东坡居士会因此戒了冷饮吗？想都不要想，他只会给自己再点上一杯"雪泡梅花酒"，冷静一下。

大诗人杨万里深爱着一种名为酥山的甜品，还专门作诗来赞颂这种大宋"冰激凌"："似腻还成爽，才凝又欲飘。玉来盘底碎，雪到口边消。"寥寥几笔，将冰酪入口即化、如冰似雪的口感描述得淋漓尽致，使人不由得感叹，这不就是现代的奶油刨冰吗？

看到这，你不由得疑惑，当时又没有冰箱冷柜，酥山这种高级的冷饮是怎么大量制作出来的呢？杨万里生怕你不懂，在另外一首诗中给出了答案："北人冰雪作生涯，冰雪一窖活一家。帝城六月日卓午，市人如炊汗如雨。卖冰一声隔水来，行人未吃心眼开。甘霜甜雪如压蔗，年年窖子南山下。"

南宋时期，原本世代居住于北方的人们骤然移民江南，哪受得了酷烈的暑气，纷纷开凿冰窖，年年夏天就靠着窖里的冰雪拯救一家人。不止皇家有专门制冰的"凌室"，就连民间也出现了专业的"卖冰人"。挥汗如雨的季节里，远远听见卖冰人吆喝着过来了，明明卖冰人还没有过河，燥热的行人却感觉那甘甜的霜雪已吃进了口中，舒爽得毛孔都打开了。

宋朝时期，冷饮之所以如此普及，主要还是得益于当时的制冰技艺已经相当成熟，人们不仅能熟练地储存上个冬天的冰，还学会了硝石制冰的化学工艺。当时没有昂贵的"雪糕刺客"，冷饮价格亲民，不只达官显贵能吃上冰点，就连贩夫走卒在炎炎夏日里，也能要上一杯加冰加糖的"渴水"对抗酷暑。

至于每份甜品吃下去要转换成多少卡路里，宋朝人哪会在意这个？

尽管放心大胆地吃，没说就是零卡！

◉ 蟹酿橙——蟹肥暂擘馋涎堕，酒绿初倾老眼明

朋友，你真的会吃螃蟹吗？你知道酒泼蟹生的腌制技巧吗？你知道什么叫"洗手蟹"吗？你吃过宋朝古法名菜"蟹酿橙"吗？

如果都没有，你这趟算是来对了，大宋吃蟹小课堂欢迎你的光临。

宋朝人到底有多爱吃蟹？边吃边泻的宋仁宗向你投来"懂的都懂"的目光。美食家苏东坡（是的又是他）不止一次在诗中感叹，螃蟹这种东西，为什么它就这么美味。"半壳含黄宜点酒，两螯斫雪劝加餐"，它不只下酒，而且下饭，你说妙不妙？在蟹的烹饪方式上，苏轼也很有讲究，他在《老饕赋》中指出，蟹最好的吃法乃是"微生而带糟"，也就是我们上面所说的"酒泼蟹生"，这与著名烹饪典籍《浦江吴氏中馈录》的记载不谋而合。

《浦江吴氏中馈录》是南宋时期浦江一位著名厨娘所写的一本实用美食菜谱，翻开第一页第一条就是介绍"蟹生"的做法："用生蟹剁碎，以麻油先熬熟，冷，并草果、茴香、砂仁、花椒末、水姜、胡椒俱为末，再加葱、盐、醋共十味，入蟹内拌匀，即时可食。"吴厨娘用自己几十年的后厨经验告诉大家，这样做出来的蟹非但不腥，还能最大程度地保存蟹肉的鲜美，轻轻咬上一口，清冽的香料气和葱香混着凉丝丝的蟹肉，一起被吸入口中。蟹黄满满，最适合拌饭，蟹膏软糯，入口即化，如果腌制的时候加上一味黄酒，便更增添了几分醉人的气息。

"洗手蟹"也是生腌蟹的一种，记载于"吃蟹专门手册"《蟹谱》，具体做法就是将鲜活的螃蟹剁成块，用盐、梅子、黄酒进行腌制入味，再佐以胡椒、姜泥和橙子屑，这样做的蟹生洗个手的时间就可以吃上，故名"洗手蟹"。盐咸梅酸，相辅相成，比一般的香料更好入口，且随做随吃，您要是赶时间的话，选这种做法准没错。

如果你真的接受不了生腌，不妨找个酒楼，点上一道《山家清供》中记载的"蟹酿橙"。宋朝时期，道州一代盛产甜橙，选一只个大如碗的做容器，剜掉多汁的果肉吃掉，只留少许汁液，与细细挑出

盛世定居指南

的蟹肉、蟹黄混合。高端的食材只需要最简单的烹饪方式，接下来要做的，就是将掀开的"橙盖"盖好，将装满蟹肉的橙子放在酒醋水上蒸熟，眼看着锅上冒气了，橙子的清香、蟹肉的鲜香、酒的醇香、醋的酸香便一齐涌入鼻腔。小心开盖，微微点上醋、盐，搅拌后就可以吃了。

这道国宴级别的"蟹酿橙"不仅卖相一百分，味道更是一绝，橙子的果汁恰到好处地中和掉蟹黄的油腻，却完美地保留了它的鲜美，伴随着秋日窗外的菊花香气，不仅解馋，而且养生。优雅，实在是太优雅了！

🌙 点茶——雪沫乳花浮午盏，蓼茸蒿笋试春盘。人间有味是清欢

作为一位远道而来的游客，你来大宋可以不尝螃蟹，也可以不喝冰饮，但是你绝对不能错过点茶！

比起一种饮品，点茶在宋朝更像是一种特有的文化标识，南宋吴自牧在《梦粱录》中将"闻香、点茶、挂画、插画"称作宋朝人生活的"四般闲事"。

不和一盏漂浮雪沫、茶底醇厚的茶汤合张影，不见识一下什么叫点茶界的"十二先生"①，不围观汴梁名妓李师师亲手击拂咬盏，你这趟宋朝之旅来得亏不亏？这可不是旅游推销的套路，不信你走出去问问，在大宋，哪个社会名流不会点茶？又有哪个大宋潮人不会被花样百出的"茶百戏"吸引？

学好点茶，李清照为你驻足；学好点茶，陆游为你亮灯。有效社交这不就来了嘛！

提前说一下，宋朝的茶和我们现在冲泡的茶叶有很大不同，步骤更多，也更具观赏效果。首先，点茶人需要先将茶饼放在火上炙烤，

---

① "十二先生"：为南宋审安老人在《茶具图赞》中所画的十二件茶具图形，画者按宋时官制冠以职称，赐以名、字、号，如"韦鸿胪"指的是炙茶用的烘茶炉，"木待制"指的是捣茶用的茶臼，足见当时上层社会对茶具钟爱之情。

待到其水分蒸干，微微散发出香气时，再将其捣碎、碾磨、细筛、入盏，而后加入少许沸水，调制成茶膏，这样点茶的茶底才刚刚做好。

点茶的关键，在于接下来"击拂"这个步骤，注水过程中，茶汤会随着茶筅的搅动形成一层绵密的泡沫，直到茶沫与茶盏的边缘恰好相凝的瞬间停住，这一技巧便称为"咬盏"。不"咬盏"的点茶，便称不上一次成功的点茶。杰出的点茶者可以用绿色的茶汤和白色的雪沫为画布，在注汤和搅拌过程中幻化出各式各样的图案，禽兽鸟鱼花草信手拈来，纤巧如画，称之为"茶百戏"。但"茶百戏"能维持的时间很短，须臾幻灭，独此一份，更为点茶增添了几分艺术性。

"石碾轻飞瑟瑟尘，乳花烹出建溪春。"林逋在诗中细致描绘出了宋人点茶的场景，要问宋朝点茶最牛的一位是谁？不是名动京城的李师师，也不是得柳永赠词的谢玉英，而是"诸事皆能，独不能为君"的宋徽宗。

宋徽宗心想，这么有情调的事，你用脚指头想也知道我肯定要来掺和一下。作为一名专家级别的点茶大师，宋徽宗不仅亲自编写了专业巨著《大观茶论》，通过反复试验，测算出要点出一杯完美的茶需要点水入盏七次，还将其从理论应用到了实践，时不时就要在大家面前露一手，据说经他点过的茶"白乳浮盏面，如疏星淡月"，瞬间引爆"点茶"话题热门。

☀ 蔡京惊呼：天下臣民赶紧给陛下刷个太湖石！

虽然宋徽宗此举着实有些玩物丧志，不过点茶确实是一门既有趣又雅致的艺术。在一茶一饭之间，杯盏尺寸之内，有此一乐，也不妨来宋朝走这么一遭。

5.2 唐宋美妆潮服红黑榜，拒绝踩雷！

吃饱喝足，你摸摸自己的肚子，突然在意起了颜值这件事。

毕竟在这两个朝代，多的是你在意的人，T恤球鞋马尾辫出场，能不能博得男神青眼是一回事，被金吾卫当可疑分子抓起来就不值当了。出门转了一圈，放眼望去都是红妆娘子，罗裙花钗尽是金粉佳人，你站在街头，化身无情的夸奖机器，一边高喊"姐姐好美"，一边狂加购物车，毕竟要追求美丽，就不能心疼银子。

不过先别急着下单！为了避免各位在时尚这条路上踩雷，嗨君特别制作了唐宋美妆服饰"红黑榜"，帮各位提前搞好了调研，让我们对不理性消费说"不"！

全程无广告，请大家放心种草！

·红榜·

1. 披帛

2. 大唐三件套：斜红+面靥+花钿

3. 褙子+抹胸+宋裤

🏆 1.披帛——上榜理由：人手N条，凹造型神器

在大唐穿搭里，披帛有多重要？

开元年间，唐玄宗曾经下令：宫中二十七世妇、宝林、御女、良人平时在随侍和参加宫宴时，必须身披一条绣有图案的披帛。所谓披帛，即一种用薄纱罗裁成的长巾，通常缠绕于手臂之间，有纯色款、

印花款、手工绣花款，还有金银粉彩绘款，色彩各异，花样繁多。在有风的日子，披上披帛，你就是洛水边飘然欲飞的神女。在唐朝，穿裙子不搭配披帛，就好比当下阿姨们旅游不带丝巾，拍照合影的时候老闺蜜们都不乐意带你。

那么问题来了，披帛这种介于服装和装饰品之间，看起来并没有什么实用性的"长丝巾"到底是怎么来的，又该如何正确使用呢？

披帛在日常生活中被广泛佩戴，当然是在唐朝，但据宋时《事林广记后集》记载，在秦朝时，"披帛"这个词就已经产生了，当时是用缣帛制作的，到汉朝时改为罗制，晋朝时出现了绛晕帔子，"凤冠霞帔"的"霞帔"也是晋朝时发明的。

南北朝时期，这种飘逸的丝织品开始出现在画有"女供养人"①的壁画中，为其增添了几分"佛性"。按照古装美妆界"逢佛必火"的规律，额黄火了，璎珞火了，披帛自然也不甘沉寂，渐渐出现在隋唐的大街小巷。起初人们还不太适应这种仙里仙气的装饰，认为晚上披出去像个阿飘，怪吓人的，觉得这近"服妖"，翻译成现代话，就是你妈妈说你"穿得怪里怪气，跟妖怪似的"。但时间长了，人们还是被披帛的美丽俘虏，像收集口红色号那样，逢年过节不来上一根心里难受。

因为毕竟不是用来蔽体的穿衣必需品，披帛的使用方法也没有死规定，看起来哪都用不上，实际上却是怎么戴都好看。除了垂于两臂这种基本系法，唐朝人还开发了"单肩式""绶带式""因为怕掉所以掖在束胸带子里式"……唐朝民风较开放，女子通常是不太在意酥胸半露、展示身材的，但有风的早春还是会感觉胸前颈间发凉，这时候就可以把披帛展开，作为围巾使用，或是将披帛在胸前交叠，塞进襦裙中，一件简易纱罗小外衫就做好了。

---

① 供养人：是指因信仰某种宗教，通过提供资金、物品或劳力，制作圣像、开凿石窟、修建宗教场所等形式弘扬教义的虔诚信徒。

颜值高、用途广，最关键的是布料用的还少，省钱呀！经济能力有限的姐妹们如果想追求时尚，又买不起那么多成衣的话，多囤几条披帛就对了！

🏆2.斜红+面靥+花钿——上榜理由：彰显个性创意妆，让你精致又闪亮

唐朝服装那页揭过去，现在我们来到了彩妆专场！

你是否还在为五官平平而苦恼？你是否还在为脸上的瑕疵辗转反侧？又或许这些烦恼你都没有，你最大的苦恼就是如何用最艳丽的彩妆点缀自己本就姣好的面容，为出门炸街做足准备？

那么请允许我为你推荐这款大唐彩妆三件套。与市面上的普通彩妆不同，这套彩妆采用了平面描画和立体点缀相结合的方式，全盘照顾到额头、嘴角甚至太阳穴，且上妆方法简单，只需要简单的点、描、贴，真正实现了懒人也能化浓妆的技术性突破。用过之后我们保证，即便你是新手，也能化出独一无二的妆容，将你的美放到最大，引爆全长安，即便千百年后被挖出来，后人都要争着和你学仿妆。

首先，彩妆用到的胭脂可不是普通的胭脂，它是用来画"斜红"妆的胭脂。传说三国时期，魏文帝曹丕宠爱宫女薛夜来，这个宫女倒也真不辜负自己的名字，去曹丕房中也专挑大半夜，可能是想着灯影幢幢比较有气氛，谁料脚下一个不稳，迎头撞在了魏文帝的七尺水晶屏风上，顿时太阳穴鲜血直流。

薛夜来：好……好尴尬，陛下您可不可以装作什么都没看见？

魏文帝：从没见过这么冒失可爱的女孩，朕的心都动了。

薛夜来伤口愈合后，留下一道斜月似的红疤，可这非但没减其姿色，反而更添妩媚，魏文帝对她也愈发宠爱。后宫妃嫔们都眼红得要命，又没胆自己也去撞一回屏风，所以纷纷拿出鲜红的胭脂，仿效薛

夜来的"撞伤妆",呼为"斜红"。因为受伤时伤口处如晓霞将散,所以这款妆容又被称为"晓霞妆"。薛夜来自己也没想到,三国时带起的风潮会在大唐再次回春,她在屏风前撞头的窘事,也因此被后人一遍又一遍地传说,就像今天我说给你们听这样。

斜红化好了你再往下看，甜妹必学，人工酒窝它来喽！或许你早在穿越前，就在不少影视剧中看到过，女主的嘴角两边点着两枚意味不明的红点，其实这也是唐朝时期的一种彩妆，叫作"面靥"。正所谓"分妆开浅靥，绕脸傅斜红"，面靥和斜红可以看作搭配的两种妆效。

关于"面靥"的起源，也要从三国那段故事说起，《酉阳杂俎》中记载，东吴太子孙和醉酒后在月下舞水晶玉如意，失手打伤了宠姬邓夫人的脸，倒霉的邓夫人被扶去涂药，谁料她对这药膏过敏，伤好后脸上留下了几枚红点。美女就是这样的，瑕疵在别人脸上时是瑕疵，到了她那儿只会增色，邓夫人万万没想到，自己的过敏也会成为一种妆容时尚，一直流传到大唐。

邓夫人：我真是和你过得够够的了，你们三国男的咋都这样？如此喜欢残缺美，是不是血腥乱世给你们造成啥阴影了啊？

还有一种更现实的说法，是说宫廷妃嫔会用这种在脸上点红点的方式，暗示自己这天来了月事，不宜侍寝，避免口述的尴尬，司寝女史看到了也会心领神会，在她的值勤表上打叉。

接下来请看大唐彩妆的第三款，也是唐朝美人们化妆的必备元素——花钿。大家放心，这回不会出现什么暴力情节，相反花钿的起源还很浪漫。南朝宋的史书中记载，宋武帝女儿寿阳公主正月初七仰卧于含章殿下，殿前梅花被风吹动，纷纷坠落，其中一朵不偏不倚正落在公主美丽的额头上，染成花形，拂之不去，这就是历史上最早的花钿。

唐朝女子用来制作花钿的原料相当庞杂，只要够闪够美够多彩，什么都敢往脸上贴，金箔银片这是最寻常的，渐渐地她们还用上了云母、鱼鳞、黑光纸，更奇特的还有翠鸟羽毛、蜻蜓翅膀、鱼的腮骨……花钿的形状上也是创意无限，不仅有各种花形，而且唐朝少女

盛世定居指南

们还将其剪成小鸟、扇面、桃子等形状，根据自己当天的心情自由搭配。到晚唐五代时，时尚达人们不仅要从形式上取胜，就连花钿的数量也疯狂卷了起来。如果你走在当时的街头，迎面走过来一位靓女，

哇，
公主的梅花妆好美！

满脸贴得五颜六色，熠熠闪光，不要慌，她只是在潮人这条路上走得太急了些。

🏆 3.褙子+抹胸+宋裤——上榜理由：休闲日常，清凉一夏

常有旅客向我们反馈，这唐风穿搭一开始还觉得美滋滋，但时间长了，就感觉自己有点hold不住了——首先吧，它对身材和颜值是有高要求的，虽然不至于用一句"以胖为美"来概括，但总感觉只有在珠圆玉润的女孩身上，才能呈现出这种丰腴奢华之美，再者撞色夸张的唐风间色裙和满脸的花钿，在潮人身上是时尚，在我辈路人身上，往往就显得有点"灾难"。

敢问，有没有那种简约百搭、配色高级且穿戴好上手的搭配？

如果你有这样的需求偏好，那我们推荐你试一试宋朝风格的日常穿搭。众所周知，宋朝是一个非常注重生活感的朝代，小家碧玉们生活在富庶的汴京城中，每日插花、品茶、隔火焚香，时不时还结伴到夜市吃吃冰镇甜品、看看灯会，打发时间的方式多得是，在穿着打扮上，自然也遵循舒服却不马虎的原则。

通常她们会穿上清凉的抹胸，外搭一件直领对襟的外衫，称为"褙子"。这种外搭长短不一，短者及腰，长者过膝，但无论哪种款式，都能恰到好处地修饰腰线，突出女子纤瘦匀称的体态，显得人腰细腿长，比例极佳，堪称"梨形身材克星"。

你看了以后，有点犹豫，思考着宋朝服装店的款式是不是有点单一？这你可就误会这个时代的裁缝们了，为了让姑娘们穿得开心满意，他们可是挖空了心思。

南宋时期，大量百姓迁居南方，嫌气候太热了，于是对抹胸加以改良。"南宋时尚先锋"黄昇女士的墓中，就出土了一件露背款抹胸，颈上细带一系，夏天要多凉快有多凉快，这些丝织品质地轻薄，

盛世定居指南

剔透似烟，用陆游的话来说就是"举之若无，轻似烟雾"，舒适度极高！

嫌对襟褙子过于单调？花样翻新的"领抹"解决你的需求！宋朝审美讲究清新素雅，女子衣裙颜色也从跳脱的明黄大红，转向了葱白、沉香、青绿、藕色，就仿佛当时的工笔画那样，充满了高级的艺术气息。而"领抹"这种点缀于衣襟和领口的装饰布条的作用，这时就体现出来了。就如同穿西装必搭的领带，着小黑裙标配的珍珠耳环，朴素的纯色褙子也需要精致工巧的"领抹"来点缀。如果你想走成熟沉稳风，就选条织绣山水暗纹的；如果你想走甜美少女风，不妨来条淡彩花鸟纹样的；要是你家里有钱，实在忍不住出来秀秀，就在领抹的料子里掺上些许金银丝，走在阳光下，想不惹眼都不行！领抹还有特别人性化的一点设计，那就是它是可以自由拆卸的，你可以根据当天穿的衣裙自行配色混搭，第二日领抹一换，就是一套新衣服，谁看了不说一句赚翻了？

啥？你说穿裙子太不方便了，想出门打个驴球都迈不开腿。这个宋朝裁缝也替你想好了，神奇宋裤了解一下。宋朝的裤装分为开裆和合裆两种，在当时叫作"袴"和"裈"，都是腰部系带，开裆裤需要搭配裙子来穿，而合裆裤是可以直接外穿的，有点像今天的阔腿裤，通风又修饰腿型，深受劳动女性喜爱。

这三件套往身上一穿，是要气质有气质，要舒适度有舒适度，追求品质生活的你难道不动心吗？

·黑榜·

1.铅粉

2.百鸟裙

3.啼妆

💔 1.铅粉——上榜理由：粉底选错了，疾病都来找

说完红榜，嗨君已经口干舌燥，接下来再简单和大家盘点一下黑榜，时尚这条路上走几步就有个坑，实在是不得不防。

首先在穿越之旅开始前，请各位女孩子务必自己带好足够的粉底和卸妆水，到了唐宋之后，无论脂粉铺小姐姐们把她们家的"胡粉"吹得如何天花乱坠，都不要买也不要试，小心悔之不及！你有点心寒，心想原来古代就有卖化妆品假货的，实在是世态炎凉，不知道唐宋有没有消费者协会，咱们也去投诉一把。这你就也误会当时的脂粉铺子了，他们卖的确确实实是当时的正品粉底，只是这种粉底还有个别名，叫作"铅粉"。

"铅"这种重金属的危害不必我再多说了吧？稍有过量就会造成铅中毒，副作用巨大，不仅会引起恶心、便秘等症状，还会损伤人的脏器和神经，甚至致命。但当时爱美的小姐姐们浑然不觉，还拿它当个宝，觉得用它来上妆比米粉自然持久，使用久了，竟然还有美白亮肤的功效。殊不知毒性已经深入皮肤，长此以往轻则加速衰老，皮肤松弛泛黄，重则眼底出血，神经麻痹，最终一命呜呼。

所以"洗尽铅华"在当时绝对是好事，"六宫粉黛"无疑是高危职业！

还有古代的朱砂也不能随便乱用，"眉间一点朱砂"听起来唯美，殊不知往脸上点的，那是会致人慢性中毒的硫化汞。你以为这就完了？古代女子在追求美的道路上没有最疯，只有更疯，当时的青楼女子为了让自己的皮肤更加白皙，还会在自己的饮食中添加少量砒霜。

用生命为代价交换的美丽真的值得吗？这样危害身体健康的所谓"美妆产品"，登上黑榜，实至名归。

盛世定居指南

2.百鸟裙——上榜理由：大唐禽类保护协会向你寄来传票

前文我们说了，大唐崇尚穿衣自由，几乎什么款式的衣服穿在大唐美人身上，也不显得奇怪，要说有哪种衣服被朝廷明令禁止，那就不得不提这手工高级定制"百鸟裙"了。

开元二年（714年），唐玄宗颁布《禁珠玉锦绣敕》，提倡节俭，严禁奢靡，为了表决心，将宫中所有奇服一一搜罗出来，焚之于殿庭。

什么叫真正的豪横？一件件高端奢侈品成衣不用来穿，拿出来烧火玩。

唐玄宗边烧边心疼钱包，其实他也不想，要怪就只能怪安乐公主带起的这股不正之风，别人爱穿小裙子顶多费点布料和手工费，这位刁蛮公主做起裙子来，可酿成一场生物界的灾难。为了搜集制作百鸟裙的原材料，讨公主欢心，她的父皇唐中宗不惜下令，派军队深入岭南山林，捕杀各种珍稀鸟类，一根根拔下它们的羽毛，织绣于裙摆之上。

再好的织锦宫人也无法编织出羽毛的斑斓多彩，何况是上百种不同的鸟儿。安乐公主将此裙穿在身上，顿时引来了无数羡慕的目光，人们醉心于百鸟裙变幻的色彩、精巧的工艺，更眼红百鸟裙所彰显的尊荣。人人都知道，这条裙子乃无价之宝，没有足够的地位和身份，即便花多少钱也没法得到。安乐公主能穿起这样的裙子，显然在她父皇面前，这个女儿是要风得风，要雨得雨。朝中大臣们虽不懂时尚，却也心领神会——如今的圣上，已被这位公主和她的母后玩弄于股掌之上了。

百鸟裙问世后，在长安兴起一阵势不可挡的模仿风潮，贵妇们虽去不了岭南，但不耽误她们盘算着拥有一条"平替"。在源源不断的利益驱使下，原本栖居在山谷中的鸟儿们遭受了灭顶之灾，"山林奇禽异兽，搜山荡谷，扫地无遗"。无数种鸟类因此遭殃，人们抢来动物的羽毛插在自己身上，以为美不胜收，殊不知在这样的痴态下，自己只会丑态毕露，令人恶心。

💔 3.啼妆——上榜理由：白居易很不喜欢，并点了个"踩"

"啼妆"，顾名思义，是一种让人看起来泫然欲泣、楚楚可怜的妆容，用今天的话叫作"脆弱感"眼妆。

说起这种眼妆，最早出现于汉朝，是梁冀的妻子孙寿发明的。梁冀大家或许还有印象，就是那个毒杀小皇帝的"跋扈将军"，这人虽然在外面嚣张残暴，回了家却是个畏畏缩缩的"妻管严"，唯孙寿马首是瞻，常常被整治得跪地求饶。可就是这样一位"野蛮女友"，却偏偏喜欢将双眉画成八字下垂的哀愁状，又常在下眼皮处扫上淡淡的胭脂，看上去就像刚哭过一场似的，搭配上堕马髻和折腰步，要多可怜有多可怜，真是妩媚动人极了。试想一下，夜半无人时，威风八面的大将军卑微地跪在卧房里，任孙寿责打辱骂，但战斗力爆表的当事人却画着委委屈屈的啼妆，那画面真是要多讽刺有多讽刺。

到了唐宪宗时期，女子们又将啼妆与当时盛行的妆容进行了融合，成了白居易笔下的"时世妆"，再度刷新了"时尚"的定义。

"时世妆，时世妆，出自城中传四方。时世流行无远近，腮不施朱面无粉。乌膏注唇唇似泥，双眉画作八字低。妍媸黑白失本态，妆成尽似含悲啼。圆鬟无鬓堆髻样，斜红不晕赭面状。"

你能想象吗？当时的女性们都放弃了白里透红的底妆，转而给自己涂上了乌泥一般的"口黑"，配合上低垂的八字眉、哀愁的啼妆和怪异的发髻形状，共同组成了一种特立独行的妆面。当时的女性甚至还喜欢在脸上化一种"血晕妆"，乃是将双眉剃光，在眼睛上下画出丹紫色的三四条粗横线，营造出血在伤痕处晕开的形状，不知道这种妆容的发明者喜不喜欢水晶，和三国那两位是什么关系。

盛世定居指南

075

白居易在诗中含蓄地表示，这些"妆容艺术"对于人类而言，还是为时过早。

白居易极度反感这种时世妆，倒不是因为他是个直男癌铁憨憨，他在意的主要有两点：第一点便是这种妆面呈现出来的整体气质，实在是太不积极了。俗话说面由心生，人的面容改变，其实能直接反映这个时代人们的心理状态。虽然盛唐时期的一些妆容在今天看来，厚粉重胭脂的，瞧着也有点奇葩，但起码它想营造的是一种健康、红润、有朝气的效果，而时世妆所暗示的"悲啼之意"，却恰与晚唐逐渐衰落的国势相呼应，犹如人们将晦气的预言画在了脸上。第二点便是，白居易经过调查发现，这种化妆方式并非出自中原，而是来自胡地番邦，想当年开元天宝盛世，天下何人不以描画中原唐妆为傲，如今却悄然效仿胡人姿态，这是否也在昭示着什么呢？白居易在盛世的尾声处默默地陷入了思虑。

5.3 有官做的都去写诗，没官做的写得更棒！

贴好花钿，扮上靓装，你不禁心潮澎湃，猛地想起自己此行的目的——唐朝诗人满街，宋朝词客遍地，李白、王维、孟浩然、苏轼、秦观、辛弃疾……魏晋时期的高颜值美男固然令人心动，但这种温文尔雅、才华横溢的翩翩公子，更能精准地戳中你的心！

😋 美食你还能等等再吃，追星你可是一秒都等不了。

戴好遮阳的帷帽①冲出门去，迎面正碰上一群意气风发的美青年，谈笑着走来，上前一打听才知道，这群人不久前刚中了进士，正要去长安慈恩寺的大雁塔上题名，以示庆祝。那位最年轻的青年同你说完，还不忘自我介绍，他姓白，名居易，字乐天。

🤩 你压抑着心中的激动，大腿都要掐青了，心里直呼，我知道我知道，当年高考我就靠默写你的诗句得分呢！什么"离离原上草，一岁一枯荣"，什么"乱花渐欲迷人眼，浅草才能没马蹄"，我张口就来。

但念及有些诗这时候的白居易自己还没写出来，你也不好和他往深了唠，只央着与他们同行，白居易看着你崇拜的眼神，和其他人商量了几句，也没多推拒。

一路上你们边走边聊，白居易告诉你，大慈恩寺位于晋昌坊内，寺中建有九层宝塔，乃是大唐永徽年间，高僧玄奘为了保存从天竺取来的经卷，亲自主持修建的。而雁塔题名的习俗，是神龙年间才兴起

盛世定居指南

---

① 帷帽：一种盛行于唐朝的宽檐笠帽，帽檐一周覆有一圈薄而透的纱，用于遮面。

的，进士们在曲江宴饮过后，便会聚集在大雁塔下，推举书法最精湛的一位将在场进士的姓名、籍贯和及第时间题写于壁上，定格这份无上的荣耀。

你越听越是神往，原来只知道在现代考上大学，自家会办"升学宴"，想不到在唐朝考上进士，还有朝廷请客做东，有机会去皇家园林杏园吃御厨做的美食，听教坊乐队专为自己庆贺奏乐，"归时不醒花间醉，绮陌香车似水流"，在天下读书人看来，这该是何等风光。

白居易补充介绍说，还不止这一场，在唐朝通过乡试，成为举人后，要先参加一场"鹿鸣宴"。《诗经》有言"呦呦鹿鸣，食野之苹"，曹操也曾借此诗句，表达招纳人才、礼贤下士之意。新科举人借着这样的好兆头，满怀信心地远赴京都，参加礼部的考试，只有像他们这样取得进士身份的，才有机会参加朝廷主办的曲江宴。

如果早生几十年，赶上开元之初，官场新人们还有机会办一场"烧尾宴"，大宴亲朋好友，告知自己做官的喜讯。"烧尾宴"取"神龙烧尾，直上青云"之意，寓意自己已经烧掉旧日的"鲤鱼尾巴"，即将跃入龙门了。因为意义非同寻常，烧尾宴的排场也是极尽奢华，包含各色菜肴三十余种，山珍海味无所不有，从花样点心巨胜奴、汉宫棋，再到让人口水直流的葱醋鸡、乳酿鱼、小天酥和通花软牛肠……称得上唐朝烹饪界的巅峰之宴，可惜开元中期就被废止了，你忍不住咽了咽口水，遗憾自己没赶上潮头。

😊 眼看自己的名字被题写上去，白居易眼中藏不住的骄傲，他要来纸笔，研墨挽袖，忍不住赋诗一首，写道："慈恩塔下题名处，十七人中最少年。"

你看了看诗，又瞧了瞧他，心里暗暗嘀咕，或许是留胡子的缘故，老白你看起来也不咋"少年"呀？一打听才知道，老白这年已经二十九岁，眼瞅着奔三了。再看看其他十六位，确实都比白居易显老，看起来年纪更大些。

你不禁有些费解，拍拍他的肩膀说老白你这也不行啊，我原以为凭你的才华和实力，像那些古言小说男主角那样，十七八岁考个状元半点都不费劲，怎么读着读着就到了"博士高龄"？白居易像看神经

病那样看着你说："你把唐朝科举当什么了？你知道走到今天这个位置，我白乐天是怎么一步步熬过来的吗？"

科举制度诞生于隋朝，变革且兴盛于唐朝。当时的科举考试虽然有着种种局限，但在寒门学子看来，却是天赐一般的公平晋升通道，它打破了"上品无寒门，下品无士族"的身份桎梏，唯才是举，相当于今天高考+公务员考试的结合体，报考人数何止是多，全国各地涌过来的读书人简直要把这根独木桥压塌了。

而在这么庞大的报考规模下，唐朝科举考试录取率如何？

二十五人。

对，你没有看错，每届平均下来就是二十五人左右，即便是录取人数最多的开元十二年（724年），也只有五十六人，像白居易所处的唐代宗时期，更是缩减到十几人，注意这可是全国总录取数哦。所以陈子昂落榜了，杜甫落榜了，孟浩然也落榜了，写出"我未成名君未嫁，可能俱是不如人"这句千古怨诗的罗隐坚持考了十次，依旧落榜，换谁心态能不崩？

"诗囚"孟郊背负着"临行密密缝，意恐迟迟归"的慈母嘱托，足足考了三回才终于高中，登科这天，他精神状态极度亢奋，雀跃地挥毫写下了一首《登科后》：

"昔日龌龊不足夸，今朝放荡思无涯。春风得意马蹄疾，一日看尽长安花。"

翻译一下：上岸了，上岸了，老子终于考上啦！

所以说，在唐朝，你满腹才华也不一定能搞定科举的试卷；更难的是，即便你试卷答得顶呱呱，最终也不一定能被录取，因为除了基本卷面分数外，主试官员还要参考你的"平时表现"。

具体要怎么看呢？这就不得不提当时一种独特的科考习俗——"行卷"。

　　行卷是指在激烈的科举竞争环境下，当时的应试者为了提高自己的名次，增加自己的及第概率，将自己平日里的诗文写成卷轴，呈送给当时有地位的人，希望能被赏识，好请其代为推荐。最终你的考试成绩行不行，很大程度上都取决于你"行卷"效果如何。

　　白居易长叹道，他此番能高中，也是得益于当年的"行卷"之

盛世定居指南

举。贞元三年（787年），他初到长安，抱着一种试试看的心态，去求见了当时的名人顾况，结果顾况看了一眼他的名字，就"扑哧"笑了。

白居易：您礼貌吗？不是，我是说我的名字有这么好笑吗？

顾况：你叫白居易，但你可知道长安米价贵得很，要"居"可不容易。

但很快顾况就改口了，因为白居易呈给他"行卷"第一首诗名为《赋得古原草送别》："离离原上草，一岁一枯荣。野火烧不尽，春风吹又生。"千古奇诗，幼升小必背，生动自然地写出了野草蓬勃的生命力，堪称"命题作文"的经典之作。

顾况阅后大惊："可以可以，道得个语，居即易亦。"

有了顾况的盛誉，白居易自此声名大噪，后来的科举之路也走得相对容易。

"诗佛"王维也行过卷，因为事迹主要来源于坊间传闻，所以比白居易这段听起来更加离奇。据《唐才子传》中所写，王维科考的那年，正愁不知该找谁"行卷"，素来欣赏王维的岐王便建议他去找唐玄宗最宠爱的妹妹玉真公主，正巧公主与王维一样爱好音律和佛学，两人肯定聊得来。岐王还给他支了个招，让他从自己的诗中挑选出几篇清越之作，作"琵琶新声"，而后随自己一同入公主府拜谒。

席间，只见众伶人身着彩衣，拥王维独奏而出。王维出身名门，容貌秀美，气质出尘，本就吸引了众人的目光，琵琶声一出，拨弦轮指间，演奏了一曲《郁轮袍》，更是引得玉真公主也不禁凝神倾听。

曲罢，玉真公主邀王维交流心得，王维顺势拿出了早已准备好的诗卷。公主看后大惊，直言好几首都是自己的心爱之作，且自己以往只当这些诗文是古之圣贤所作，想不到大咖就在身边！连忙邀请他上座，又感叹："京兆得此生为解头，荣哉！"更在之后力荐王维。

因为《唐才子传》是元代人整理的，难免有些讹误，不可尽信。不过从白居易和王维的"行卷"经历可以看出，在唐朝，写得一手好诗真的很重要，无异于人生路上的一块敲门砖！

但不是所有唐朝诗人都有这样的好运气，因为一块砖——哪怕它是一块金砖，如果丢错了地方，也只会惹来一顿臭骂。唐朝比较有名的倒霉蛋就有两个，他们的名字叫作李白和杜甫。

　　杜甫就是单纯比较衰，明明是个"七龄思即壮，开口咏凤凰"的神童，怀揣着"致君尧舜上，再使风俗淳"的伟大理想，却无奈父亲早亡，时局又乱，杜甫连续多次落榜，日子过得穷困潦倒。有回落选的理由更是奇葩，那一年李林甫负责为朝廷遴选人才，为了讨唐玄宗的欢心，他竟在考试过程中层层加码，目的不是为了找出最优秀的人才——恰恰相反，一个都选不中才是他的最终目的。这时候他就可以扑上去拍唐玄宗的马屁，说在圣人的治理下，"野无遗贤"，天底下已经没有未被朝廷征召的人才啦！

　　"诗圣"杜甫就在这样的政治把戏中，被远远地排除在了朝廷之外。公元755年，身在长安的杜甫又赶上了"安史之乱"，此后在颠沛流离中，过完了令人唏嘘的一生。可就是这样一位科举场上的失意者，却在饥寒交迫中，为我们留下了诸多反映当时社会百态的不朽诗篇。《新唐书·杜甫传》记载："甫又善陈时事，律切精深，至千言不少衰，世号'诗史'。"这可能就是所谓的"史家不幸诗家幸"吧。

　　而"诗仙"李白的情况更为特殊，他压根就没参加过科举。关于其中的缘由，后世众说纷纭，有的说这是因为李白出身商贾之家，虽家资巨富，但身份地位低，拿不到应考资格；还有说法讲，李白做了宰相许圉师家的上门女婿，在唐朝上门女婿也是不能参加科考的；也有人说，李白没去考试，是自负才华，打算不走寻常路，靠名人举荐独辟蹊径……李白是怎么想的，我们今人无从得知，但李白独辟的这条"蹊径"并不比阳关道好走，这是可以确定的。

　　开元七年（719年），李白刚刚出蜀入渝，就遇到了命中注定的克星李邕。一个是纵横一方的大书法家，一个是初出茅庐的未来巨星，两个文化狂徒谁也不惧谁，李邕毫不留情地打回了李白送上门的诗卷，而李白也没有因此消沉自卑，反倒以一首《上李邕》倾吐自己的胸怀："大鹏一日同风起，扶摇直上九万里。""宣父犹能畏后生，丈夫未可轻年少。"

离开渝州后，李白的人生并没有因此而顺遂，虽然在长安陆续得到了贺知章，甚至唐玄宗的赏识，但李白心里清楚，当今的皇帝并无心让自己参与政事，他在宫廷中虽做着"翰林供奉"，作用却只是吟诗作赋，供帝王取乐。与如实描摹社会百态的杜甫不同，李白的想象如天马行空，诗篇充满浪漫气息。每每在政坛受挫，人生志向得不到施展时，他就会把这种郁闷化为豪情，诉诸星空，讲给明月，洒进美酒，醉倒在山水之间。

大唐没能成全李白的政治抱负，却也培养出了一个独一无二的

不是什么文章都能登入我李家的大门！

大鹏一日同风起，扶摇直上九万里。你且等着！

李白，他的战场不在波澜诡谲的朝廷，他的归宿该在天姥山缥缈的梦里。

在唐朝，有许多优秀的诗人像李白、杜甫一样，因为种种原因，未能走上仕途，但唐诗却已融入他们的血液，从科举取士的工具，变成了抒发志向情感的媒介。在一卷卷传世的诗篇中，我们看遍了盛世长安的繁华，也感受到了卖炭翁的辛酸穷苦，见识到了"仰天大笑出门去，我辈岂是蓬蒿人"的自信洒脱，也体会到了"竹喧归浣女，莲动下渔舟"的幽雅惬意。

昔日巍峨庄严的朝堂已随着大唐的陨落轰然倒塌，可一首首的唐诗却在代代传唱中流芳百世，成为永恒的乐章。

告别白居易，转眼你来到了盛产词人的大宋朝。

汴梁城中，大宋史上最传奇的一届科举考试刚刚落下帷幕，在这看似平平无奇的一年，科举考场上诞生了一批史诗级"王炸"选手，后来做了宰相的就有好几位，文豪大儒更是数不胜数。据可靠消息称，宋仁宗在这批典藏款"盲盒"中，不仅能拆到我们熟悉的苏轼、苏辙两兄弟，唐宋八大家之一的曾巩和他弟弟曾布也成对出现，还有个沉默寡言只顾答题的青年名叫吕惠卿，未来将成为北宋宰相之一，力挺王安石变法；坐在角落里的那个考生写得一手好字，未来也将成为北宋宰相，在宋朝历史上起到举足轻重的作用；最后出场的两位青年一个姓程（颢），一个姓张（载），程是"程朱理学"的"程"，张是"为天地立心，为生民立命，为往圣继绝学，为万世开太平"的张……

你看着这个"全明星"阵容，有些咋舌，这得是什么样的主考官能判得了这群人的卷？

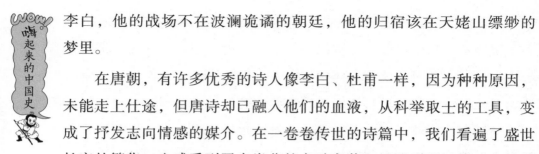 "古文运动"带头人欧阳修向你抛去一个不屑的眼神，这届的主考官就是老夫我，你看有没有资格？

其实宋仁宗一次科举，就能网罗到这么多贤才，靠的不仅是祖上积德，文曲星眷顾，更多还是宋朝的文臣选拔制度好，试过的君臣都直呼妙妙妙。

首先，众所周知，从他老祖宗赵匡胤那辈起，宋朝就将"重文轻武"刻进了骨子里，毕竟赵匡胤自己就是武将"转正"，他生怕别人仿照自己，在阵营后方"偷塔"，所以干脆"杯酒释兵权"，将有本事的武将全部遣散回家。如果说在唐朝，人们还信奉"宁为百夫长，胜作一书生"；到了宋朝，人们的观念就成了"好铁不打钉，好男不当兵"。不是当时人缺少爱国心，而是当时文臣和武将的工作待遇，实在是相差得过于悬殊，为了防止武将拥兵自重，宋朝将兵权一分为三，定期换防，调换将领，直接导致"兵不识将，将不识兵"，这种制度下，武将也很难手握大权，建功立业。

相反，原本处于弱势的文官在宋朝迎来了无比灿烂的春天。有多灿烂呢？宋朝枢密使级别的高官，每年可领基本工资三千六百贯，米一千二百石，布百匹，标配的下人就有七十人，这还不算各项奖金以及朝廷补贴的木炭、薪柴、棉花等"暖心福利"，每逢皇帝、太后、皇后、太子生辰还会另发赏赐。除此之外，宋朝地方官员还可凭职称领到自己的一份"职田"，两京、大藩府可领四十顷，次藩镇可领三十五顷，就连边远小州的官员也能领到十顷，一顷就是足足一百亩地，官员可以将田地出租给农民，再从中收取地租，就又是一笔不菲的收入。

宋朝为了避免文官走上贪污的邪路，采用了最简单粗暴的解决办法，缺钱是吗？工资卡直接给你打爆，官方称为"养廉"。在其他朝代，文官或许还有下岗砍头等风险，但是在宋朝，有着"不杀士大夫"的祖训，一旦你开始做官，基本上就能一直做下去，顶多是降职或被贬，失业概率很小。等到了七十高龄，你就可以享受朝廷福利，"致仕"领退休金了，退休金当然也非常可观。如果你做官期间政绩

优秀，挣了个响亮的名爵，那你不仅能享受到优厚的"报偿"，还能荫庇子孙，惠泽后代，享受万民景仰，当然这就是后话了。

既然在宋朝做文官这么好，那从哪儿才能领到这份"金饭碗"呢？

领到"金饭碗"基本有三种途径：恩荫制度、国子监和科举考试。翻译一下，就是"富二代，不想打拼，只想拼爹"和"特招生，可以拼爹，自己也努把力，意思一下"以及"绝大多数人，没爹可拼，考场上见真章"。为了鼓励大宋青年努力奋斗、积极进取，朝廷当然会把待遇最优厚、前途最光明的一批职位留给科举人士，次一等的分配给国子监生，剩下的留给恩荫子弟们分分，因为是免费的，所以只能分到啥算啥，这些不太值钱的官位甚至可以私下买卖，明码交易。当然前两种人如果有梦想，有激情，也可以选择正常参加科举考试，为更好的前途博一把。

在宋朝，考科举的阻碍要比唐朝少很多，不管你是商人之子，还是寒门子弟，除非身体上有残疾，只要你读书向学，都有机会报考，且录取数量也从唐朝的几十人暴涨到了成百上千人。朝廷为了鼓励应试，甚至还会给经济特别困难的学子报销考试的往返路费，其诚恳的程度足以让普天下的读书人流下滚滚热泪。

上面我们说过，唐朝考试注重"行卷"，名人显贵的推荐直接影响考试结果，这也让许多攀不上关系、抱不着大佬大腿的读书人望榜兴叹。宋朝统治者显然看到了这种习俗的弊端，不仅废除了"行卷"，还推行"糊名"制度，在出榜前彻底切断考官与考生的联系。

因为这事还搞出过乌龙。主考官欧阳修在判苏轼的卷子时，惊叹写文章之人才华"独步天下"，以为除了自己的学生曾巩外，天下没人能有这种笔力，为避嫌，特地将第一名苏轼的考卷点为第二。

苏轼：我没有惹你们任何人。

你以为这样科举考试的压力就变小了？恰恰相反。优厚的入职待遇和极低的报考门槛，让每届的科举报考人数激增，多的时候可达到数十万人。从英宗时期开始，科举从一年一考改为三年一考，更是让每届的考生数量翻倍，为了及第，有的考生甚至考到鬓发斑白还在坚持。报考人数持续增加，筛选难度也随之加码，考题一年比一年难，题量也一届比一届大。

写出"念桥边红药，年年知为谁生"的姜夔考了一辈子，也没能中个进士；婉约词魁首柳永更是在科举场上考到崩溃，直接放言："忍把浮名，换了浅斟低唱。"结果直接被"偏执粉丝"宋仁宗送去"奉旨填词"，当然这是野史逸闻，当不得真。

但我们从中也能看出，在这样完备的考试制度下，大宋文坛依旧有不少沧海遗珠，这些人除了能像李白、杜甫那样作诗遣兴外，还将一种"冷门"文体发扬光大，那就是"词"。

词最早萌芽于南朝，唐和五代的诗人们多多少少也写过词，譬

如号称"作弊圣手"的温庭筠温八叉，就是"花间词"的鼻祖，写过大家张口就能唱的《菩萨蛮》："小山重叠金明灭，鬓云欲度香腮雪……"不过当时的人们普遍认为"词为艳科"，只将词的内容局限在艳情风物、香软闺房，在他们看来，正经寄托志向还是得写诗，填词只算是旁门左道。词真正发展起来，还得看咱们的"词帝"李煜。

这个除了治国不行，啥文艺活动都在行的南唐后主的前半生也沉醉于温柔乡中，直到有个叫赵匡胤的汉子将他从美梦中惊醒，抢了他的江山，夺了他的自由，直接导致李煜的词风发生了根本的变化，写作的内容也从缠绵的小情小爱，转变为家国之思，亡国之恨，"词至李后主而眼界始大，遂变伶工之词而为士大夫之词"。

注意，上面我们说过，宋朝的文人群体多么庞大，"士大夫"一旦掺和进来，词的层次和水平就完全不一样了。原来的"伶工之词"书写主体相对单一，每天顶多唱点"你爱我，我爱你，我们两个甜蜜蜜"之类的无脑小甜词；可文化名人们的脚迈进来了，词就顿时焕发生机，变得异常丰富多彩起来，"豪放派"代表苏轼和辛弃疾便是其中迈得最狠的，再激进一点大家都怕他们扯着胯。

万里江山，写！"大江东去，浪淘尽，千古风流人物。"

金戈铁马，写！"八百里分麾下炙，五十弦翻塞外声，沙场秋点兵。"

家国之思，壮志难酬，写！"神州毕竟，几番离合？汗血盐车无人顾，千里空收骏骨。"

去澡堂搓澡，也要写！"轻手，轻手。居士本来无垢。"

有人捏着鼻子，直指这些词突破了诗、词、文的分野，缺少音韵之美，不符合"圈子"规矩，苏轼付之一笑："管什么圈子？我的规矩就是规矩。"词为"诗之苗裔",又何妨"以诗为词"?世人视柳永之词为正宗,认为风格应当细腻委婉,苏轼偏要自成一家,写尽自己心中所想,"指出向上一路,新天下耳目"。

要是你听了这话,以为柳永的词只是沿袭前代,缺少创新,那就大错特错了。

宋朝的词人们之所以能信手长篇赋新词,都得来拜拜柳永这位宋词改革路上的"祖师爷"。唐五代时期,人们创作的词绝大多数都是小令,什么叫小令呢?简单来说就是五十八字以内的词,而五十八字以上的,被称为"慢词"。当时写慢词的极少极少。这就像枪里没几颗子弹,相当限制词人们的发挥。而柳永,就是词坛大量创作慢词的第一人,光他一人就创作了精品慢词八十七首,调一百二十五首,让人忍不住想献上膝盖。

不仅如此,柳永在做完引入慢词这项革新后,又将目光投向了其他领域,靠一己之力便创用了一百多个词调,从单调到双调,从三叠到四叠,从令到引,"词至柳永,体制始备"。柳永雅俗共赏的创作

风格和音律谐婉的创作特点，更是让他的词深受市民阶级的喜爱，歌女乐意弹唱，看客亦沉醉欣赏，所谓"凡有井水处，皆能歌柳词"，唤一句"词坛紫微星"，柳永实至名归。

宋朝是词的王朝，在这个时空里，有数不清的杰出词人，晏殊、周邦彦、李清照、苏轼、陆游、辛弃疾……无论是皇城里的官家，还是边疆厮杀的将军，或是醉倒花丛的旅人，都能信手拈来几句新词，和着曲调清唱出来。

如果你想去宋朝逛逛，请记住，最好的词永远不在纸上，而是在勾栏酒楼的传唱中。歌伎们轻拨着琵琶，唱聚散，唱离合，唱"世事一场大梦，人生几度秋凉"，唱"杨柳岸，晓风残月"。台下往来过客，帝王将相，争相喝彩，又在余音袅袅中散去，只留一纸繁华，流传至今。

尊敬的读者朋友们，欢迎再度来到嗨君的唐宋历史小课堂！

本章是穿越攻略的延续篇，这回我们不讲时政大事，也不谈风云人物，单介绍些大家最关心的问题，譬如穿越到了唐宋，大家都要怎么吃？怎么穿？怎么玩个痛快？咳咳，当然，如果你还有雄心的话，也可以顺便去考考科举，同大诗人王维、李白、白居易等人来次愉快的会晤。

老话说："民以食为天。"古今美食的种类和烹饪手法虽然大不相同，但有一点是不变的，那就是老饕们追寻美味的脚步从来都没有停下过。

大唐盛世，万国来朝，异邦商人们汇聚在长安城，叽里呱啦说着不同的语言，也像模像样地模仿起长安的官话，与他们一同来到此地的，还有眼眸碧绿的美艳胡姬以及香气扑鼻的胡麻饼子。

"胡饼"作为一种烤制类的面食，在汉代就已出现，随着张骞出使西域，胡地的芝麻被引入中原，人们才有了制作胡饼的原材料。丝绸之路上，商人们将这种加了芝麻烤制的面饼装入行囊，用来充饥，渐渐地，中原各地也支起了胡饼摊子。到唐朝时期，这种好吃不贵又管饱的美食更是被发扬光大。读了本章的内容，我们知道，在唐朝，胡饼的制作方法花样翻新，口味也更加多样化，有放豆豉的、放胡椒的、放油酥的，《唐语林》中还记载了一种名叫"古楼子"的胡饼，是千层羊肉馅的，在当时卖得特别好。

除此之外，生活滋润的唐朝人还喜欢喝饮子，吃樱桃，享用鲜牛乳及其制品，有条件的家庭还有自己的冰窖，用于在夏日制作冷饮冰点，不管男女老少都喜欢吃点甜的。和甜品冰点同样彰显身份的，还有鲜美的切脍，就像宋朝人热爱展示点茶手艺一样，唐朝人热衷于自己动手研制切脍。诗仙李白就曾在《酬中都小吏携斗酒双

盛世定居指南

093

鱼于逆旅见赠》中写道："呼儿拂几霜刃挥，红肌花落白雪霏。为君下箸一餐饱，醉著金鞍上马归。"简简单单的一道切鲙，已经与盛唐人的独特生活方式完美融合。

正所谓"鱼羊合鲜"，唐朝人也偏爱羊肉。唐朝严禁宰杀马匹耕牛，未劁过的猪臊气大难入口，羊肉就成了餐桌上最常见的美食，再加上羊肉"可塑性"强，可以烤着吃、冷切吃，做成"水盆羊肉"和胡饼一起吃，羊肠、羊肺这些杂碎在唐朝厨子手中，也都能做成人间美味。

和唐朝相比，宋人餐桌上的美食更加丰富多样，你不仅能吃到宋仁宗热爱的各式馅馒头，还可以尝到"微生而带糟"的酒泼蟹生，在软糯鲜甜的口感中，来一场大宋吃播。吃饱喝足后，不妨去看上一场精彩的"茶百戏"，鉴赏一下专业人士的点茶手法，在宋朝，你喝的那不是茶，是艺术！等到夕阳西下，别忘了去"州桥夜市"打卡，嗨君推荐的不踩雷美食你们都记下来了吗？

接下来我们着重介绍了唐宋两朝几种有特点的女子服饰。唐朝女子的服装是时代兴衰的写照，从初唐时的清丽简约，到盛唐时的富丽开放，再到晚唐时的奢华颓靡，体现了当时人审美观念的变化。其中最典型的，就是中唐时的"啼妆"，这种妆容是汉朝梁冀的悍妻孙寿发明的，到唐宪宗时期，又出现在唐朝女子们的脸上。姑娘们画着八字眉，嘴上涂着"口黑"，打造出一种楚楚可怜的"丧气感"，大诗人白居易还专门写了一首名为《时世妆》的诗，来记录这种独特的时尚潮流。

不过大多时候，大唐女孩们的审美还是很在线的，她们穿着色彩缤纷的间色裙，肩搭披帛，额贴花钿，面上还涂画着斜红和面靥，打造出一种时髦而健康的精神面貌。唐朝时尚圈攀比之风盛行，唐中宗爱女安乐公主有一条极度奢侈的百鸟裙，乃是用无数只鸟儿的羽毛织绣而成，虽艳丽无比却也残忍至极。世家贵女们亦争相制作华服，装点门面，为此唐廷曾不止一次专门颁布禁止服饰僭越、禁止奢华铺张的法令，但依旧无法彻底根治这种乱象。

相比之下，宋朝女子的服装就更注重清丽简约，通常以抹胸、褙子、裙三部分构成，但同时，宋朝女子也经常穿裤装，以方便活动。不仅如此，宋朝女子在服装颜色选择上，也更倾向于清新淡雅，很少使用大红大绿，佩戴的首饰和妆容多选用圆润洁白的珍珠，喜欢修饰脸型、凸显气质的"三白妆"。宋朝男子也爱美，文人雅士们多簪花，冠盖如云，一派清平气象。

唐有唐诗，宋有宋词，不管是唐朝还是宋朝，都有着大批踊跃赶考的风流才子，但唐宋的科举制度却大不相同。

科举制度诞生于隋朝，变革且兴盛于唐朝，武则天时，又增设了武举。不同于讲究门第的"九品中正制"，科举制度让寒门子弟也有了跻身朝廷的机会和渠道，是封建时代所能采取的最公平也最有效的人才选拔形式。但唐朝最终取士的规模并不像大家想象的那样庞大，录取率很低，每届能高中进士的不过二十多人，为了提高名次，就连王维、白居易这样的人才都要"走后门"，通过"行卷"请当时的名流高士为自己"延誉"。

不过到了宋朝，这种情况就好了许多。在这样一个"重文轻武"的时代，为了网罗到更多人才，宋廷增加了录取人数，废除了"行卷"制度，尽可能地为读书人清除科考道路上的阻碍，采取的是明明白白的"科举大舞台，有才你就来"原则。这也激发了宋朝人的报考热潮，为朝廷供应了大批有真才实学的有志之士。

宋朝时期，文官的待遇有了明显提升，朝廷重金"养廉"，且明文约定"不杀士大夫"，但因为生活太过滋润，也使得宋朝人人都想当官，官僚系统过载，许多官员拿着俸禄不作为，直接导致"冗官""冗费"等陈年弊病，几次大改革都没能彻底揭掉这块腐烂的疮疤。

第六章 冷门八卦研究所

据说，在明朝做官要先准备好遗书？杀人如麻的朱元璋竟是个「妻宝男」？东厂和西厂的就业率连年居高不下？明朝的猫咪也和大臣们抢起了饭碗？是的，你没有听错，最真、最怪、最冷门的八卦，都在我们的研究所！

6.1 提问，在明朝做官是怎样一种体验？

#上岸#　#官员入职#　#君臣关系#

本人科考多年，终于一朝上岸，心情非常忐忑且激动，同时又有点迷茫。听说咱们大明朝的君臣关系特别微妙，从业风险极高，上班不仅不能摸鱼，还容易危及性命，一不留神被革职下放都算好的，许多大臣昨天还在朝堂上指点江山，转天就被拉到刑场上满门抄斩，官做得越高就越危险，搞得我都有点不敢去报到了。

请问真的有这么夸张吗？有没有哪位大人出来现身说法，在明朝做官到底是怎样一种体验呢？

🔊 **228个回答**　　📢 **邀请回答**　　🗨 **写回答**

胡惟庸

不作不死的经典案例，中国历史上最后一位丞相　　+关注

586人赞同了该回答

没有！你不要听那些人乱讲，他们就是嫉妒你飞黄腾达，想给你增添压力。在明朝做官多愉快呀，待遇又好，升职又快，最重要的是……你靠近点，我偷偷告诉你，最重要的是这届皇帝朱元璋是农民出身，没啥文化，相当好糊弄，只要你把他哄高兴了，他什么都听你的。就像我吧，正赶上朝中缺人，左丞相之位长期空置，只有我一个独相，那生杀黜陟大事，还不是我说啥就是啥。有些事情，只要我不上奏，皇帝他也很难调查清楚，渐渐地也就睁一只眼闭一只眼了。

在明朝做官到底是什么体验？在线等，急急急！

 胡惟庸：待遇好，升职快。

 朱元璋：胡惟庸啊胡惟庸，别以为我不知道你干的那些事！

 李善长:@明太祖朱元璋 胡惟庸杀了也就杀了，可我老李实在冤枉啊！

 朱元璋:@李善长 你也不冤，谁让你知情不报！

 于谦：别来，千万别来，谁来谁吐血。

 朱祁镇：于谦这样的臣子，朕或许再也找不到了。

 朱见深：忠臣即使被诬陷，也终会沉冤昭雪。

 严嵩：在职场不要付出真心，这话说过多少遍了！

 张居正：给老朱家打工会遭雷劈。

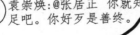 袁崇焕:@张居正 你就知足吧。你好歹是善终。

冷门八卦研究所

099

你问工作福利？傻后生，都走到咱们这个位置上了，哪还有吃死工资的？不用我们开口，那些想与我们攀亲结交的，还有那些犯了罪需要疏通关系的，就争着抢着上门了，什么唐宋的字画，西域的名马，堆成山的金银财宝，他们抢着塞给你，不收都不行。当然，收了人家的钱，多少也得提供点关照——朝廷各个部门的文件，都要在本相面前过一遍，至于看过之后，哪些能送到皇帝面前，哪些不能，就全凭本相的心意了。

🐟 你问我这样操纵朝局，就没有大臣弹劾我？

笑话，等他们的奏章能递到皇帝面前再说。况且满朝文武谁不知道我深得皇帝宠信，哪个敢乱说话，就不怕我在皇帝面前给他们穿小鞋？也就是朝中那几个自恃开国有功的老头子，冥顽不化，总和我作对。可我胡惟庸也不是吃素的，那个号称绝顶聪明的御史中丞刘基，还不是被我趁着探病的机会，用药毒死了。还有那个老将军徐达，想告我的状，我就买通了他的侍从福寿，想杀他灭口，岂料福寿这厮竟然是个"双面间谍"，转头就将这事通报给了徐达，致使谋杀没能成功，可惜啊可惜！

不过只凭那几个老东西，也阻挡不了我的脚步。我先是和德高望重的太师李善长结成了儿女亲家，又在朝中拉拢了陆仲亨、费聚等官员，拿住了他们的把柄，胁迫他们为我办事。光控制了朝堂还不够，要成大事，必须掌握足够的军事力量，我一面偷偷收集兵马，一面令手下去联络北方的蒙古人和海外的倭寇，只待时机成熟，里应外合，这大明朝的天下就该改姓胡啦！

等下，好像有哪里不对……

我头呢？哎，我头怎么不见了？

三 评论（3）

@明太祖朱元璋：

胡惟庸啊，胡惟庸，你让朕怎么说你？你以为朕不知道你在朝中勾结党羽，贪污受贿？你以为朕不知道你暗箱操作，将陈氏罪妇送给了大臣汪广洋，笼络他替你办事？你以为朕不知道你因儿子坠马，迁怒车夫，私刑杀人的丑事？你以为朕这个大明朝的开国皇帝，真的是靠要饭要来的？

朕从小就看多了贪官污吏之事，平生最恨的，就是权臣奸相弄权，威胁社稷，贻害天下。在朕眼里，这天下由朕一人治理足矣，丞相这个职位实在是多余。可是臣民们不依呀！没办法，朕只能揪出一个首恶祭天，为朕废丞相一职做铺垫，并立下祖训。

> **祖训** 以后子孙做皇帝，并不许立丞相，臣下敢有奏请立者，文武群臣即刻劾奏，将犯人凌迟，全家处死。

你自以为操纵棋局之人，事事将朕蒙在鼓里；殊不知从你当了右丞相的那一刻起，你就已经入了朕"废丞相"的局，你的作用，不过是一颗棋子罢了。如果你老老实实做好本职工作，一切或许不会发生，只可惜给你机会你不珍惜啊！

@太师李善长→明太祖朱元璋：

陛下，胡惟庸他心术不正，杀了也就杀了，但老臣对大明朝可是忠心耿耿啊！想当年，您征战四方，老臣倾心辅佐，转运粮储，供给器械，从未敢有半点疏忽，君臣协力，才打下了这大好的江山。当初您也称赞老臣有萧何之功，怎么转眼就重蹈汉高祖覆辙，要诛杀功臣了呢？您就算不看在老臣往日功劳的份上，也要看看您当初赐臣的铁券呀！铁券说明书上明明白白标着"可以免死两次"，怎么转头就把次数清空

冷门八卦研究所

了，还将我全家七十多口全部处斩了呢？当日胡惟庸约臣谋反，臣并没有答应，如今枉死，臣做鬼都不甘心，您不能这样对老臣啊！

@明太祖朱元璋→太师李善长：

李善长你还有脸说！的确，胡惟庸谋反你是没有直接参与，但是这么大个事，你半个字都没有告诉朕，你这叫什么？这叫首鼠两端，你这是默许他去谋害朕，谋夺大明的江山！你告诉朕，忠臣就是这么个做法？不仅如此，你的奴仆还向朕告发，说你平日与胡惟庸互相贿赠，常常私下里通信勾结，完全没把朕放在眼里。这几天就连老天都降下流星，预兆不祥，朕也很为难，但朕不能拂逆天意，所以你必须得走这一趟。

懂？

 嗨君捡史：胡惟庸案

胡惟庸案是明初四大案之一，又称"胡狱"。胡惟庸担任丞相后，颇受宠任，生杀黜陟，不奏径行，文武之臣，多奔走其门下。洪武十三年（1380年），朱元璋以谋逆罪诛丞相胡惟庸九族，同时杀御史大夫陈宁、中丞涂节等数人，并追查其同党。洪武二十三年（1390年），韩国公李善长也牵入此案被杀，同年朱元璋颁《昭示奸党录》，布告天下。对胡惟庸案牵连者的追查直到洪武二十五年（1392年）才宣告结束，牵入此案的还有吉安侯陆仲亨、延安侯唐胜宗等，株连蔓引达三万余人。胡惟庸案后，朱元璋为加强专制皇权，干脆废掉了丞相制度，从此明朝名义上再无丞相一职。

 于谦
皇室替身文学爱好者，不是说相声那位 （+关注）

谢邀，别来，千万别来，谁来谁吐血！给老朱家打工之前，我意气风发，年少有为不自卑，懂得什么是珍贵；给老朱家打工后，我满头白发，心力交瘁，每天除了好累还是好累。

我于谦也算是个名臣了，永乐年间，我就开始当官；宣德年间，我又跟随宣宗皇帝平定过汉王之乱。这辈子我治理过饥荒，平定过反叛，住过监狱死牢，也曾经和权宦王振对着干，坐到兵部左侍郎这个位置。我自认什么风浪都不能在我心头掀起波澜，可眼前这种场面，我是真没见过呀。

你敢相信吗？一个二十岁出头的年轻皇帝，不管天时，不顾地利，只听信一个太监的妖言蛊惑，就敢亲率二十万大军，抛下国都和无数子民，跑到北边草原上和蒙古人打实战，大臣们撞柱子、抱大腿都拦不住，就是要御驾亲征，就是要拳打瓦剌。

没错，这位皇帝就是明朝的第六任皇帝，后来的明英宗朱祁镇。

问题是您没有那金刚钻，瞎揽什么瓷器活？战败了吧，被俘了吧，二十万大军被全歼了吧？到头来，还是我们这些大臣替您收拾这烂摊子。土木之败的消息传到了北京城，留守的大臣们就像热锅上的蚂蚁，一个个都失了分寸，有要割地赔款把皇帝赎回来的，还有要迁都南京逃避兵祸的，大家各执一词，到后面连星象之说都搬了出来，把朝堂吵成了菜市场。

关键时候，还得我老于出来镇场子，我厉喝一声："吵什么吵！再有说要南迁的，都拖出去斩了！京师是天下根本，现在皇帝被掳走，朝内本就人心不稳，一动便大势去矣。独不见宋朝南渡之事乎？"

大臣们被我吼得不敢说话，我拿起从郕王那儿借的调兵符，撸起袖子就出去和瓦剌人火拼，集中全部兵力，去打这场京师保卫战。

解决了第一个问题，紧接着还有第二个问题等着我们：国不可一日无君，是倾尽全力赎回那个没用的倒霉蛋皇帝，还是另想对策？这个问题马上就得解决。这其实是道无解的难题，选前者吧，那明朝就

冷门八卦研究所

要任由宰割，情形只会比南宋时更坏；选后者吧，太子朱见深刚刚三岁，靠一个刚断奶的娃儿镇场子，明显也不现实。这时候我把目光移向了奉命留守京师的朱祁钰，心头豁然开朗。

> 噫，这不是还有风华正茂的郕王吗？

> 郕王：你不要过来啊！

我当即奏请皇太后，为了国之大计，改立郕王朱祁钰为皇帝。郕王一脸苦相，百般推拒，说这替身他不能当，从古至今当替身的就没有下场好的，还问我他和他哥哪里像？他改还不行吗？

我义正词严："这替身您今天还真当定了，您以为臣这么做是为了臣自己吗？小了，格局小了，臣是为了整个国家。'粉身碎骨浑不怕，要留清白在人间'，遗言臣都写好了，接下来您看着办吧。"

其实对于这件事，我前天晚上也想了很多，这注定是一条绝路。我要面对的，不仅有当下的压力与指责，一旦有朝一日英宗归来，皇位被夺的怒火第一个就会烧到我身上，但我顾不得那么多了。国势危如累卵，瓦剌虎视眈眈，家国系于一身，这已是我能做出的最好选择。清风两袖朝天去，免得闾阎话短长。是非荣辱，就全部交给后世来评判吧。

≡ 评论（2）

@明英宗朱祁镇：

率领二十万大军去和瓦剌人硬碰硬，开始对战了，才发现自己战力为零是怎样一种体验？受尽屈辱回到故国，却发现自己变成了太上皇又是怎样一种体验？没来得及在弟弟怀抱里痛哭，就被他"打入冷宫"，连锁孔都拿铜汁给朕堵死了，又是怎样一种体验？

可能朕这辈子玩的就是心跳，就是刺激，但"替身文学"这种艺术形式对我一个明朝人来说，还是过早了些。我坐在阴冷的南宫里，抓破头皮都没想明白，平日里最忠心耿耿的于谦怎么会将我害到这种地步？他使我兄弟反目，连累得我儿子都被废掉了太子之位。

所以经"夺门之变"复位后，我做的第一件事，就是听信徐有贞等人的言论，将于谦处斩。起初朕也不是没犹豫过，毕竟于谦保卫北京的功劳是实打实的，可徐有贞说，如果不杀于谦，复位这件事便没有了名目，所以于谦必须死。

听说处斩的那一天，阴霾四合，天下冤之。幽咽的哭声自远方传来，分不清有多少人在号泣。皇太后听说于谦之死后，也累日叹息不止。

事实上，就连朕自己也后悔了，朕忽然想明白了，于谦所做的一切从来就不是为了他自己，也不是为了朕，他所效忠的只有大明朝，是本该由朕来保卫的大明朝。而朕却枉杀了一位忠臣，若有朝一日战火再起，又有谁能做到燃尽自己，来捍卫这江山，烈火焚烧若等闲？这样的臣子，朕或许再也找不到了。

@明宪宗朱见深：

心疼于谦+1！我父皇是立场特殊，不得已为之，但其实他在世时就总和我念叨，于谦是被冤死的呀，所以朕决定为于谦恢复名誉，表彰他的忠心。"卿以俊伟之器，经济之才，历事先朝，茂著劳绩。当国家之多难，保社稷以无虞；惟公道而自持，为权奸之所害。"无瑕的玉璧即使被污泥掩埋，也不减其光洁；忠臣即使被诬陷而死，也终将沉冤昭雪！

冷门八卦研究所

105

嗨君捡史：夺门之变

夺门之变，又称"南宫复辟"。土木堡之变时，明英宗朱祁镇被瓦剌人俘虏，为了维护国家稳定，于谦等大臣在皇太后的支持下，拥立郕王朱祁钰为皇帝，遥尊明英宗为太上皇。后于谦等人成功守住京城，与瓦剌议和，瓦剌将朱祁镇送归，朱祁钰迎拜至东安门，表面上与兄长朱祁镇相互逊让，却随即将其囚禁在南宫之中，又废掉了侄子朱见深的太子之位，改立自己的儿子朱见济为储君。其间朱祁镇备受提防，受尽苦楚，且与外界通信断绝。直到公元1457年，朱祁钰身患重病，大臣石亨、徐有贞，太监曹吉祥等人才趁机率军打开了长安门，来到南宫迎朱祁镇复辟。朱祁镇复位后，以谋逆罪诛杀兵部尚书于谦、大学士王文等官员，并废朱祁钰为郕王。同年朱祁钰去世，以亲王礼葬于西山，谥号"戾"。

严嵩
当地比较知名的大反派

+关注

在职场不要付出真心，这话都说过多少遍了，你们怎么就是不听呢？可怜于谦一片赤胆忠心，一换领导，立马大祸临头，只能说为大明朝的Boss们卖命不值得。今天我严首辅就来和你们讲讲，在明朝做臣子究竟有多危险。

咱们的开国太祖皇帝好杀大臣，别的皇帝再残暴，都是一个一个地杀，他直接一批一批地杀，从洪武十三年（1380年）的胡惟庸案，到洪武十五年（1382年）的"空印案"；从洪武十八年（1385年）的郭桓案，再到洪武二十六年（1393年）的蓝玉案，太祖皇帝砍头如切菜，有说总共杀了七八万的，还有说杀了十五万的，总之血流成河，死者不可计数。照这么杀下来，明初的大臣至少被清零了好几批，等到建文帝登基，大家终于松了一口气，谁曾想燕王朱棣突然夺了侄子的皇位，等待众人的，又是一轮针对"建文旧臣"的大清洗……

不仅如此，因为丞相制度的废除，明朝大臣们的政治地位也降低到前所未有的程度。老话说"用人不疑，疑人不用"，但本朝的皇帝们显然从未信任过大臣，他们将所有权力都揽到怀里，半点也不分给官员。可人的精力毕竟是有限的，凭皇帝自己怎么可能处理完所有的国家大事？因此太祖皇帝找来了四位秘书，作为自己的"政务百科"，哪里不懂搜一搜，但搜索引擎本身只是种工具，决策权和他们没有半点关系；明成祖朱棣在此基础上，设立了自己的秘书班子，称为"内阁"，内阁大臣们的头头，被称为"内阁首辅"，也就是严某人我所处的职位。

这些年轻的男秘书并非高官，也无实权，他们能做的，只是将自己对政事的建议写成一张"便利贴"，贴在奏章上，提交给皇帝，这一环节叫作"票拟"——票拟的内容可以理解为"参考答案"，方便皇帝"答题"。皇帝看过后，会用红笔进行批示，称为"批红"，但具体是"照抄答案"还是另有一番主张，这就不是内阁大臣能说了算的。

总的来说，内阁大臣还是卑微的"工具人"。

但你以为明朝大臣的悲剧到这就算结束了？不，上面这套程序，都是建立在皇帝刻苦勤政、废寝忘食的大前提下的，但更多时候，我们遇到的皇帝都不是明成祖这样的"优等生"。他们或是年纪太小，心智不健全；或是懈怠懒散，沉溺酒色。这群不靠谱的皇帝连"抄作业"都懒得亲自抄，索性就近抓一个"代工"过来，替自己"批红"。

用脚趾想都知道，皇帝身边还能有什么人啊？所以和我们内阁大臣直接对接的，往往是太监。对，你没有听错，前朝大臣给出政治意见后，还要向后宫太监寻求批准。很多时候，这群"秉笔太监""掌印太监"因为能"主宰"圣意，地位上甚至还要压大臣们一头。久而久之，虽前朝没了丞相，后宫却多出了一群"内相"，天下政务决于

冷门八卦研究所

107

内闹，皇帝们更是连朝都不怎么上了。

对此，我严某人进行了深刻反思，最终得出结论，这一切都是前朝大臣们的错。毕竟老板怎么会有错呢？皇帝之所以不愿意上班，一定是因为大臣们没有营造出一种轻松、愉悦、活泼的朝堂气氛，无法激发皇帝处理朝政的兴趣，让皇帝宁可在后宫撸猫，都不愿意去看他们一眼。

拿我的前上司夏言为例，他明知道当今圣上最大的爱好，就是信奉道教，可他却开口闭口都在讲道教的不好；皇帝拿出珍藏的沉香水叶冠赏赐臣下，像我这样的正常大臣，当然选择先谢恩，再时时戴在头上彰显皇恩浩荡，可夏言却戴都不戴，一脸嫌弃；夏言他自己住园林，养奴婢，奢侈无度，还挑肥拣瘦，不吃工作餐，却要求皇帝不准建道观，不准吃丹药，如此双标，皇帝怎么能不火冒三丈？有这种"领导敬酒你不喝，领导夹菜你转桌"的大臣做对照，后宫那些事事逢迎、阿谀奉承的太监们会更得圣心便也不奇怪了。

而把权柄从太监们那里抢过来的办法只有一个，就是走太监的路，让太监无路可走。

太监溜须拍马，你就要比他们更殷勤十倍；太监们不敢替皇帝尝的丹药你来尝；太监们不会写的醮祀青词你来写；只要是皇帝想做的事，哪怕再荒唐，你也要抢着来做——只有皇帝做成了他想做的事，你才能做成你想做的事，这就是在明朝当官的最终法则。结党受贿，将天下的财富都装入自家的金库，买通宦官，把皇帝玩弄于股掌，这样一来，本宰辅虽不是丞相，但与古之权相又有什么区别？

💬 评论（3）

@小阁老严世蕃：

爹爹妙啊！我也要向您学习，今后我们父子俩一个做"大丞相"，一个做"小丞相"，是一件多么美的事儿呀！

陛下，贫道扶乩之时，占得今日有奸臣奏事……哎，那不是严嵩严阁老吗？好巧哦。

@明世宗朱厚熜：

听到了，两只耳朵都听到了！朕过两天就杀，行了吧？

张居正
白圭宰辅，真"美强惨"大男主　　　　　+关注

万历十年（1582年），我因病逝世，结束了自己近乎完美的一生。

生前我身为内阁首辅，大力推行改革，实施"考成法""一条鞭法"，尊主权、课吏治、信赏罚，同时任用戚继光等名将，肃清海内，平定叛乱，致使天下安宁，国富兵强，是皇帝敬重的"元辅张少师先生"；死后我谥号"文忠"，赠上柱国，葬礼辉煌而盛大，天下视我为国公和帝师，皇帝更是为我辍朝，谕祭九坛。

回首自己这些年的所作所为，我问心无愧，可直到咽气的瞬间，我才终于真正把心放进肚子里——庆幸自己逃过了权臣不得好死的宿命，也感动于学生朱翊钧对我自始至终的深厚情谊。好小子，不枉我为了你的祖宗基业奋不顾身，呕心沥血。

正当我捧着"大明朝优秀员工终身成就奖"，打算奔赴下一段璀璨的轮回时，耳边却传来噩耗："皇帝下诏查抄张家啦！不仅张居正的封号、谥号全被褫夺了，就连家门都被锁死了，听说阖家饿死十几口人呢！"

……

好，很好，认真给老朱家打工会遭雷劈，诚不我欺。

冷门八卦研究所

其实我也想过小皇帝心中对我不只有敬，还有怨，从他的眼神中，我也能感觉到随着年岁流逝，他开始忌惮我，可我唯独没想到，他会做得这么绝，这么翻脸无情，帝王底色显露无遗。毕竟在我的印象里，他永远是那个即位时刚满十岁的孩子，年幼好学，眼里闪动着求知的光芒，每天太阳刚刚升起，就乖乖坐在文华殿中，打着哈欠听大儒讲授经书，中午休息一小会儿，就又开始温习史书，寒暑不辍。

皇帝虽然年轻，但胸怀大志，有澄清海内、涤荡寰宇之抱负。他破例召见我于平台，赏赐绣蟒斗牛服和金银财帛无数，他稚嫩而庄重地向我示好，给予我一个年轻帝王最高的尊重和虔诚，让我不用犹豫，只管放手去做，而他永远是我最坚强的后盾。于是我亦慨然以天下事倾囊相授，将讲学、亲贤、爱民、节用等治国之道毫无保留地教授给他。

我知道，就像皇太后所说的那样，我对于皇帝而言，与其他大臣都不一样，是严师，也是长辈；就像司礼监冯保在皇帝眼里，也不仅仅是照顾起居的太监，而是威严的"大伴"，是能向皇太后通风报信的"代言人"。我与冯保的关系，并非水火不容，事实上为了一些事情推行顺利，我常常需要借助宦官的力量。冯保曾对我笑言，皇帝小时候每每"不听话"了，太后娘娘就会教训他，同时吓唬道："让张先生知道了，可怎么办？"小皇帝就会被吓得规规矩矩的。

我也曾为此暗暗得意过，可时间长了，却不知道这是好事还是坏事。

改革之路总是充满了艰难险阻，纵观史书，不管是被车裂的商鞅，还是被谩骂千古的王安石，最终都以惨烈的结局收尾。小皇帝似乎急于向我证明，这并非改革者的宿命，每每面临纷争时，总是不顾一切地倒向我，手段甚至比我自己更决绝。言官余懋学上奏，对我推行的"考成法"提出异议，我只是就事论事，据理力争，可小皇帝却严厉地批评他"邀买人心",将余懋学革职为民;御史傅应祯将我比作宋代的王安石,力阻改革,小皇帝盛怒之下,就要将他处以极刑,还是我从中调和,才保住了这个"对手"一条命;我的门生刘台也是"考成法"的激烈反对者,他指责我目无尊上,大权独揽,徇私枉法,这样犀利的言辞大大激怒了同为我"学生"的小皇帝,或许为了支持我的改革,抑或为了捍卫老师的威严,他走下御座,紧紧拉着我的手向我保证,定会严惩刘台,以儆效尤。没过多久,刘台就被捕至京师,下了诏狱,受廷杖一百,远戍广西。

万历五年(1577年),正是改革推行得如火如荼的时候,我的父亲却刚好去世,按照祖制,即便我身为首辅,也须回乡守制三年。可此时一旦离朝,改革大计必将前功尽弃,小皇帝看出我的隐忧,便下诏"夺情",即让我不必守孝,继续留京任职。此举引来了无数大臣的弹劾,他们指责我不遵孝道,枉顾礼法,即便吴中行、赵用贤等官员已经因此被廷杖数十,革职充军,仍有数不清的官员前赴后继地带着写满道德正义的奏章,试图将我逐出京城。可那位少年皇帝依旧站在我身边,坚定地对我道:"只要有朕在,没人能赶走张先生。"

我信了,也不管他这话是为了我,还是为了我手中聚集起来的权柄。

或许我该感谢这十年来他心中积攒起的重重畏惧,逼迫他陪我演完了这场风虎云龙、君臣相得的戏,让我不必在活着时,看这场人走茶凉的悲剧。

 评论(3)

@明神宗朱翊钧:

别问了,问就是敬过爱过,再追究就不礼貌了。

@袁崇焕→张居正:

冷门八卦研究所

首辅知足吧，怎么说您都是善终，熹宗年间还平反了呢。我老袁更惨，豁出老命去替他老朱家守大门，崇祯皇帝却听信反间计，全然不顾我的忠心和功劳，将我以叛国罪下狱凌迟处死！怎一个惨字了得？一句话，苦还是我们打工的苦。

@《潜书》作者唐甄→袁崇焕：

您是运气太差！要是当日有张居正为相，定能识破这小小反间计，使师出有时，嫉无所施，各尽其才，明朝的天下犹可不至于覆亡啊！

 嗨君捡史：万历新政

万历新政，又称张居正改革，是指明神宗时期，内阁首辅张居正为了挽救明王朝，在政治、经济、国防等领域进行的一系列变法革新运动。政治上，张居正实行"考成法"，以"课吏职"为手段，整治官僚争权夺势、玩忽职守的腐败之风；经济上，他改革赋税，清查土地，实行"一条鞭法"；军事上，他任用戚继光镇守蓟门、李成梁镇守山东，同时修筑明长城，加强北方的边防守备。

张居正改革历经十年，一定程度上强化了中央集权，解决了明朝社会上积累的种种弊病，使万历年间出现了短暂的"中兴"局面，但随着张居正的病逝，多数改革措施遭到废除，改革以失败而告终。

6.2 东厂VS西厂，小伙子想进哪个厂打工呀?

公元1380年五月，西华门外，一个身影从暗处骤然闪出，不管不顾地直迎上朱元璋的御驾。只见他身着内侍衣裳，脸色苍白，浑身颤抖，一时惊恐得口不能言，只伸出胳膊，僵硬地指着一个方向，仿佛有什么惊天秘密想要告诉皇帝。

此举在旁人看来，无异于惊驾行刺。要知道，皇帝陛下此时摆驾，乃是要前往宰相胡惟庸府上，去观赏那突然冒出甘霖的枯井，感受上天降下的祥瑞之气，这样了不起的大事此时却被一个小太监搅了兴致，实在是晦气。

不知死活的代价就是一顿结结实实的胖揍，等到朱元璋在御驾内叫停的时候，小太监已经被打断了骨头，奄奄一息了，可他的手仍执着地指向那个方向，执意阻止车驾前行。

饶是冷酷如朱元璋，也生出几分恻隐之心，同时，疑云开始在他心头密布。他秘密取消了行程，转头登上了西华门高高的城楼，向下俯视，但见胡惟庸老屋前后被甲兵层层包围，俨然在酝酿一场谋逆。只待御驾一到，趁他们毫无防备，这些刀斧手便会同时杀出，到时大明朝的天下恐怕就要改姓胡了！

朱元璋盛怒，当即下旨，以"擅权植党"的罪名将胡惟庸抄家灭族，这便是我们前面提到的"胡惟庸案"的开端，而这个冒死揭发的小太监名叫云奇，此事被明朝李乐在《见闻杂记》中记述下来，便是历史上有名的"云奇告变"。

公元1398年，刚刚继位的建文帝朱允炆正和亲信大臣们密谋一件

冷门八卦研究所

113

大事，一道连祖父朱元璋都无法解决的难题——削藩。

朱元璋在位的那些年，杀掉了太多文臣武将，自此他不再信任外人守边，也不肯授予武将们兵符和军权，他更愿意将这些国防要地交给自己的儿子们，况且这些被授予藩王名号的儿子也足够忠诚和争气。

可藩王们是朱元璋的儿子，却不是朱允炆的儿子，他们宣誓效忠自己的父亲，并不意味着肯诚心效忠自己的侄子。

☹ 朱允炆在做皇太孙时，就深深忧虑着这一点。

他知道，这是祖父为自己安排好的大路坦途，比起外人，由叔叔们为自己的皇位保驾护航，显然要更稳妥些。可他不解地问祖父："胡虏来犯，有诸位皇叔抵御，可如果皇叔来犯，又由谁来抵御呢？"朱元璋没有给出答案，反问他想怎么做。朱允炆想了想，说："以德怀之，以礼制之，不可则削其地，又不可则变制其人，又其甚则举兵伐之。"

在祖父面前，这位年轻的储君给出了高分答卷，朱元璋对此也十分满意。但这位生长于皇宫、未经世事的雏鸟，和被边关风雨摧残的叔叔们比起来，还是太嫩了些。人生不像做题，削藩也不是高考，即便是高考，也需要密封考试卷，可建文帝却不知防备，任由宫中的宦官们将消息一则一则顺着宫苑中漂浮的红叶，借由御园中飞走的白鸽，传到了北平的燕王处。久经沙场的皇四叔朱棣不肯像其他几位被削藩的兄弟那样坐以待毙，于次年秋以"清君侧"的名义发动兵变，史称"靖难之役"。

公元1405年，明成祖朱棣又做噩梦了。

他梦见自己消失于大火中的侄子带兵归来；他梦见满朝大臣纷纷以死相逼，让他献出这名不正言不顺的皇位，将一切还给建文帝朱允炆；他梦见自己这些年经营的一切功业顷刻间化为泡影。

翌日，朱棣决定派人出海，寻找可能逃往海外的朱允炆，名义上则是耀兵异域，扬我国威。这事不算体面，不能交给外人来办，他千挑万选，最终将目光落在了一个名叫郑和的太监身上。他记得此人在藩邸时就跟随自己，靖难之役中，更是以内侍之身，立下军功，在勇气和毅力上丝毫不逊于朝中的文臣武将。

郑和领命，带领士卒两万七千余人，携金银财物，造巨船二十四艘，从苏州出发，开始创造出海航行的千古伟业。郑和一生曾七次下西洋，足迹遍及越南、爪哇、苏门答腊、锡兰、古里等三十六个国家和地区，多次平定叛乱，进行和平外交，对一些喜战好斗的国家进行

冷门八卦研究所

115

武装震慑，使亚非各国崇敬大明。

　　郑和下西洋还促进了明朝海运贸易的发展，开辟出了一条海上丝绸之路。各种由印度、爪哇等国运来的海外奇珍在中原有序贩卖，吸引了无数惊奇的目光。东非一个叫麻林迪的国家甚至进贡了一头"麒麟"，明朝的君臣们在御园中仰视着这头生双角，鹿身长颈，遍布花纹的瑞兽啧啧称奇，被进贡的长颈鹿也表示很无辜，在大草原上奔腾了那么多年，还没受过这样的国宝级待遇。

所以说，这世上从来就没有无缘无故的爱，明朝皇帝之所以这么沉迷于太监不能自拔，还是因为明初的太监们过于给力。这群内侍虽然身体上有缺陷，但往往与皇帝从小一起长大，会伺候人，会看眼色，办事稳妥，说话又好听，和那些脾气臭，嘴比脾气更臭，还时不时怀有异心的外臣比起来，使用感简直爆表好吗？

明成祖大喜之下，给太监们连刷了无数好评，也把亲爹"不可重用宦官"的家训远远抛到了脑后。在皇帝陛下的鼎力支持下，男人味已不再是选拔能人的必要因素，太监大本营"东厂"正式诞生了！

嗨君捡史：东厂

东厂全名东缉事厂，平时太监们不负责拧螺丝，他们的工作性质和锦衣卫类似，都是直接听命于皇帝的特务监察机构，另外也负责缉捕犯人，二者并称为"厂卫"。东厂设立的初衷是和锦衣卫均权势，但从后续发展情况来看，东厂的权力通常比锦衣卫要更大些，毕竟大太监们往往能左右皇帝的旨意，而锦衣卫只是皇帝的护卫亲军，更像是一群工具人。所以大家在影视剧里经常能看见东厂提督太监插手镇抚司，使唤锦衣卫为自己跑腿办事的场景。

除此之外，东厂提督还经常兼任司礼监太监，辅助皇帝对大量奏章进行"御笔批红"，与内阁合作，担任皇帝处理政务的助手，被称为"秉笔太监""掌印太监"。明朝中叶以后，皇帝多数或年幼，或不理朝政，这就给了太监们干涉朝政的机会。司礼监太监执掌权柄，实际地位已相当于"内相"。

明成祖仙游后，他的儿子明仁宗也很快去世，轮到明宣宗朱瞻基继位。本着"爷爷和爸爸说的一定是对的"原则，朱瞻基从祖宗那继承了内阁，也继承了一群文盲小太监。

他渐渐发现，这些太监虽说在服务领域堪称"业界良心"，但做

冷门八卦研究所

起东厂的工作来，还是有点吃力，存在一定的局限性。首先一条就是这群人不识字，侦查来的消息全靠口头传达，传着传着意思都变了，更不用说碰到一些知识盲区，甚至容易惹出一连串乌龙，这样怎么能协助自己管理好国家？

为此，明宣宗举办了大型真人秀"读书吧！太监"，特别请来大学士陈小山，教授小内使们读书。看着小太监们拿着毛笔，眼中闪动着渴求知识的光芒，明宣宗的脸上也露出了欣慰的笑容。

陈小山　明宣宗

朱元璋：朕不许太监认字读书的死命令都喂狗了是吧？做个人吧，太爷爷都把雷区给你圈出来了，你还专往里面跳！

明宣宗不光自己跳，还要带着儿子跳，跳着跳着就出事了，东厂这颗雷，果然炸了。

在我们的印象里，不管权势多么煊赫的太监，心里都有一段悲伤，因为太监和其他行业不一样，甭管你有什么特长，入行都得来上一刀，才算合格。即便不念什么"身体发肤，受之父母"，它也疼啊，所以太监们一般不是家里获罪被迫入宫，就是穷得实在活不下去了，才出此下策。

可王振不一样，这位未来权倾朝野的大太监原本是个斯文的读书人，还在私塾当过教书先生，他只是觉得当太监好，便利，是条捷径，比苦哈哈地参加科举考试容易多了，于是欣然落刀，把自己给阉了。

你没有看错，阉了。

王振显然是以祖师爷郑和为目标，虽然金银珠宝他也爱，但他拼搏的重心却没放在这里，他的第一志愿里填的是"挥师西北，建功立业"。

明英宗登基的时候，才刚刚九岁，心智方面还不成熟，很容易就被这个亦仆亦友，且有文化有思想的"王伴伴"蛊惑了。时间长了，明英宗就觉得身边的太监都不入眼，不管多得力，脸上都带着点苦相，哪像王振，眼中有光，壮志凌云！而且好巧不巧，明英宗的偶像正好是他的太爷爷、文治武功的明成祖朱棣，这一对满腔热血的主仆就奔着"高仿"朱棣+郑和的路线去了，立志要手拉手搞出一点大动静来。

随着太皇太后张氏驾鹤西归，辅政的阁老们也一一退休，明英宗内心的躁动再也压制不住，规规矩矩的北征已经满足不了皇帝奔赴刺激战场的野心，他拉过王振，问："先生，当皇帝忒没劲了，朕想做战神，但没有打仗的机会可咋办？"

王振拉住他的手，说，不慌，没有机会咱们就制造机会。遂反手就贪下一笔贡马的款项，狠狠敲了瓦剌部首领也先一笔，逼得也先当场造反，兵分四路攻打大明。

要知道，瓦剌部可不是什么小角色，当年元朝覆灭，蒙古起兵北上，分裂成三股强劲势力，瓦剌便是其中之一。到宣德年间，瓦剌部几乎统一了草原，能打得很，人家正愁着没有契机来一雪世仇呢。如今王振拱手送上战机，安有不笑纳之理？

冷门八卦研究所

这头明英宗也志得意满，放着朝中武将不用，决心带着好帮手王振，带领文武百官，率二十万大军亲征，全然不管储备的粮草够不够，军队的战斗力达不达标。在"出征"二人组眼里，只要明英宗一出场，尔等就该像鬼魂看见正午日光那样退散，乖乖受降。

可明英宗没料到，自己非但没能做到"天子守国门"，却差点实现"君王死社稷"。

二十万大军任由太监王振一人指挥，偏偏这是个只会纸上谈兵的主，出发没多久，队伍就陷入混乱，自相惊扰，全无斗志。等军队行进到大同时，沿路已经躺满了明军的尸体，军粮也所剩无几了，随行的官员们动用各种手段，科学的玄学的，诱哄着吓唬着，只求明英宗收了神通，赶快回京吧，可明英宗在王振传销般的洗脑下，竟不为所动，还想"乘胜追击"，将"北逃"的瓦剌军一网打尽。

所谓兵不厌诈，可能瓦剌人也觉得挺稀奇，早就听说明朝皇帝是个军事发烧友，怎么连这么简单的诱敌之计都辨别不出来？不过幸好在兵部尚书邝埜等人苦苦相劝之下，明英宗和王振才终于意识到局面不对，率领明军大部队赶在敌人反扑之前，急忙撤出了大同。

如果说情节发展到这里，还在正常人能理解的范畴内，可接下来明英宗和王振的操作，可以称得上前无古人，后无来者，阎王爷看了都得说一句，找死你们是专业的。

捉迷藏的小孩都知道，被人追应该头也不回地直线往家跑，可王振不知道。他坐在退兵的车驾中，望着浩浩荡荡的队伍，突发奇想，这趟军功虽没有建成，但几十万大军不能白来，最好能废物再利用一下——比如让他在父老乡亲面前长长面子。

于是他做出惊天决定，向皇帝建议大军从紫荆关退兵，绕道蔚州，请皇帝去自己的老家坐一坐。N年之后，王振早已身死乱军之中，明英宗回想起这段经历时，还会泪流满面地怀念道："还是王振好，朕这辈子就没见过比王振更热情好客的人。"

到这还没完，大军行了四十里后，王振忽然反应过来，不行啊，这么多人和马，把自己家踩塌了怎么办，就算不塌，踩到自己家的花花草草也不好呀。于是临时改主意，率大军改道向东面的宣府而去。

这一通更改路线，把瓦剌军都看傻了，全然不知道明军这么规划的用意是什么。但很快他们就看出，这并非是什么军事部署，纯粹是这对君臣脑干的缺失，于是迅速挥师来追，最终明军大半被屠，仅剩的残兵败将也因缺水和溃逃身死沙场，甚至连跟去的一干文武大臣也几乎无人生还。明英宗被瓦剌士兵俘虏，王振被杀，史称"土木堡之变"。

你以为经历了这么多，明英宗总会就此醒悟，看清王振的真面目了吧？

王振你怎么狠心留下朕一个人呢？你死以后，朕就没有见过比你还热情好客的人。

可惜明英宗没有，事实上王振没了，他比死了亲爹还难受。回到大明之后，他在南宫被囚禁了八年多才重新登上帝位，复辟后的第一件事，就是为王振正名，用香木为其塑像，希望能招回他游荡的亡魂，甚至高调地在寺庙中为他建起了旌忠祠，以寄托哀思。

〇〇 品品，什么叫（无脑）真爱粉？

可能是因为明英宗这一系列操作，太监在明朝的地位不降反升，更加无法无天起来，在明英宗继承人明宪宗这代，更是开起了分公司——西厂，人数在东厂基础上，还要多出一倍多，行业前景一片大好。

西厂的一把手提督乃是著名大太监汪直，此人曾是明宪宗和万贵妃"姐弟恋"的忠实支持者，因此深受二人宠爱。当时，京城出了一起"妖狐夜出"的诡事，妖道李子龙更是以此为契机，企图进宫行刺，被锦衣卫当场抓获。老朱家本来就是有点疑心病基因在的，被这么一闹腾，明宪宗顿时没了安全感，半夜经常惊恐得睡不着觉，又将提防对象的范围从朝中的文武大臣，拓展到了天下百姓。可天底下的百姓何止千万，这样没头没尾的事，要查什么，派谁去查，怎么彻查才能让皇帝安心满意，就都成了问题。

汪直受命出动，西厂就此诞生。

嗨君捡史：西厂

西厂全名"西缉事厂"，为明宪宗在成化十三年（1477年）设立的特务机关，厂址设于灵济宫前，由太监汪直提督掌管。西厂在东厂的基础上，又增加了审讯职能，将侦查、抓捕、下狱、提审、用刑合为一体，专门负责调查臣民的言行动向，捕风捉影，越过朝廷，直接替皇帝刺探消息。在明宪宗的无限纵容下，西厂渐渐超越了秘密特务机关的本分，开始插手朝政，他们在京城只手遮天，驱

使锦衣卫，动辄逮捕官员，严刑逼供，栽赃无辜百姓，令无数人家破人亡。汪直等人"气焰熏灼，凡西厂逮捕朝臣，初不俟奏请"，影视剧中所说的"先斩后奏，皇权特许"，便是西厂的贴切写照。

和温吞地侵蚀皇权的东厂相比，西厂的危害更加显而易见，短短五个月，就让朝野上下苦不堪言。为了争功邀赏，西厂不断捕风捉影、罗织罪名，不仅使得民间人心惶惶，更让朝政无法正常运行，无数忠良因此被诬，惊恐万状的官员们已经到了"只知有汪太监，不知有天子"的程度。

明宪宗虽然知道实情，却选择睁一只眼闭一只眼，后来被群臣逼得不行了，才暂且关闭西厂，但在一个月之后又复开，汪直的职位不降反升，从此更加肆无忌惮地翦除异己，为所欲为。

这世上没有什么东西，能获得皇家世世代代的爱，除了太监。

明宪宗的孙子明武宗比他还要夸张，不仅宠信八位大太监，力排众议重开西厂，还新增了"内行厂"。自此东厂、西厂、锦衣卫、内行厂四大机构你方唱罢我登场，都说三个女人一台戏，三群太监加上一群带刀帅小伙闹起来，自然更加无法无天，他们互相竞争，在陷害忠良一事上拼命"内卷"，生怕完不成顶头上司定下的业绩指标。一时间正经朝廷成了摆设，臣民想办事，都要先好好考虑下自己该去敲哪位太监的门，这国家不乱就怪了！

终于，在经过无穷无尽的"养蛊"后，"九千岁"魏忠贤横空出世了。

和颇有文化的王振不同，魏忠贤目不识丁，早年是个赌徒，他能做司礼监的秉笔太监，全凭自己和"老伴"客氏对皇帝的"养育之恩"。客氏是明熹宗朱由校的乳母，暗地里与提携魏忠贤的魏朝是

"对食"①，后来魏忠贤发达了，就踢掉魏朝，独占了客氏。这对奇特的"夫妻"就像一面密不透风的墙，将明熹宗的世界团团围住，让这个年仅十五岁的小皇帝别无仰赖，只能对他们言听计从。

在内，客氏被封为奉圣夫人，事无巨细地照顾明熹宗的衣食起居，直把明熹宗"照顾"到只能吃下她做的饭，喝下她泡的茶，无时无刻都要这位乳母作陪，就连大婚之时也不肯将客氏遣出，全然将她当作了亲娘。正因如此，客氏在宫中的地位远胜嫔妃，出入都需开路摆驾，跪送戒严，但客氏犹不知足，她生怕后宫女子生下孩子，母凭子贵，从自己这儿分走皇帝的爱，因此几番谋害皇嗣，将刚出世的皇子害死在襁褓之中。

对外，魏忠贤更是将"疯魔"二字践行到了极致。之前大太监们干过的坏事，他一样不落，之前大太监们没干过的坏事，他也踊跃创新。除了收受贿赂、专擅朝政、谋害忠良这些常规操作外，魏忠贤还将目光落在了古往今来太监们的共同遗憾上——没有儿子。媳妇他已经有了，但儿子这栏还空着，于是他发扬博爱精神，允许朝中大臣们认自己做"干爹"，名额不限。一时间崔呈秀、田吉等文臣蜂拥而至，田尔耕、许显纯等武将也不甘落后，就连吏部尚书这样的朝廷高官也谄媚地抱紧魏忠贤的大腿，从此朝廷再谈不上什么三省六部，有的只是魏太监的"十孩儿""四十孙"，民间就偷偷将这群人呼为"阉党"。

魏忠贤之所以能"抓住"这么多朝臣的心，靠的也不仅仅是利诱，更因为他这个人极其残忍，动不动就使用拔舌、剥皮等酷刑，几乎到了变态的程度，逼得人不得不屈服。当时社会上有一伙活跃的读书人，号为"东林党"，性质介于有志青年和键盘侠之间，专好对朝廷大事聚众评议，也用舆论的力量更改了不少历史事件的发展方向。

---

① 对食：指宫女和太监结成挂名夫妻。

到明末这群人就有点飘了，什么都敢插两嘴。不幸的是，他们遇到了狡诈多疑的魏忠贤。

起初，还只是阉党和东林党之间的较量，当然结果可想而知，只会放嘴炮的东林党哪里是魏忠贤的对手？很快就被烧了书院，死伤惨重。发展到后来，魏忠贤竟把所有朝中异己都扣上东林党的帽子，仿佛东林党的名声一坐实，就像猪养肥了，可以杀了。

据《明史》记载，当时有四个人不敢公开议论魏忠贤，就在密室中半夜饮酒，吐吐苦水，其中一人喝上头了，忍不住谩骂魏忠贤，吓得其他三人不敢作声。谁曾想那人骂声还未停，魏忠贤手下的番子们就突然闯入，将四人逮至魏忠贤的住所。魏忠贤像是司空见惯般，伸手一指令番子们将骂他的那人处"寸磔"之刑，其他三人赏赐黄金。目睹这样的惨剧，其他三人都吓得魄散魂飞，哪还顾得上什么金子。事情传出去，天下人更加畏惧魏忠贤。

这种种怪象都落在年少的崇祯帝朱由检眼中，这位决意励精图治的少帝既惊惧又惶惑，不明白大明江山怎会被一群阉人玩弄于股掌之中。因此他登基后的第一件事，就是制裁魏忠贤，清理阉党，魏忠贤自知死期将至，于河间府悬梁自尽，崇祯帝犹不解恨，令人将他的尸体肢解，悬头于河间府。

但明朝的皇帝终究还是没能走出宦官擅权的怪圈，就在除掉魏忠贤不久后，崇祯皇帝又任命太监曹化淳提督东厂，兼任锦衣卫指挥使，宦官之势卷土重来。与此同时，这个早已被太监侵蚀的朝廷已然千疮百孔，几乎再无可用之能臣。北方的后金不断冲击山海关，揭竿而起的民间起义军也越来越压不住，大明王朝气数已尽。

6.3 五行皇帝奇葩说

公元1708年，正是康熙皇帝在位时。

山东人李来朋像往常一样，在村口打了二斤酒，悠闲地往家走去。可还没走到巷子口，就见自己家院子被官兵围得水泄不通，阖家老小都缩在门口，被刀枪直指着，瑟瑟发抖。

李来朋有生以来还没见过这么大阵仗，他自问老实本分，这辈子从没招惹过什么麻烦事，想不通这横祸从何而来。过后他才知道，自己前些日子给儿子请的那个年迈斯文的教书先生，竟是传说中流落民间的明朝"朱三太子"！

原来当年李自成进北京，崇祯帝在煤山吊死，三太子朱慈炯被俘，后来流落民间，辗转至山东，从此过起了隐姓埋名的日子。为了养活一家老小，朱慈炯来到这小小的汶上县，做了李家的西席先生。

💬 "真奇了！可朝廷又是怎么知道他的真实身份的呢？"

李来朋叹息道："这就要从明太祖朱元璋开国时说起了。为了使大明朝国祚不衰，太祖皇帝诏令，明朝历代皇帝取名，最后一个字必须按照五行相生相克的顺序，因而永乐大帝名为'棣'，正统帝名为'祁镇'，嘉靖帝名为'厚熜'，代代如此。

"这朱三太子虽然自己改了名姓，却牢记着祖宗的规矩，给六个儿子都起了'土'字旁的名，就连字辈也按祖制取的'和'字，小孙子名里也带着金字旁的'钰'。咱寻常老百姓家取名哪有这么多的讲究？这才让人生疑，一查卷宗，果不其然……"

朱元璋绝不会想到，自己在取名上的一点执念，非但没能庇佑子

冷门八卦研究所

127

孙千年万载，反倒绝了朱家皇嗣的最后一支。

也可能是因为名字太有个性，金木水火土，相生相克，明朝皇帝们的个性爱好、审美趣味也呈多边形发展，且一个赛一个奇葩，有爱搞木匠活的，有爱做小买卖的，还有好养猫养蛐蛐的……仿佛没有一两个偏执嗜好，你都不好意思在明朝做老大。

相比之下老祖宗朱元璋的爱好就正常得多，无他，老朱爱老婆。

有多爱？"为你战场厮杀，为你袖手天下，与你共话桑麻"，搁在其他朝代，这都是戏台上才有的虚构爱情故事，但到了明太祖朱元璋这里，就成了实打实的浪漫佳话。

上回我们说到，朱元璋身患"帝王常见病"，疑心特别重，总怀疑别人要在自己龙椅下动土，让自己摔一个重重的屁股蹲儿。为此他建立了特务机构锦衣卫，给他们穿上扮靓的飞鱼服，配上拉风的绣春刀，这群人只对皇帝负责，专门为他侦查、审讯、缉捕那些图谋不轨，或有可能图谋不轨的朝中大臣，无数文武大臣因此遭难。

洪武十三年（1380年），宰相胡惟庸被告发勾结倭寇，意图谋反，全族惨遭诛杀，此后中国再无宰相，由此又牵扯出诸多"党羽"，李善长、陆仲亨、费聚、金朝兴等开国功臣先后遇害。洪武二十六年（1393年），蓝玉案又发，因此案惨遭杀戮者多达一万五千多人，可能早上你还在安安分分地上班打卡，到傍晚就被抄家灭族，千刀万剐。

当时的朝中官员人人自危，生怕下一个就轮到自己，因此每天清早上朝之前都要与妻儿挥泪告别，交代好后事，如果当晚平安归家，还要举家庆贺。

> 让人不由得感慨，这班上的，比上坟还凄凉。

从这儿我们可以看出来，老朱固然是一位做大事的君王，但为人又狠又毒又绝，豺狼虎豹遇上他都要脱层皮。当时大臣宋慎卷入胡惟庸案，牵连了祖父宋濂也要被处死——对，就是那个写《送东阳马生序》的学霸宋濂。宋濂德高望重，不少人冒着被杀的风险为他求情，想不到却令朱元璋联想到党羽之事，更加恼怒，他连夜登陆自己的"非死不可"主页，发布消息。

朱元璋：宋濂我杀定了，天王老子来了也留不住他，我说的！

宫人战战兢兢禀报：陛下，天王老子没来，来的是皇后娘娘。

朱元璋：哦，那……那请进来吧。

宋濂是太子朱标的老师，马皇后上来便说：平民百姓家为孩子请老师，尚且从始至终以礼相待，何况陛下是天子？而且事发之时，宋濂尚在家中，必不知情。

朱元璋一听是这么回事，可话已经说出口，浏览量过千万，再灰溜溜地点"删除"，脸上有点挂不住，于是倔强不听。

马皇后也没说什么，只是晚上吃饭的时候，酒肉碰也不碰，朱元璋问她为什么，她只答："妾为宋先生作福事也。"这下朱元璋也吃不下饭了，放下筷子，起身陷入了沉思。

第二日，宋濂得到赦免，被安置在茂州。

面对亲手造成的尸山血海，朱元璋眼睛眨也不眨；老婆不吃肉了，朱元璋慌得屁滚尿流。

马皇后贤德俭朴，合宫之内，没有不称颂她的，在她的庇护下，许多大臣及其家人得以保全。有时候朱元璋也觉得她管得太多，忍不住提醒。

朱元璋：这不是你后宫妇人该过问的事。

马皇后：陛下是天下人的父亲，那妾就是天下人的母亲，孩子过得平安与否，母亲有什么不能问的？

冷门八卦研究所

129

怼得老朱只敢低头喝茶，一句废话没有。

可你要是觉得朱元璋之所以那么宠爱马皇后，是像小说里写的那样，看重这女子命格尊贵，或容颜千娇百媚，那可就太轻视这段感情

了，这两位是实打实的患难夫妻。马皇后本是元末起义军领袖郭子兴的义女，嫁给了当时还是郭子兴部下的朱元璋。

有次朱元璋被郭子兴猜忌关押，几乎要饿死，马皇后就将厨房刚烙好的烧饼藏在怀中，想送去给丈夫吃。谁料迎面撞上了郭子兴的夫人，为了不暴露，她强忍着烫伤，故作镇定与夫人说话，直到肉被烫得焦烂才流下泪来。此事感动了郭子兴夫妇，朱元璋因此捡回了一条命，也悟了谁才是世上最爱他的人。

朱元璋小的时候过过苦日子，当过贫农，也做过和尚、乞丐，对挨饿这事心有余悸，因此他特地命人在御花园开辟出一块菜地，遇到灾荒之年，就只吃蔬菜粝米，不准在饮食上铺张。马皇后也是朱元璋的知己，她效仿元世祖皇后煮弓弦织帛衣的旧事，在后宫架起了几台织布机，亲自制缎裁衣，送给孤寡老人和后宫的王妃公主们。你种菜来我织布，堪称宫廷版"天仙配"。

可能是受这对恩爱夫妻的影响，明朝有好几位帝后都堪称婚姻典

冷门八卦研究所

范。朱棣与徐皇后少年夫妻，互为知音，徐皇后驾崩后，朱棣悲痛恸哭，亲自为皇后服丧一年，辍朝一年，余生不复立皇后。明孝宗朱祐樘更是历史上唯一真正意义上践行"一生一世一双人"的皇帝（这里拉踩下心口不一的隋文帝杨坚），他终其一生只爱张皇后一人，不纳妃嫔，不幸宫女，只想和自己老婆在一起。

生活在爸妈的神仙爱情里，朱棣之子朱高炽从小就过得无忧无虑。他为人质朴乐观，即便两个兄弟红着眼和他抢储君之位，他也只是憨厚一笑，照样对他们亲亲热热，就连对待父皇的"雷区"建文帝朱允炆，他也给予最大程度的善良，执政后重新启用建文时期的旧臣，无愧于"仁"的谥号。

只可惜朱高炽的一个爱好，断送了他的性命，致使这位英明仁善的君主继位后不到一年，就猝然暴毙。

不知道是南京盐水鸭、水晶鹅、酿螃蟹和烧芦花猪太过美味，让朱高炽根本停不下来，还是其自身体质使然，这位皇长子从小长得就和其他兄弟不大一样。别的兄弟风姿翩翩、俯身挥毫的时候，朱高炽发现自己连看自己的脚尖都费劲；别的兄弟骑马射箭、驰骋猎场的时候，朱高炽胖到需要两个人搀扶，才能艰难走路。

也许是因为体态不美，他发现父皇不是特别喜欢自己，自卑的朱高炽垂泪到天亮，悲愤交加之下，狂旋了三大碗羊汤。

虽然暴饮暴食会导致三高，危害身体健康，但"饮食男女，人之大欲"，也怪不得朱高炽总想"再吃两口"。可接下来这三位的爱好，就不仅是影响健康这么简单了，那是妥妥的玩物丧志。他们便是中国历史上著名的"动物保护联盟"，明宣宗朱瞻基、明武宗朱厚照和明世宗朱厚熜。

这三位的爱好取向各不相同，朱瞻基孩子心性，就好斗斗蛐蛐。你说这有啥？乡下小儿都能享受的娱乐活动，让天子也过过瘾怎了？可问题是，朱瞻基斗蛐蛐的规模，和一般人家可不一样，普通孩子养蛐蛐用草编笼子，天子用啥？青花瓷！

1993年春，考古学家在景德镇发现了一堆小山一样高的青花瓷碎瓷片。经过科学复原，发现这些瓷器竟无一例外都是蛐蛐罐罐——谁

家蛐蛐住全烤瓷绘青花皇家大别墅啊？这事别说您没听说过，方文山来了都得停下写词的动作。从罐底的"大明宣德年制"和罐身的五爪飞龙可以断定，这些蛐蛐罐都独属于明宣宗朱瞻基一个人。

别的皇帝坐拥三宫六院七十二嫔妃，到了朱瞻基这里，蛐蛐，蛐蛐，满皇宫都是蛐蛐。

一只南美洲的蝴蝶扇动翅膀，可以在两周以后引起得克萨斯州的一场龙卷风，朱瞻基在宫里痴迷蛐蛐，也能引起江南民间的滔天巨浪。皇帝爱斗蛐蛐的事传开了，引得达官贵人纷纷效仿，朱瞻基也遣人从江南购买最好的蛐蛐，一时蛐蛐价格暴涨，贵比黄金。

枫桥边的一个粮长奉上司之命，用自己最爱的骏马换得一只上好蛐蛐。他的妻妾好奇什么样的蛐蛐这么了得，偷偷开罐去看，谁料蛐蛐趁机一跃而出，跳入草丛不知去向了。妻子知道蛐蛐金贵，畏惧丈夫回来怪罪自己，自尽而死。丈夫归来看见蛐蛐丢了，妻子也死了，更害怕自己会因此获罪，随即也自杀了。

小小一只虫儿，半天之内竟要了两条人命，多么荒诞。

因为天子太爱斗蛐蛐，爱到了废寝忘食的程度，民间便给朱瞻基起了个外号，叫"促织天子"。促织，蛐蛐别称也，这可不是什么美名。

沉迷于斗蛐蛐的朱瞻基英年早逝，他的母亲张太后也熬成了太皇太后，老太太看着这些满皇城乱跳、昼夜吵个没完的昆虫，终于忍无可忍。在明英宗朱祁镇继位的第一年，她就迫不及待地下令砸毁了宫里大大小小所有的蛐蛐罐，就连景德镇御窑厂里刚刚烧制好、尚未进贡的成品也悉数被砸，埋入地下，蛐蛐自此在皇宫绝迹。

不过好在朱瞻基处理政事还是有一手的，完善内阁，安内攘外，息兵养民，派遣郑和下西洋，开创了"仁宣之治"，堪称治国娱乐两不误。可朱厚照和朱厚熜这对堂兄弟就不同了，他们在养宠物这条路上疯得相当彻底，颇有一种不撞南墙不回头的精神。

上面咱们讲到，明孝宗朱祐樘和张皇后琴瑟和鸣，一夫一妻，而明武宗朱厚照就是他们爱情的产物，唯一的宝贝儿子。其实他还有个二弟，但刚过完周岁生日就早夭了，所以他可以约等于这个家的独苗。

这样的身份，朱厚照非但用不着争储，家里的皇位他想不继承都不行。

这娃小时候也挺聪明的，至少精通四种语言，能写会画，爱好佛教，可惜亲爹死得早，三十六岁就去世了。朱厚照从小娇生惯养，登基的时候刚十五岁，放到现在还是个初中生，一朝没人管束了，兜里又有钱，难免想"逃课去网吧"。恰逢校门口总有一群"街溜子"在那招手勾引，小皇帝意志力不坚定，就乐呵呵地被他们哄着，误入歧途了。

这群"街溜子"，就是当时号称"八党"的八个太监，而他们勾引朱厚照的手段也十分朴实无华，他们把小太子拉过来，把一只宁夏进贡来的，还带着奶香味的幼豹放在他的怀里，问他："殿下，你喜不喜欢毛茸茸？"

没有人可以不喜欢毛茸茸，九五至尊也不行。

朱厚照喜欢动物到了一种疯魔的程度，当上皇帝后，这种酷爱有增无减。他命人在京城各处建起虎城、象房、鹁鸽房、鹿场、鹰房、羊房，还在禁城西苑开辟了一大片园林，给自己最爱的豹盖起了豪华的豹房，哪怕饮酒作乐，荒淫嬉戏，也要和自己的宠物们在一起，把好好一座紫禁城改造成了"疯狂动物城"。

除了毛茸茸，朱厚照还喜欢猪，因为他自己就属猪，所以看到集市上杀猪，他恻隐之心骤起："猪猪这么可爱，怎么可以吃猪猪？"于是敕令全国禁食猪肉，而他自己在后宫照吃不误。

冷门八卦研究所

殿下，你喜不喜欢毛茸茸？

喜欢，非常喜欢！

朱厚照：呜呜呜，朕也不想的，可是烤五花肉太香了。

可鹰犬虎豹又不会治国理政，在皇帝连续不断的放荡行径下，大明朝的局势开始走下坡路。公元1521年，将动物看得比天下苍生还重的朱厚照口吐鲜血，暴死在豹房之中，结束了荒淫的一生，年仅三十一岁，没有留下子嗣。

两天后，十四岁的宗室子弟朱厚熜被推上皇位，这位便是明朝历史上迷惑行为最多的"嘉靖皇帝"。

堂哥沉迷撸猛兽、早早驾崩的事情深深刺激了嘉靖皇帝。

这位新帝决心吸取教训，绝不重蹈先帝的覆辙。他将明武宗之死，归咎于他养的动物都太凶悍，杀伤力爆表，哪像他最爱的小猫咪？又乖又软，善解人意，除了拉屎臭了点，几乎没有缺点。

为了表达自己对猫咪的爱，嘉靖皇帝不光在宫里建起了"猫儿房"，也让妃嫔、太监一起养猫，谁养得好重重有赏，一时间宫里猫比人多，猫的地位也比人高出一大截。他最爱的三只"主子"分别叫"狮猫""霜眉""雪眉"。这三只猫被驯养得极有灵性，不仅颜值能打，肉垫柔软，还日夜陪伴在神经衰弱的皇帝身边，寸步不离。除了上朝的时候，嘉靖皇帝都在和猫咪们一起玩耍——忘记说了，作为史上最会"摆烂"的皇帝之一，嘉靖皇帝有二十多年的时间没有临朝，有些品级不够的臣子为官多年，都没见过皇帝长什么样。

可对于这些细节，皇帝陛下全然不在乎，他更关心宫里的小猫猫粮够不够吃，玩得开不开心。据沈德符《万历野获篇》记载，嘉靖皇帝宫里的猫享有极大的自由，在宫中四处横行，宫人非但不敢管束，还得恭恭敬敬地伺候着。时间长了，猫咪们便不再怕人，跳上跳下，偶尔还会扑伤年幼的皇子公主，"相遭而争，相诱而嗥"，场面别提多混乱了，有的皇子胆子小，竟被吓得"惊搐成疾"。

对此，嘉靖皇帝非但不过问，反而把猫咪当亲生骨肉般宠着，给每只猫都取了名字，宫中的人也把猫当祖宗供着，管公猫叫"某小厮"，母猫叫"某丫头"，就连被阉的"太监猫"，也得尊称一声"某老爹"。兴致来了，他还为爱猫授予封号品级，比如号称"猫中花魁"的"霜眉"就被赐号"虬龙"，这名号除了嘉靖皇帝的猫，恐怕也没谁敢叫了吧。

猫的寿命比人短得多，"虬龙"还是没能陪伴嘉靖皇帝到最后，早早去了"喵星球"。嘉靖皇帝一腔悲情，不知道怎么抒发好，本来就不大镇定的精神彻底崩溃，他不仅为爱猫打造了纯金的棺椁，举行了豪华的葬礼，将"虬龙"葬在万岁山上（没错，就是崇祯皇帝上吊的那座山），还为它立碑，上书"虬龙冢"。崇祯皇帝如若有灵，不知道与祖宗爱猫的幽魂朝夕相对，会是怎样一种微妙心情。

正当所有人都以为这场闹剧将要收场的时候，嘉靖皇帝眉头一皱，嘀咕着总感觉还少了点啥程序，而后一拍大腿，快快快！把满朝文臣都召过来，给"虬龙"写篇祭文，助自己的爱猫早登极乐。满朝

文臣你看看我，我瞅瞅你，不知自己是造了什么孽，更不知道这祭文从哪写起，是歌颂猫主子文武双全，还是赞颂猫主子为社稷鞠躬尽

瘁，死而后已。这时，一个名叫袁炜的学士急中生智，大笔一挥，说"虬龙"此去乃是"化狮成龙"，哄得圣心大悦，竟提拔他做了礼部尚书，补入内阁，可怜猫儿，死后还被佞臣沾了一回光。

除了爱猫外，嘉靖皇帝还爱好修道，古代皇帝修道求长生的手段比较单一，从秦始皇到宋徽宗，能做的无非是炼丹、做道场、给上天写信这几件事，对比嘉靖是一件也没落下，斋醮年年开，吃丹药比吃饭还凶，祈福的祝词成摞地烧，老天耳朵都要磨出茧子了。嘉靖对道教的迷恋还直接影响了朝局，当时的宰相严嵩就是因为特别擅长写"青词"①，能帮皇帝"上天言好事"，因而得到重用。上面说的礼部尚书袁炜也是个青词高手。

说完祝词，咱们再来看看嘉靖平时都吃些什么药。在古代，炼丹添加点铅、汞、硫黄之类的重金属，那都是常规操作，嘉靖皇帝不满足于此，他采纳了采阴补阳的思想，创新性地在里面添加了宫女的经血。

是的，你没有看错，我先呛了，你们随意。

嘉靖皇帝执政中后期，本就暴戾多疑，一有不顺心，就要杀人。宫人们承受着精神和肉体上的双重折磨，终于忍无可忍，想着与其死在他手里，不如先下手为强，于是在1542年发动了"壬寅宫变"。虽然嘉靖最终没被宫人们活活勒死，却也因此不再信任旁人，而且更加迷信，全心全意投入修道做法事中，致使国政荒废，倭寇横行，朝局不稳。

无论嘉靖皇帝有多聪明的脑子，用尽权术把控朝局，也不能抑制这些奇葩的行径带来的后患。

嘉靖皇帝死后，明朝又经历了几位爱好各异的皇帝，最终来到了朱由校和朱由检两兄弟这里——从名字就可以看出，五行正好轮回到

① 青词：亦作"青辞"。道教举行斋醮献给上天的奏章祝文。

"木"，因此这两位的一生也都和树木挂钩，难舍难分。

或许出于自觉，不能堕了朱家"木系法师"的威名，朱由校称得上一位天生的木匠。咱也不知道这位凤子龙孙天天待在紫禁城里，是怎么跟木工活儿沾上边的，也不晓得什么木工活还需要皇帝陛下亲自干，可他就是这么不可救药地爱上了这行，大到宫殿园林，小到妆奁、模型，就没有朱由校不会做的。

现今都喜欢宣扬"工匠精神"，赞扬某些工匠一生醉心于技术，对金钱名利全都不屑一顾。朱由校的的确确做到了爱好木工这一行。除了自己手头的木工活儿，这世上就完全没有他在意的事了。

东林党争，他睁一只眼闭一只眼；魏忠贤客氏乱政，他听之任之；王恭厂火药库都炸上天了，朱由校依旧懵懵懂懂的，只想着自己的新木工作品要怎么改进设计才好。作为一位木匠，朱由校堪称业界楷模，不论大小木头，经过他的手，都能变成巧夺天工的艺术品。"明熹宗天性极巧，癖爱木工，手操斧斤，营造栋宇，即大匠所不能及。"他觉得自己睡觉的床过于笨重，就独立设计，造出了轻便美观的折叠床；他喜欢木偶戏，就亲手完善木偶细节，一丝不苟；他甚至称得上木工界的大发明家，能吐球的永动喷泉，微缩的宫殿景观群，样样让人叹为观止。

和其他纵情声色、豢养珍兽的祖宗们比起来，埋头于木工活儿的朱由校显得那么朴实，令人不由得想问上一句："师傅，您是做什么工作的啊？"

可能直到生命的最后，朱由校握着弟弟朱由检的手，才隐约想起来自己的本职工作是个皇帝，只可惜为时已晚。朱由检接过哥哥的烂摊子，最终还是应了自己的"木"命，当然，是以另外一种形式——公元1644年，崇祯皇帝吊死在煤山的老歪脖子树上，结束了无甚嗜好却身不由己的一生。

读了这一章，你会发现，没点儿拿得出手的爱好，你还真不好意思在明朝当皇帝。

老朱家立志要把"会玩"演绎到极致，前有热爱按照五行取名的明太祖朱元璋，后有热爱美食，把自己喂到行动困难的明仁宗朱高炽；前有被太监撺掇着御驾亲征去打瓦剌的伪军事迷明英宗朱祁镇，后有热衷于姐弟恋、专宠万贵妃的明宪宗朱见深。继斗蛐蛐王者明宣宗朱瞻基和驯兽爱好者明武宗朱厚照之后，明世宗朱厚熜也不甘示弱，将毛茸茸的猫主子们捧在了手心里……

和他们比起来，明熹宗无疑是发烧友中的"技术流"。作为一名天生的木匠，他专注于木工活儿，做出来的工艺品巧夺天工，魏忠贤看了都直竖大拇指，惊呼："天纵聪明，非人力也！"

只可惜"玩物"过度不免会"丧志"，因此明朝摆烂的皇帝也特别多。一般人都是上班时间摸鱼，到了明朝皇帝这里，直接改为摸鱼摸得爽了，才抽空上两天班，更有嘉靖和万历这种动辄二三十年不上朝的金牌宅男，别问，问就是皇帝在忙着权术和制衡。明朝政治体系较为特殊，君臣之间往往不玩合作玩心机，每隔几届就能培养出一位心机深沉的幕后Boss。

其实在明朝做皇帝也挺难的，不仅要同内阁辅臣斗，同权宦奸佞斗，还常常要同自己的骨肉至亲刀兵相向，前有朱棣、朱允炆叔侄相杀，后有朱祁镇、朱祁钰兄弟反目，也难怪崇祯皇帝朱由检会在穷途末路时对着女儿怒叹："胡为生我家！"

在明朝，不单单做皇帝难，做大臣，更难。

明初，明太祖朱元璋为了加强皇权，不仅废除了丞相一职，还

冷门八卦研究所

141

株连了无数与胡惟庸、蓝玉等人有牵连的官员，企图从根本上终结"皇权相权"之间的斗争，一劳永逸，但他没有想到，自己的这一措施恰恰为明朝的统治埋下了巨大的隐患。

永乐年间，明成祖建立了内阁制度。内阁原本只是作为皇帝理政的"秘书班子"存在，然而到了宣德年间，明宣宗朱瞻基完善内阁制度，启用"三杨"①辅政，赋予了他们更大的行政权和审议权，也不再刻意压制他们的官阶和品级。但内阁辅臣在协助皇帝处理政务的时候，免不了要与司礼监的掌权太监们打交道，内阁们就奏章所作的"票拟"，也往往交由司礼监太监们代皇帝来"批红"，这样便形成了皇帝、阁臣、太监三方合作理政的奇观。

内阁制度建立后，明朝专权的大臣非但没有减少，反而呈现反弹趋势，权倾朝野的宰辅名臣接连出现，他们中有结党营私、操纵权柄的奸臣，有阿谀奉承、祸乱朝纲的佞臣，但更多的是为国家社稷舍生忘死、甘愿牺牲自身的忠贞之士。

而在这些名臣之中，张居正无疑是特殊的，有人斥他不忠不孝，有人弹劾他排除异己、醉心权术，但没人能否认，他在万历年间进行的一系列改革曾拯救大明朝于危亡之中。他推行的"考成法""一条鞭法"都是伟大的创举，不仅在当时产生了巨大的积极影响，造就了"万历中兴"，而且惠及后世，利在千秋。

在本章，我们还了解了"东厂"和"西厂"究竟有何区别，认识了明朝那些"无法无天"的太监。

从朱元璋时期的"云奇告变"到崇祯皇帝与太监王承恩相对自缢于煤山，明朝皇帝与太监之间的关系贯穿整个王朝始终，有着剪

---

① 三杨：指杨士奇、杨荣、杨溥三位内阁大学士。

不断、理还乱的无尽"缘分"。在明朝，甚至还诞生了郑和这样成就远超内阁的太监界"伟人"。

可除去这些形象较为正面的特例，明朝的太监们通常都是以反派形象出现的。他们利用种种手段，操纵皇帝，以锦衣卫为爪牙，结党营私，屠戮忠良，可谓贪得无厌，作恶多端。王振鼓动明英宗亲征瓦剌，酿成"土木堡之变"，差点断送了明朝基业；明宪宗重用"西厂"提督汪直，搞得朝野上下怨声载道，太监们无法无天；明武宗宠爱"八虎"，沉湎"豹房"，最终自掘坟墓，一命呜呼，这样的事情在当时不胜枚举。

宦官干政，几乎历朝历代都会有，但在明朝，太监甚至可以操控皇帝，大肆抓捕大臣，罗织罪名，大兴诏狱，在朝野间横行无忌，这在历史上却是极为罕见的。

在历代皇帝不懈的纵容和放任下，"权宦"这颗毒瘤越长越大，终于，"九千岁"魏忠贤横空出世。这位终极大太监伙同明熹宗的乳母客氏，狼狈为奸，勾结朝臣，专擅朝政，大肆屠杀东林党人，大力扶植依附自己的"阉党"势力，致使天下"只知有忠贤，而不知有皇上"。

虽然明朝的皇帝也时常会出手，铲除那些专断国政、无法无天的大太监，但明朝的权宦本质上就是皇权专制的产物，是皇帝用于制衡、对抗朝臣的"有毒暗器"，这也是明朝"宦官乱政"怪象始终无法消除的根本原因。

第七章 马背上的黄金帝国

史上最能打的民族闪亮登场，成吉思汗感叹，真想向天再借五百年！康熙雍正乾隆表示不服，谁还不是个套马的汉子了？元曲行业好剧井喷，《墙头马上》《窦娥冤》《倩女离魂》演一演。清末掀起代购狂潮，太平梦里升起了硝烟……

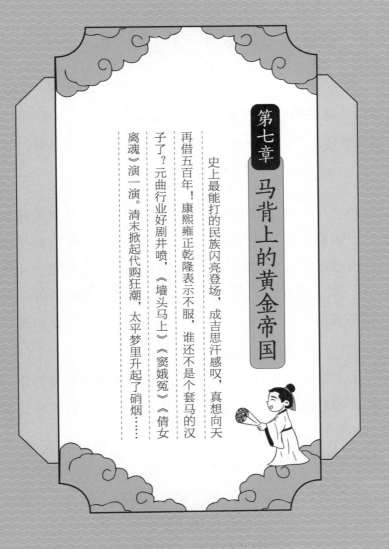

7.1 盘点北方狼族那些稀奇古怪的名字

> 他们从高原横冲到低谷，摧毁了当前的一切，又像一道爆发的山洪那样退得无影无踪——绝对没有什么固有的生存原则。
>
> ——黑格尔

公元13世纪，一支原本默默无闻的草原部族如从天而降般崛起，他们勇猛、粗犷，擅长畜养骏马，逐水草而居，向东灭掉了强大的金国，向西击败了与之为敌的西辽，向南吞并了西夏和宋朝。国土面积急剧扩大，东尽辽左，西极流沙，南越海表，北逾阴山，成为世界史上连续版图最大的黄金帝国，征伐的马蹄到了黑海和波斯湾犹未停息。

信奉天主教的西方人从未想象，也无法解释这股强势迫近的东方力量，惊疑和恐惧之下，只能像八百年前称呼匈人首领阿提拉一样，将其视为灭世的"上帝之鞭"。

这便是中国历史上的元朝。

元朝的前身，是成吉思汗统一蒙古各部建立的大蒙古国，这段历史有其特殊性——直白点说，电视剧都不怎么演，所以也不能怪大家一知半解，很多人仅有的一点相关历史储备，都来自金庸老先生的两部武侠小说《射雕英雄传》和《神雕侠侣》。

一望无际的草原上，白云朵朵，苍鹰翱翔，美丽的华筝公主和傻小子郭靖骑马驰骋于蒙古包之间，给这段懵懂感情作背景板的大人物们，在真实历史上搅弄风云，也构成了我们对蒙古国最早的印象。

记忆里这些人的名字都很奇怪，什么铁木真、扎木合、哲别^①、窝阔台……让人完全搞不懂他们的取名规律。其实要解释也很简单，这些都是蒙古话音译成汉话之后的说法，就跟今天Jack叫"杰克"、Rose叫"露丝"一样，中国古代也习惯将外族人的名字按照发音，翻译成汉文，好不好听全凭运气。譬如北魏孝文帝的姓氏译成"拓跋"就很威风，有文韬武略的范儿，但还有一种写法叫作"秃发"，就显得很"秃"然，发量不太多的样子。

蒙古人给孩子取名没汉人那么多讲究，也不看金木水火土，一般身份高一点的，意思也会好一点，例如铁木真的几个儿子的名字，"术赤"意为强壮，"察合台"意为高贵之人，他的孙子、元朝开国皇帝"忽必烈"的名字，则意为"家业、血统的继承者"。

还有一部分蒙古名人的名字，取材于日常生活中常用的器物。小说中郭靖的安答"拖雷"，铁木真第四子，他的名字就意为"镜子"；郭靖的骑射师父，蒙古名将只儿豁阿歹，在投降铁木真后，被赐名"哲别"，即箭的意思，意在夸赞他箭术精准；而铁木真父亲的名字"也速该"在蒙语里则是毡子的意思，应该是家人取名时，希望他能像羊绒毡子一般温柔宽厚、包容一切。

可能因为自己的名字略微显得有点草率，也速该给自己儿子取名时，也不是那么太上心。作为草原上一支部族的首领，那年他率兵与塔塔儿部交战，大获全胜，还擒获其首领"铁木真兀格"，策马回家时正赶上大儿子呱呱坠地。也速该正想着怎么在部族间扬名立威呢，脑子里两根弦"啪"地一搭，眼前顿时浮现出一句话："想要真正征服一个人，就去当他爹。"

于是孛儿只斤·铁木真横空诞生了！

铁木真2号：怎么说？有点怪，但又说不出哪里怪。

铁木真2号自小便显露出了过人的才能，凭本事把自己活成了正

版。和所有成长型大男主一样，他的父亲被仇家下毒，早早便领了盒饭，铁木真和母亲、兄弟被族人抛弃，只能靠捡果子、挖草根果腹，在这种艰难的环境下，小铁木真很快完成了一杀，而这第一滴血来自他的亲兄弟别克帖儿。

唐太宗李世民表示，这剧情我熟，讲起来老复杂了，情感纠葛至少演三十集。铁木真则坦白，在我们草原，没那么复杂——他和他弟虽跟我同父异母，但总抢我的鸟和鱼，我就和我弟一起把他射死了。

三十个字解释得明明白白。

别克帖儿死得很是服气，只是在临死前哀求铁木真，说："你杀了我也就算了，别杀我弟弟别勒古台，留下他日后为你效力。"

要是放在常规剧本里，别勒古台肯定就被"斩草除根，以绝后患"了，可现实中铁木真答应了，多年后别勒古台也真的成为他的左膀右臂。所以大家应该也看出来了，蒙古人的脑回路和我们之前看过的传统剧情都不一样，游牧民族的生活和思维方式很多时候就不能用农耕民族那一套来解释。

小小年纪就敢拿同父异母的亲弟弟祭天，铁木真这娃注定不走寻常路，泰赤乌部的首领塔尔忽台·乞邻勒秃黑也看出了这一点。这个人的名字很长，大家不用记，你只需要知道他的名字是"嫉妒者"的意思，一看就是龙套反派的命。

当初，他趁着也速该暴毙，抛弃了铁木真母子，裹挟着部众而去。大男主崛起后，这种人是第一个要被收拾的，所以他决定先下手为强，派人袭击并擒获了铁木真，铁木真趁看守不备逃脱，又被一路追杀，最终在奴隶锁儿罕失剌的掩护下，躲在了羊毛车里，才逃过一劫。

锁儿罕失剌：不用谢，我只是上天派来在这里等你的NPC^①。

马背上的黄金帝国

---
① NPC：游戏术语，指不受玩家操纵的游戏角色。

顺利逃脱后，铁木真来到克烈部，投奔父亲旧日的"安答"王罕，在王罕的支持下逐渐成长起来。当时的蒙古各部之间各自为政，彼此争斗不休，仇怨不断，没有强大的凝聚力，只能向金国称臣，受他们的压迫，铁木真决心要改变这一切，但这条路上充满了艰难险阻，他不仅要应对强大的泰赤乌部，还要面对与自己有杀父之仇的塔塔儿族。就在他的实力日渐强大之时，他的"义父"王罕和"安答"扎木合早已联合起来，准备好对他进行新一轮背刺。

嗨君捡史：班朱尼河盟誓

《元史·扎八儿火者传》记载：铁木真最艰难的时候，他的身边只剩下十九位忠诚的"那可儿"（蒙古文意为亲兵、伴当）和少量残兵，只能靠射杀野马果腹，喝浑浊的河水解渴。即便这样，铁木真也没有言败，他捧起一抔班朱尼河的泥水，饮下后高声盟誓："使我克定大业，当与众人同甘苦。苟渝此言，有如河水！"众人都被激励，纷纷掬水盟誓，部众因此士气大振，夜袭王罕大营，铁木真大获全胜，为未来统一草原奠定了重要基础。这十九位那可儿始终追随其左右，成了蒙古国的开国功臣。

以绝对实力打败王罕和扎木合后，铁木真迅速统一草原，建立了大蒙古国，被尊为"成吉思汗"，成为蒙古所有部族的主人。他的儿子们乐了，纷纷举办宴会饮酒庆祝，明里暗里开始争夺家产和继承权，成吉思汗恨铁不成钢地瞪了他们一眼："这点战绩就飘了？别忘了，我们的征途是星辰大海！"

当时的蒙古国能不能看到海，咱们不去深究，可以确定的是，过不了多久成吉思汗就能看见了，别说一般的海，"里海"都不在话下。

通常我们的目光都聚焦在南宋那片，南宋的臣民沉浸在割地花钱营造出的安稳梦中，没有特别动荡的感觉，其实当时的天下被分得相当碎，尤其是北方，你方唱罢我登场。原来北方的大哥是辽国，但家业一旦大过了头就不好管理，东北发家的"老铁"金国很快后来居上，灭掉了大辽。到成吉思汗时期，主要被分为四块，分别是金国、蒙古、夹缝中生存的西夏，以及辽国残余势力占据的西辽。

现在提问，如果你是成吉思汗，你先打谁？

好，思考时间结束，成吉思汗的答案是：单什么挑？要打就一起打。他一个挑对面一群，顺便还灭了个叫花剌子模的中亚国家。

"花剌子模"，这个听起来很像馅儿馒头的国家和谁都挨着边，所以有史以来日子就过得贼惨，哪个帝国版图扩张了，都要来它这儿站一脚。波斯帝国强大了，它就归波斯，马其顿帝国强大了，它就归马其顿，阿拉伯人、突厥人、波斯人、月氏人都统治过它，拜火教、摩尼教、基督教、佛教、萨满教和伊斯兰教在这片土地上更迭，隔段时间就得换个信仰，再被宗教徒血洗一回。

就这么一个在夹缝中生存的国家，你安安生生待着不就完事了，那可是蒙古，那可是成吉思汗时期的蒙古，好好地你惹它干啥？

花剌子模：我就不，我统一了阿富汗！我是中亚三强之一，我鼎盛了，我要和成吉思汗对刚！

公元1215年，花剌子模王国诬告成吉思汗派去通商的商队为间谍，将其屠杀殆尽，侵吞了商品和骆驼。当时成吉思汗正忙于与金国的战事，本想放宽气量，派使者前去和谈，结果花剌子模国王在雷区疯狂跳踢踏舞，反手就杀死了使者，还剃光了副使的胡须。

成吉思汗：……

成吉思汗：木华黎，金国暂时就交给你了。我？我去教一教他们，"死"字是怎么个写法。

马背上的黄金帝国

公元1221年，蒙古大军攻占花剌子模国旧都，遇城屠城，超过百万人被杀。随后，花剌子模这个中亚大国火速被灭，宣告了蒙古人西征的开始。

嗨君捡史：蒙古西征

公元1219年至公元1260年期间，成吉思汗及其子孙共进行了三次西征：第一次西征远抵里海和黑海以北、伊拉克、伊朗、印度等地；第二次则一直打到了俄罗斯、匈牙利、波兰，此次西征后，元朝的四大汗国之一钦察汗国就是在此基础上建立的；第三次西征远及叙利亚、埃及、伊拉克等国家和地区，另一大汗国伊利汗国也就此建立。

三次西征将蒙古国的疆域扩大到了可怕的程度，最鼎盛时期，实际控制国土达到了2725万平方公里以上。蒙古人凭借着高超的骑射技术和日行百里的蒙古马在西征的战场上所向披靡，一方面给西亚和东欧等被征服地区带去了深重的灾难，另一方面也史无前例地打通了东西方经济的通道，加速了东西方商业和文明的流通，对世界的发展产生了重要影响。

能挣到这么大的家业，把大半个欧亚大陆都揽入怀中，成吉思汗一开始肯定也是没想到的，毕竟他的初衷只是带着统一后的草原部族，报报世仇，开拓下牧场，再狠狠地踢一脚当初总欺负自己的金国的屁股。

结果战斗力太猛，情势就有点失控了。

原本草原上的蒙古人日日生活在金国的压迫下，不仅要年年进贡羊羔、马匹和美女，还常常为金国使臣给哪个部落封官大打出手。现在站起来的蒙古汉子们终于能走出家门转转，本以为自己刚出新手村，谁都打不过，结果挨个找对手练练，才发现自己这么猛。

谁都打不过自己！

公元1218年，成吉思汗令哲别率骑兵两万，攻打西辽，西辽就此亡国。公元1227年，成吉思汗倒在了征伐西夏的战争途中，但游牧民族的野性让他的子孙们不可能就此停下，同年西夏灭亡。公元1234年，蒙古与宋朝南北夹击灭金，致使蔡州城陷，金国覆亡。

谁都没有料到，几大民族剪不断理还乱，纠缠了整整几百年的复杂关系，在不到二十年的时间内，被蒙古人快刀斩乱麻般"解决"了。

公元1271年，成吉思汗的孙子忽必烈建立元朝，与此同时，南宋襄阳城已经在元军的围攻和炮火下坚守了四年。忽必烈没有想到，这群看似文弱的汉人竟如此顽强，蒙古铁骑在北方战场上所向披靡，向无敌手，却在这座古老城池前寸步难行。

嗨君捡史：襄樊保卫战

公元1268年，元世祖忽必烈派兵包围襄阳、樊城，封锁汉水，阻击宋朝援军，意图夺取此处天险要冲，为挥师攻宋开路。而奸相贾似道竟封锁消息，直到三年后，宋度宗才知晓此事。在这种外有强敌、内无援军的艰苦环境下，襄阳军民竟凭借顽强的意志和地理优势坚守了将近六年。

公元1273年，襄阳城遭受元军回回炮猛攻，终因粮尽力竭而失守，主将吕文焕只得开城投降，抗元名将牛富、边居谊赴火而死，为国捐躯，荆湖都统范天顺亦自缢殉国，以全节烈。至此，腐朽的南宋王庭再无屏障可依，在吕文焕的招降下，沿江将帅纷纷不战而投元，贾似道此时仍不思救国，想故伎重施，向元朝纳币议和，遭到拒绝。

公元1276年，南宋都城临安被元军攻破，五岁的宋恭帝被俘虏，宋臣陆秀

马背上的黄金帝国

夫、文天祥等人带着新拥立的小皇帝一路南逃，先至福州，又被追到广东，最终逃到崖山海岸，再无路可退。

到这个节骨眼上，南宋说好听点，叫大势已去，说直白些，那叫毫无疑问，板上钉钉，马上就要完了。

一般仗打到这个份儿上，就没什么战败民族出场的机会了，接下来甭管你情不情愿，也只能挂着眼泪收拾收拾，在破碎旧山河间做亡国奴。但汉文化的强悍之处，这时候就体现出来了——别管到了多么山穷水尽的地步，汉人永远能找到一种方式，贯彻自己的精神，哪怕是在别人的主场，也能抢回自己的麦克风。

今天的广东省江门市，有一座依山而建的"崖山祠"，祠中供奉着三位南宋忠臣的塑像，他们神情肃穆，仿佛仍凝视着祠堂外滚滚的海水，为家国破碎而悲愤忧思，他们的名字叫作文天祥、陆秀夫和张世杰。

公元1279年，风雨如晦，海面上波涛汹涌，密密麻麻漂满了死尸，就连海浪都泛起阵阵血腥气，南宋水军大败，最后的一道防线崖山已被元军攻破。四十四岁的陆秀夫先将自己的妻子儿女赶下海去，而后背着年仅八岁的小皇帝赵昺投海而死，随后十万军民紧随其后，在悲痛和无望中跳海殉国，南宋自此灭亡。

同年，张世杰安葬了自杀殉国的杨太后，而后任自己乘坐的小舟卷入飓风之中，在平章山下溺亡。而"三杰"之中的文天祥吞龙脑自尽未死，绝食也未死成，被元军俘虏北上，在途中留下了那首世人闻之无不落泪的《过零丁洋》。

"人生自古谁无死？留取丹心照汗青。"

一路上，无论元军如何威逼利诱，甚至以妻女相威胁，文天祥都不改气节。忽必烈听说南边的汉人中，再无胜过文天祥的人了，便亲自召见他，许以高官厚禄，承诺只要他愿意降元，到了元大都，他可以依旧做宰相，文天祥却不肯答应。忽必烈仍不死心，问他有什么心愿，文天祥答："天祥受宋恩，为宰相，安事二姓？愿赐之一死足矣。"

文天祥死后，事迹流传天下，南北之人不管认不认识他的，莫不流涕惊叹，乐道其平生。这位宋末的宰相真正做到了孟子所说的"富贵不能淫，贫贱不能移，威武不能屈"，正如他的祭文中所写，文天祥之死，使"山河顿即改色，日月为之韬光"。

就在同一时代，也有一位汉人，他非但全心全意为忽必烈效力，甚至还成为元朝的开国功臣，更奇怪的是千秋后世、历朝历代竟无一人斥他不忠，反而纷纷歌颂其运筹帷幄，智计无双。

此人便是法号"藏春散人"的元代政治家刘秉忠。

在北方骑着烈马收人头的时候，忽必烈绝对想不到，自己未来的黄金搭档会是一个汉人，还是个云游四方的和尚。随着蒙古国国土越来越大，这位蒙古国未来的首席执行官忽然意识到一个问题，还是一个相当严重的问题，那就是自己光会打天下，可这么大的天下要怎么管理，别说他不懂，就是他爷爷成吉思汗也没考虑过！

怎么统治好这样一个多民族国家？怎么让普天下的百姓好好干活，按时缴税？要建一个什么样的朝廷，地方官制又要怎么设？攻占的城池里的老百姓是杀还是留？南方大片的土地是种水稻还是放羊？对了，离天下一统只差半步，总不好还叫大蒙古国，改朝换代咱取个啥名好呢？

忽必烈和手下的安答、那可儿们你瞪着我，我瞪着你，憋得一个头两个大。

这时候，有人弱弱地举手了，说咱们这要是有个精通儒释道、天文、地理、律历、数学、建筑、书画，最好还能兼职写点流行音乐的N

边形战士就好了。

忽必烈心想,做梦能不能挑点有边的做,你这说了相当于没说。想不到出门就碰到了北方禅宗领袖海云法师,法师说,来得正好,我给您引荐个人才。

忽必烈欣喜若狂,但嘴上还是说:法师,我这团队可不是那么好进的,我要求可多啊。说话间把上面的那些需求列了个表,拿给法师看。

法师笑道,您放心吧,我给您推荐的是位斜杠青年,而且相当能"杠",您说的这些就没有他不会不精通的。

就这样刘秉忠闪亮登场,试用期还没过,就把一封十万多字的"管理层企划书"摆在了忽必烈的面前,上面从户口赋税到官员考核,从文化教育到选拔人才,从法律历史再到刑狱农业,都梳理得明明白白,堪称一本"同事看了怀疑自我,老板看了潸然落泪"的"汉化通关宝典",有看不懂的地方,刘秉忠还能随时展开解释。

中心思想就一句话,他是在告诫忽必烈,虽然蒙古是"以马上取天下",但绝不可以"马上治天下"。

忽必烈正式即位后,刘秉忠更是承担起了规划新都城的重任,一手包办了元朝官职、朝仪的制定,文武百官服饰的设计,甚至连元朝的国号都是刘秉忠提议的,取自《易经》中的"大哉乾元"之意。

如果说忽必烈靠打仗"整"了个天下,那么刘秉忠就把它变成了一个真正意义上的国家。

但若只是提出了这些,刘秉忠顶多算个管理学顾问和汉化学者,这位帝王私教真正了不起的地方,在于他给忽必烈发了"赞以天地之好生,王者之神武不杀"的超强力"洗脑包",直接挽救了无数汉人和被侵略地区百姓的生命,夸一句人类福音都半点不为过。

要知道,在此之前蒙古的征伐政策向来是打到哪里,屠到哪里,抢劫到哪里。可自从刘秉忠提出这个建议后，忽必烈深以为然，裂帛为旗，上书"止杀"二字，令军队破城之后不得滥杀无辜。虽然战争避免不了血淋淋的伤亡，但限制对无辜者的屠戮已然算得上救世之举，更不用说刘秉忠上书制定的那些政策，也避免了数以万计的百姓因战乱逃荒、居无定所而死亡。

元曲中曾唱道："宁为太平犬，不做离乱人。"

如果是在太平盛世，文天祥和刘秉忠这两位杰出的汉人或许有机会同朝为官，可能还会成为挚交好友，可飘摇的时局却让他们生在南北，走上了两条截然相反的道路。

即便这样，他们仍在乱世之中，用自己的方式，诠释着自己的"道"，维护着自己的信仰，他们都在用一己之力，照亮这片看起来不甚光明的世界，让它看起来不至于那么黑暗。

马背上的黄金帝国

7.2 说之前先给大家唱一段吧

相信每个困于考试周的可怜人，都曾在开考前暗戳戳向老天虔诚许愿："希望考试能彻底从这世上消失！"

老天看你诚意可嘉，决定实现你的心愿。等你再次睁开双眼时，你惊讶地发现，自己所在的这个世界竟真的没有一个考场，家家户户无人温书，灯前月下没人刷题，考试仿佛彻底从世上消失了！

这时，一个声音阴恻恻地在你耳边响起：

欢迎来到大元朝！

穿越列车一路来到了元朝。在这里，你将收获一个好消息：公元1234年至公元1312年的科举考试，因不可控因素，全部取消，北方的

学子们整整八十年不用考试；你也将听到一个坏消息：没有读书人因此而高兴。

随着科举考试大门的紧紧关闭，平民百姓的上升渠道也被彻底封死，朝廷完全成了蒙古贵族的天下，千千万万的读书人当场"失业"，各行各业被划分为"十流"：一官、二吏、三僧、四道、五医、六工、七匠、八娼、九儒、十丐——注意，这里的"官"不再是我们印象中的"士大夫"，而是高高在上的蒙古贵族，地位尊崇的读书人一夜之间沦为连娼妓都不如的存在，换谁能高兴得起来！

直到元仁宗皇庆二年，也就是公元1313年，科举考试才被恢复，但就像拿去修的电脑在重启后总会丢几个文件一样，恢复后的元朝考试，也和先前大家认知中的"两模两样"：它不再把"招贤纳士"当作第一口号，转而充满了压迫、歧视和等级分化，明晃晃地将"不公平不公开不公正"进行到底。

元朝的科举制度大多仿造宋制，但录取人数大为缩减，从宋朝时的动辄上千人，减到了每届一百人——注意，这一百个人还被分为四个榜，蒙古人、色目人、汉人、南人各录二十五人。不明真相的吃瓜群众掰掰手指，真不错，录取人数都一样，多公平啊！

但汉人的人口基数本就极大，读书人比例较之游牧民族大得多，在这种极度不公平的取士制度下，能考上的汉人本就寥寥无几，可为了防止这些汉人进入朝廷中枢，蒙古贵族又在制度上进行了层层加码。不仅在考试难度上，汉人的考题要比蒙古人、色目人难得多，就算侥幸考上，汉人在元朝也不准做高官、领厚禄。

饥肠辘辘的读书人穷得两眼发蓝，走在元大都的道路上，就差解下腰带在城隍庙中吊死了，这时路边忽然蹿出一人，笑吟吟地拉住他们的衣袖，招揽道：

"兄台，进娱乐圈吗？"

马背上的黄金帝国

159

"……"

"好混吗？"

"好混！就凭您的文才，分分钟写两部剧本那都不是事儿，万一有哪部火了，还能小赚一笔，不比搞什么学问划算多了！"

《窦娥冤》的作者关汉卿就是这么被忽悠上"贼船"的。按照上面列的时间，这位生于1234年左右，卒于1300年上下的大文豪连元朝科举的边都没擦到，却"不幸"生了一身的文艺细胞，靠在勾栏瓦肆间写剧本成了"元曲四大家"之首，自称是"普天下郎君领袖，盖世界浪子班头"。

关汉卿为人狂傲不羁，从不向世俗低头，一生专写英雄美人、市井智慧，揭露社会的黑暗和官场的腐朽，在《南吕一枝花·不伏老》中更是形容自己："我是个蒸不烂、煮不熟、捶不扁、炒不爆、响珰珰一粒铜豌豆。"

俗话说"时势造英雄"，关汉卿在元曲界能取得这么大成就，也不能全部归功于他的个人天赋，公元13世纪的元大都，正是戏剧发展的行业风口。

元朝以前，普天下的文艺风向都由士大夫把持着，这群人自恃肚子里有几两墨水，闲暇娱乐也是怎么高雅怎么来，平日里焚香点茶，飘飘欲仙，就连乐伎唱的宋词，也"阳春白雪"①得不得了，即便夹杂着几首俚俗打趣的，也绝不是主流，换换口味听个乐儿罢了——依旧不是为贩夫走卒搭的台子。

可是一夕之间蒙古人闯了进来，这群大碗喝奶茶、大块吃羊肉的莽汉掀了南人的香案，泼了浮着雪沫的茶汤，将读书人从戏台下赶到了戏台上，台下看戏的主顾便也跟着换了身份。打铁的、算命的、杀猪卖肉的、南北往来做生意的……日落时分吃罢了烧烤和涮羊肉，闹哄哄地涌进勾栏瓦肆里，花上白天赚的一点钱，看场好戏，图个热闹。

底下的观众吆喝的吆喝，剔牙的剔牙，还有人卧在墙根喝酒嚼槟榔，面对这样的观众，你依旧给他们唱唐诗宋词，搞高雅音乐？这肯定是赚不到票钱的。"制作人"们一琢磨，还是要走通俗路线，保证每个观众都能听得懂，没事走在街上还能哼两句，曲调流传起来，生意不就来了？

马背上的黄金帝国

——————————

① 阳春白雪：原指战国时代楚国的较高雅的歌曲，后比喻高深的不通俗的文学艺术。

可是光有歌曲串烧还不够，最好能把说书先生的话本也编成戏词，绘声绘色地唱出来，让台下观众看完上集就好奇下集的剧情，最好打造几部"现象级"爆款剧，让元大都的百姓们挤破了头也要看。

在这种流行风潮的引领下，元曲的两大门类"元散曲"和"元杂剧"应运而生。

162

 嗨君捡史：元散曲

散曲是指金元时期，继诗、词之后，流行于北方的又一种新兴诗体，在当时被称为"乐府"和"今乐府"，又称北曲。王世贞《曲藻·序》中写道："曲者，词之变。自金元入主中国，所有胡乐嘈杂凄紧，缓急之间，词不能按，乃更为新声以按之。"意思是说元散曲与宋词同宗同源，都是用于配乐演唱的文体，但散曲所配的音乐乃是来自北方的胡乐，原本的南方词牌搭配不上，因而产生了专为胡乐定制的"曲牌"。

北方胡地的音乐有什么特点呢？

《南词叙录》中是这样形容的："壮伟狠戾，武夫马上之歌。"通俗来讲就是很燃很炸裂，让人一听眼前就浮现出草原驰骋的景象，站在台上一唱，瞬间引爆全场的那种。

最经典的元散曲，莫过于课本上学过的《天净沙·秋思》："枯藤老树昏鸦，小桥流水人家，古道西风瘦马。夕阳西下，断肠人在天涯。"从题目到内容，打眼一看，就是宋词的形式，但因为其配的是北曲，所以便不能称为"词"。元散曲在形式上以"小令"为主，调短字少，风格上泼辣诙谐、通俗自然，因而深受市井百姓的喜爱。

元朝开国功臣刘秉忠各项技能满点，其中有一项特长就是他的散曲写得相当不错，在当时的流行音乐界很有影响力，放在今天是能摘金曲奖的咖位。他曾写过八首《干荷叶》，其中就有"干荷叶，水上浮，渐渐浮将去，随将去。你问当家中有媳妇？问着不言语"的句子。从这就能看出元散曲和宋词风格上的区别：宋词的词牌有叫《苏幕遮》的，有叫《雨霖铃》的，但绝没有叫《干荷叶》的；宋词中的南方姑娘往往都是"香靥凝羞一笑开"的形象，绝不会开口就问，帅哥，你家中有没有媳妇？没有的话你看我咋样？但小家碧玉虽美，江湖儿女也未尝不惹人喜爱，淳朴奔放，这就是元散曲的魅力。

如果说听宋词好似苏州评弹，琵琶声声吴语软，大珠小珠落玉盘；那听元散曲就像买票看露天现场表演，音响一开，电吉他炸场，甭管你是谁的粉丝，走过路过都跟着摇起来。

 嗨君捡史：元杂剧

元杂剧又称北杂剧，是元朝时期用北曲演唱的一种戏曲形式，通常由"四

折一楔子"构成。楔子篇幅较短，一般放在第一折前交代剧情，相当于话剧中的"序幕"，也可插在两折中间起过渡作用。"折"相当于现代剧的一幕或一场，四折一般分别是故事的开端—发展—高潮—结局。

杂剧角色分为末、旦、净三大类，舞台演出则由唱、白、科三部分构成，通常由主要角色一唱到底，其他角色有白无唱，少数剧作也有轮唱的情况，如《西厢记》第四本就出现了莺莺、张生、红娘轮唱，"科"则是指剧中人物的动作和表情。

❓那么问题来了，元朝人都爱看什么题材的"热门剧"？我们来细细扒一扒。

😢 类型一 苦情戏永远是不变的主题

元朝时期，统治腐朽，上层贵族的横征暴敛、穷奢极欲更是让普通百姓原本就艰难的生活雪上加霜，在封建社会，清官廉臣本就少得可怜，遇到冤假错案，更有谁来替你做主？在这样的时局下，哪怕白日啼哭，都有可能被酷吏抓去治上一罪，老百姓没有办法，只能寻求一种特别的发泄形式——看剧。

为了满足观众对苦情戏的需求，勾栏间一口气诞生了"四大悲剧"，分别是《感天动地窦娥冤》《破幽梦孤雁汉宫秋》《唐明皇秋夜梧桐雨》《冤报冤赵氏孤儿》，六月飞雪的寡妇窦娥，去国出塞的汉宫美人昭君，被心上人逼死的杨贵妃，身负血海深仇的赵氏孤儿，一个赛一个的悲惨，哪个都能让人哭红了眼。

百姓们心中的不甘和苦楚借着角色之口高喊出来："地也，你不分好歹何为地！天也，你错勘贤愚枉做天！"这种苦是从剧作家骨血里榨出来的，台上角色哭，台下观众跟着哭，哭完了心里反倒能好受些，走出门去继续承受生活中的折磨，久而久之，"苦情剧"竟变成了一种特殊的"治愈系"。

类型二 再苦也想要甜甜的爱情

元杂剧不仅有四大悲剧，还有四大爱情戏，郑光祖的《倩女离魂》、关汉卿的《拜月亭》、王实甫的《西厢记》和白朴的《墙头马上》，这可都是当年的高分小甜剧，或刺激或搞笑的情节，一直甜到观众的心窝里。

搬把小板凳，坐在台下看，你很快会发现这四部"神剧"虽然情节各不相同，闪光点也不一样，但男女主人设上怎么那么相似？没错，就像现在流行清冷霸气男主和平凡呆萌女主一样，当年人们最追捧的情侣搭配就是痴情窘迫男主和美丽大胆女主。

马背上的黄金帝国

之所以会形成这样的人设模式，主要缘故还是剧作家们的自身经历：科举制废除，漂泊孤苦、处境凄凉的他们失去了施展才华的机会，在现实生活中饱受冷眼，就连相亲都会被高门大户嫌弃。所以他们期盼着有位勇敢热情、美丽大方的姑娘能够冲破社会的重重阻碍，与自己相恋，于是诉诸笔端，便成了《西厢记》里夜半相会的张生和崔莺莺，墙头马上遥遥相顾的裴少俊和李千金，乃至"死了都要爱"的王文举和"小倩姑娘"。

⚠ 类型三 滚滚长江东逝水，鬼神英雄和土匪

说到这一类作品，我们就不得不提到一位文学狠人——罗贯中。大家都知道，我国的四大名著之一《三国演义》就是罗贯中撰写的，另一部巨著《水浒传》里也或多或少掺了罗贯中的股份，此外《隋唐两朝志传》《残唐五代史演义》《宋太祖虎龙风云会》《三遂平妖传》也都是老罗的作品。由此可见，与上面搞苦情戏和爱情剧的各位不同，这位专写大场面。可你细细一查就会发现，罗贯中的这些作品

有的是小说，有的却是剧本，这又是怎么回事呢？

原来，这类作品在出版前，都是有"底稿"的，所谓的底稿，就是街头巷尾说书先生们的"话本"。这些话本经过世代演绎，日趋成熟，但传播形式还是靠说书先生口口相传，这样未免显得有点不专业。于是在宋元时期，说书话本发生了质的演变，形成了两条分支：写成传奇故事供人阅读的，就成了通俗小说；而写成剧本，在台上歌唱演绎的，就成了杂剧。这也就解释了罗贯中为什么既是剧作家又是小说家。

打工人 罗贯中：书商找我我就写小说，戏班子找我我就写剧本。我是什么家，主要取决于我在给谁打工。

这里顺便说一句，罗贯中之所以那么会写大场面，主要是因为他年轻的时候，曾经参加过张士诚起义，做过幕府的宾客，见识过真刀真枪的元末战场，所以描写起来格外有真实感，这是长期厮混于花街柳巷的剧作家们比不了的。

马背上的黄金帝国

　　说到这，有读者不禁好奇，我们直到今天还在学唐诗宋词，元杂剧这么丰富多彩，怎么现在几乎没人看了？

　　这就是天大的误解了，其实元杂剧一点也不远，就在你我身边，只是稍微变了个样，你就不认得了。前面我们说了，元杂剧又称"北杂剧"，它有个亲兄弟叫"南戏"，是南边宋朝人看的戏。南宋灭亡后，两者相互融合，不断发展，逐渐变得不分彼此，到明朝时合并成为"明传奇"。而明传奇又分为"四大声腔"，其中的昆山腔吸取了海盐腔、弋阳腔和余姚腔的优点，演变成了软软糯糯的"水磨调"，它还有个我们更加熟知的名字，那便是戏曲界的瑰宝、百戏之祖——"昆曲"。

7.3 清穿男主大PK

对于广大穿越爱好者来说，清朝无疑是个特殊的朝代。

直白点说，这个延续了二百六十八年的王朝被鲜明地分为了两个时段——宫斗剧扎堆的前半场和狗看了都要绕着走的后半段。而前半场，又数康熙、雍正、乾隆祖孙三代最受追捧，粉丝数最多，因此他们也被称为"清穿文"三巨头。

毕竟留着那么凉快的发型，还能在热度上碾压一众顶流男主角，这三位的人格魅力可见一斑。

不过清穿也是需要技巧的，被"赐花撂牌子"还算好的，否则一不留神可能连小命都保不住。今天就让我们用公正客观的态度，从各方面分析一下，到底穿越到哪个"爷"的时期当女主角，日子会更好过；和哪位皇帝谈恋爱，才不会被"打入冷宫"，玉减香消。

康熙线

雍正死得早，乾隆爱乱搞，男主角首选还是得找康熙皇帝这样的。

作为中国历史上在位时间最长的皇帝，康熙帝几乎集齐了古代男神的所有条件，不仅腹黑强大有魄力，还能文能武，是个文化水平非常高的满人。别的娃娃还在幼升小的年纪，康熙帝已经坐上了大清朝的龙椅，直接省略了夺嫡的套路，堪称一站式登基。

不过要说康熙皇帝做男主，哪一点上有欠缺，那就是颜值不够完美。他小时候得过天花，虽说免疫力战胜了疾病，但也因此长了一脸麻子。

马背上的黄金帝国

当年顺治帝也是因为痘疾生命垂危，二十四岁就走到了生命的终点。满朝大臣急得乱转，心想皇帝您没了就没了，反正您平日不是和董鄂妃搞虐恋情深，就是要剃度为僧，不作不死，您把自己作死了咱也有心理准备，可是继承人总得给咱们指一个啊。

顺治帝一丝两气地躺在床上，几个孩子一个比一个小，也不知道按什么标准去立比较好。这时候他身边一个叫汤若望的德国传教士发言了，说臣听说天花这种病得过一次，就终身免疫，陛下您因为这个缘故英年早逝，同样的悲剧不能发生两次，您得找个免疫力强的皇子

来继承大统。依臣看三阿哥就不错，您看他那一脸小麻子，多吉利！

康熙皇帝因祸得福，非但白捡了个皇位，还结结实实地活到了六十九岁，从登基那年算起，整整上了六十一年班。

晚年过劳的康熙帝：还不如让天花直接把朕带走算了。

然而，你的穿越之旅并没这么顺利，首站你没能抽到康熙白月光赫舍里皇后的剧本，只混上了个小宫女当当。上了几天班后，你就被残酷的等级秩序教怎么做人了，几乎放弃了攻略康熙皇帝的任务，只求全须全尾地活到大结局。为了不犯错挨板子，你偷偷拿出了联络器，输入了目前最紧要的需求：

系统系统，
请你告诉我，
康熙皇帝今天为什么又不开心？

这个嘛，那得看你现在身处的是康熙时期的哪个时间点上，如果你伺候的是少年康熙，那他八成在发愁怎么样除鳌拜。作为康熙副本里的核心大反派，鳌拜不仅手握大权，是辅佐过三朝帝王的"顾命大臣"，还是身手矫健的"满族第一勇士"，往殿上一站，就像一堵墙那样，既是捍卫康熙皇位的堡垒，又是一座不可逾越的大山。

当时朝中势力最大的，除了鳌拜外，还有索尼、苏克萨哈、遏必隆三位老臣，只可惜索尼死得早，遏必隆墙头草，能制衡鳌拜的只有苏克萨哈，康熙嘴上不说，暗地里却忍不住偷偷给苏克萨哈鼓劲。没想到鳌拜眼看康熙即将十四岁亲政，装都不装了，直接罗织罪名，当廷逼康熙下旨处死苏克萨哈，康熙想走迂回路线，"容后再议"，鳌拜竟"攘臂上前，强奏累日"，康熙知道除掉鳌拜的时机还没到，只得挥泪斩苏克萨哈。

从这之后，鳌拜发现康熙有点变了，读书也不像往日那么用功，整日沉迷于摔跤，演练"布库"①，还张罗着要组什么"大清男团"，招引一票八旗精神小伙搞选秀。对于这群花架子，鳌拜是半只眼也没

① 布库：摔跤的满语。

看上，所以当他被一拥而上的青年们扑倒的时候，鳌拜简直难以置信，拼命挣扎。

最终，他也不得不认命，认识到自己老了，不再是那个冲锋陷阵的满洲第一勇士，而康熙皇帝也不再是那个乳臭未干的小玄烨，他的大号早已练成了。

如果你遇到的是青年康熙，那他八成在为集齐版图、巩固中央集权而发愁。康熙除掉鳌拜后，总共做了四件大事——削最顽固的三藩，收复台湾，赶走沙俄，攻打噶尔丹，哪样拿出来，都是让人倒吸一口凉气的壮举。对内，他下令"撤藩"，集中兵力打击反清自立的"平西王"吴三桂，随后派遣施琅率海军攻台，收复被郑成功后人控制的台湾，保证了领土的完整性和国家的稳定；对外，他与沙俄就边境领土问题签订了《尼布楚条约》，遏制了俄军对黑龙江的进一步侵略，保证了中俄近一百五十年的友好和平及贸易往来；同时，康熙也没有忘记会一会"老朋友"蒙古人，他先是下诏亲征，率军大破准噶尔部，逼死首领噶尔丹，将漠北喀尔喀地区纳入版图，而后追击下一任首领策妄阿拉布坦，顺便占据了西藏。

如果你不幸穿越到了康熙晚年，你会发现他和所有六十多岁老头一样，眼睛里写满了"想退休"。但他是皇帝，这行不能想不干就不干，况且还有一群不省心的儿子在那搞心理战，玩什么"九子夺嫡"，弄得康熙晚年十分缺少安全感，渐渐地也开始失眠多梦，反复无常，懈怠办公。对这样一位老爷子，你也别上赶着往前凑，躲着点就对了。

雍正线

你穿越了。

你穿越到了八旗显贵之家，身份尊崇，京城人见了你，都要尊称一声"格格"。转眼到了及笄之年,连皇帝和太皇太后都亲自过问你的亲事,你的阿玛很是犹豫,不确定该将你嫁给贵为储君的二阿哥胤礽,还是在朝中颇有威望的八阿哥胤禩,或是深受宠爱的十四阿哥胤禵,于是决定问问你本人的意见。

"嫁四爷!"你紧紧抓着阿玛的手,坚定道,"就算把我钉在棺材里,我也要在墓里,用腐朽的声带喊上一声'四爷'!"

你阿玛大惊失色,以为平日对你太过纵容,让你与不受重视的四阿哥有了些什么,殊不知如今朝中皇子们的荣宠与起落都是浮云,手握"九子夺嫡"剧本的你清楚,只有抱紧胤禛的大腿,才有活下去的可能!

一切的根源,还是康熙生得太多。据史料记载,康熙一共生了五十多个孩子,其中三十五个是儿子,在那个儿童极易夭折的时代,活到"九子夺嫡"的还有二十四个,经过几轮筛选后,觉得自己能在皇位这事上搏一搏的,仍有九个。

这九位皇子各怀心思,各有手段,轮番对自己的老父亲发起攻势,努力证明自己才是最能干的儿子。最终演得好、藏得深的四阿哥胤禛夺得胜利,于公元1722年奉康熙遗诏即位,改元雍正。

做雍正妃嫔最重要的是什么?是美色、心机或才华吗?
　　不,是安静。

如果说康熙的过劳体现在工作时长上,那雍正就是想把康熙六十多年完成的工作,集中在十多年内搞完。雍正做皇帝的口号是"以勤安天下",我卷我自己,所以他对后妃唯一的要求,就是"你们给朕省点心"。雍正皇帝每天不到四点(寅时),就让太监准时叫自己起床,伴随着"吉祥,吉祥"的鬼畜循环,陛下开始了一天的早读。从汉语到汉学,从物理学到地理学,九门功课同步学,这还只是上班前的休闲娱乐。

早饭过后（巳时），雍正开始正式理政，按照清朝的规矩，十日一上朝即可，但陛下显然等不了那么久，好不容易当了皇帝，这朝当然要天天上。因此在雍正一朝，大臣们也是没有休息日的，每日通勤打卡。上完朝，雍正还要赶着完成"课后作业"，马不停蹄地批折子，讨论军机大事，一直忙碌到凌晨一点（丑时）才入睡，凌晨三四点又要起床上班……

雍正：朕就是这样自律的汉子。

为了更好地辅助自己加班，他还特别设立了一个部门，叫作军机处。军机处距离养心殿不足五十米，工作要求是随传随到，凌晨或下半夜被叫去"做题"是家常便饭。清末军机大臣王文韶在自己的日记中写道，自己每日凌晨三点就要去值班，跨年那天，更是凌晨两点就被叫去上班。因为来不及吃饭，他们时常得自备烧饼干粮，得空才能啃上两口。这还是光绪年间的事，雍正年间只会更夸张。

太监：陛下，您这么着急干什么？

雍正：不快点做就来不及了，地府那边已经在催了！

卷王之王，不过如此。

机智的朋友可能已经发现了问题，照雍正这个作息，后宫嫔妃的在岗时间完全被压缩了，别说争宠，大伙连皇上的面都见不着。如果你想感受一下争储的刺激和生死与共的氛围，那选雍正准没错，但你要是和这样一位皇帝玩玩小浪漫，感受下花前月下的静好，那你想都不要想，没有什么纪念日，有的只是重大项目的最后截止时间。

也是因为这个缘故，和康熙比起来，雍正的子嗣特别单薄，总共只有九个儿子，包括三个早夭的。或许对于经历过"九子夺嫡"的雍正来说，儿子不必太多，多了反而会乱套。为了不让儿子和后妃们明争暗斗，他还首创了"秘密立储"的制度，将立储的谕旨一式两份，一份自己保存，一份密封在锦匣内，再放在乾清宫"正大光明"匾额

马背上的黄金帝国

后，皇帝驾崩后由御前大臣们共同拆封，当众宣布继承人。

你心想，宫斗上没戏了，那本宫就让小厨房整点好吃的吧。抱歉娘娘，除了"勤政"，雍正帝治国的另一大口号就是"节俭"。雍正帝谕旨："谕膳房，凡粥饭及肴馔等食，食毕有余者，切不可抛弃沟渠。或与服役下人食之，人不可食者，则哺猫犬，再不可用，则晒干以饲禽鸟，断不可委弃。朕派人稽查，如仍不悛改，必治以罪。"

所以就别妄想什么蟹粉酥了，你在剩饭前先掂量掂量吧。

乾隆线

靠前两世攒的经验，在乾隆皇帝这一关，你开局即巅峰，成功坐上了皇后之位。

要知道，做乾隆的皇后，生活上可比在雍正后宫滋润多了。首先，乾隆皇帝家底厚呀，康熙和雍正两代呕心沥血攒的支票，全在乾隆一朝兑现了，因此乾隆这个皇帝当得就比较从容自信，这点在年号上也可以看出来——"乾隆"，天道昌隆，干嘛嘛顺，仿佛被锦鲤附身，你这个皇后跟着也倍儿有面子。

不过乾隆除了运气好以外，自身也相当争气，他治理国家不似雍正那般严苛，而是讲究宽严相济，对百姓施行仁政，减免赋税，对待朝臣也更加宽容。臣民的神经松弛下来了，日子也就好过起来，经济高速发展，所以你能明显感觉到乾隆当政时，天下间"太平盛世"的氛围特别浓。

但同时，乾隆也不是一个软弱的庸君，在军事上，他有着开疆守土之功。他在《御制十全记》中写道，自己平生有"十功"，其中就包含派兵征伐准噶尔部、回部等战绩，为了保全父祖开拓的江山，乾隆可谓尽心竭力。在他的努力下，清朝的疆域空前辽阔，囊括了新疆、蒙古、外兴安岭和南海诸岛等地区，极盛时期总面积达到了一千三百多万平方千米。

有这么丰厚的家产，难怪不管是在正史记载里，还是野史逸闻中，我们都能感觉到乾隆帝那种呼之欲出的霸总气质。明明是个古代

马背上的黄金帝国

人，你却感觉他随时都能从兜里掏出一张黑卡来，对着满座的靓妹潇洒发言："不就是买单吗？全场的消费都记在朕的账上。"

你看着越来越满的国库，幻想着几年一次的南巡"团建"，不禁心驰神往，激动地问："既然在乾隆时期做皇后这么吃香，那对皇后的素质有什么要求吗？"

有的，娘娘，你听老奴一一道来。

第一，你要学会"宽容"。

乾隆皇帝是出了名的花心大萝卜，皇后加妃嫔，一共有四十二个，什么令贵妃、愉贵妃，还有那来自维吾尔族、浑身散发着香气的容妃，哪个都够娘娘你喝上一壶，乾隆皇帝本着博爱的原则，对谁都宠得轰轰烈烈，因此他也"光荣"地成为清朝乃至中国古代史上绯闻最多的皇帝之一，就这还没算上陛下六下江南的"战绩"呢。你想你安安分分待在宫里，转头就成了一群野孩子的后娘，这谁受得了？所以做乾隆的皇后的首要要求，就是得把心放宽。

第二，你得勤于奉承，不定期失明。

毕竟乾隆爷的审美水平和文化造诣你是知道的，明明不是暴发户，偏偏只爱"花床单"，放着绝美的青瓷白釉他不爱，偏宠花里胡哨大彩瓶，仿佛瓶子上少个颜色都是对他东北祖籍的不尊重。可能雍正自己都纳闷，他一生爱好素雅，怎么生出个品位这么浮夸的儿子？可这还不是最过分的，你是没看到乾隆往王献之《中秋帖》上盖的那八十多个章，你在旁边瞧着，都忍不住想提醒一句："陛下，弹幕发得这么频繁可是会被屏蔽的。"

乾隆爷听了你的话，暂且放下了那一千八百多枚独家印章，转而问你："皇后看看朕这首诗题得如何？"你定睛一瞧，好嘛，"一片一片又一片，两片三片四五片"，就这水平还好意思叫《飞雪》，难怪乾隆一生写了四万多首诗，只有这一首进了小学课本——别误会，纯粹是因为用字笔画少，方便孩子们认数字。即便作诗天赋如此之低，乾隆依旧人菜瘾大，每天都要抽出一段时间专门用于写诗，写完还要拉群臣欣赏。啊，又是才华横溢的一天呢！

第三，你得学会"认错"，因为乾隆爷永远不会有错。

乾隆没有他爹那么自律，勤政之余，也乐于享受生活。他六次下江南，名义上虽是为了南巡黄河大坝，但沿途的娱乐活动一样也没少。每次南巡，乾隆身边都是前呼后拥，仅护卫就有两千五百多人，总花费超过两千万两。不用说沿路的地方官为了取悦圣心，一个个都绞尽脑汁，呈上山珍海味、奇珍异宝，争奇较胜，唯恐自己的"工作"做得不到位，错过晋升机遇。

但这些统统不是乾隆南巡最大的花销，去江南度完假后，乾隆深深爱上了那里的建筑和园林，为了能长久留在水乡的美梦里，他在承德大修避暑山庄。因为喜欢苏州的千尺雪，就在不同的地方分别建了四处高仿"千尺雪"，其劳民伤财的程度可想而知。晚年他撰写《知过论》自我检讨，你以为他是认识到自己的错误了？不，通读全文，满篇都是"朕看似做得不对，其实都有冠冕堂皇的理由，所以朕没错"。

😐只能说，呵，男人。

他不知道，这种过度的自负终将把清朝推入深渊。乾隆以后，清朝开始全面实行"闭关锁国"政策，乾隆皇帝狂妄地宣称"天朝富有四海之物，岂需尔等小国些微货物"，殊不知晚清屈辱史自此起笔。

7.4 小李子，把哀家代购的洋玩意儿呈上来

"当心着点，这宝贝要是砸了，咱爷俩的脑袋都得搬家！"

你怎么也没有想到，这次穿越之旅的最后一站，你竟然来到清朝负责储藏珍宝的建福宫中，穿越成了一名"临时"小太监。眼前你的任务就是跟随自己的总管"师父"，在此打理宝库中的珍宝古玩。

沾光欣赏过无数历代金石字画后，你感到心满意足，却见师父神神秘秘地又掏出一把钥匙，打开了宝库的最后一把锁。大门洞开，一个"跨次元"般的瑰奇世界出现在你眼前。

师父得意扬扬地对你说："这些可都是西洋舶来的新奇玩意，专门进贡给皇家的，稀罕得很，别说你没见过，就连外头那些王爷格格都未必全都认得。今天算你走运，师父带你开开眼！"

其实宝库里的这些"洋玩意"，在公元21世纪早已得到了广泛应用，但这么精致又复古的老物件，你还是头一回见，不禁跟紧了师父的脚步。

一、康乾二帝，最豪气的钟表发烧友

清宫宝库中收藏最多的，要数各式各样的自鸣钟，早在康熙和乾隆时期，清朝的皇帝们便深深爱上了这种造型别致、会滴答报时的西洋装置。但要说起钟表首次传入中华大地，那还是明朝万历年间的事情。

意大利传教士利玛窦远渡重洋，想把天主教传到中国，但当时没有电视台、网络这种方便的传播形式，要想让全国人民都信仰上帝，最好的办法，就是让皇权的象征"天子"信教。

就像卖保险要先送对联一样，为了顺利传教，利玛窦也向皇帝进贡了不少西洋"土特产"，其中就包括"自鸣钟"两座。想不到万历皇帝单单把礼收下，入教的事他是一个字也不提呀。

🔘万历皇帝：信上帝是不可能的，太上老君才是天下第一。

但利玛窦也得到了机会，被万历留在了北京，专门替皇帝修钟，他也从一名地位崇高的传教士，一夜成为靠技术吃饭的钟表技工。利玛窦发现，中国的士绅大臣们对这种西洋世俗发明很感兴趣，因为中国早有一套自己的古老计时方法，比起实用的走字报时功能，他们更愿意把自鸣钟看作一种稀罕的机械玩具，争相收藏。为了和这群人结交，利玛窦动不动就上门去给人家"送钟"，自鸣钟因此在北京流行起来。

后来清军入关，占据了明朝的宫殿，发现了这些金光闪闪的舶来藏品。或许是宫廷生活太过寂寞乏味，清朝的皇帝们一下子就"陷进去了"，各地的官员见状遂将各式各样的钟表作为进贡的首选，就连英法各国的外交官也意识到了这点——今年过年不送礼，送礼只送自鸣钟。清宫中的钟表数量瞬间暴涨，样式上也是花样翻新。

"这座自鸣钟是广东总督进贡的，外壳镀金，上面镶嵌珐琅和各色宝石，组合成'白猿献寿'的花样，胜在吉利，乾隆爷可喜欢了！"师父指着不远处的挂钟，向你介绍，"这边的这座会自己转动，每到整点，就会有一只画眉鸟蹦出来唱歌，起初太监宫女们不知道，都吓了一大跳呢！这座被做成了亭台楼阁的样子，日夜流水不止……这座最神，随着表针转动，里头的西洋人会写毛笔字哩！"

为了更好地迎合皇帝们的爱好，康熙年间，清宫中特地成立了"做钟处"。这些"私人订制"的钟表也被融入了更多中国审美元素，其中最典型的，要数那座"铜镀金嵌珐琅转鸭荷花缸钟"，它的主体俨然就是一缸盛放的荷花，花叶袅娜，花瓣粉红，被一群游水的小鸭子环绕，仿佛还飘着清新的香气，表盘嵌在荷花缸正前方，仅仅占了很小的一块，反倒成了配角。

前面我们说过，康熙皇帝能继承大统，德国人汤若望功不可没，因此康熙自小就和西洋文化结下了不解之缘。他在国内推广西洋历法，还学习天文知识，甚至涉猎了欧几里得几何。即便如此，康熙皇帝也仅仅将西洋事物作为一种"玩意"，并不认为它能改变历史的走向，也没有将其很好地融入治国中去。到了乾隆年间，为了防范外商和海寇，清朝更是全面实行"闭关锁国"政策，将自己与飞速发展的西方世界彻底割裂了。

嗨君捡史：闭关锁国

闭关锁国政策是指一种闭关自守、不与外界接触的国家政策，是典型的孤立主义。清朝统治者认为天朝物产丰富，无所不有，不需要同外国进行经济交流，他们担心国家主权受到侵犯，又怕沿海人民同外国人交往，会威胁自己的统治，于是严格限制经济、文化、科学等方面的对外交流。顺治时期，清政府颁布"禁海令"，严厉限制海上贸易，不许"片帆出海"。清朝在台湾设立行政建制后，才开放了宁波、漳州等地，作为对外通商口岸。乾隆年间，乾隆皇帝下令关闭其他口岸，只留广州"一口通商"，并规定由朝廷特许的"广州十三行"统一经营对外贸易。

闭关锁国政策对西方殖民者的侵略活动曾起到一定的自卫作用，但也使中国错失了向西方学习先进的科学知识和生产技术的机会。清政府故步自封，闭关自守，最终使得中国落后于世界历史的发展进程。

二、飙车照相看电影，慈禧老佛爷的最爱

"师父，这是什么呀？"你指着面前的木匣子，明知故问道。

"可不敢乱动！这是老佛爷的宝贝，光一闪，人的影儿就被照进去了！"师父在你耳边小声说，"还有人说，这东西能把人的精气神吸走，邪乎得很。"

是的，我们熟悉的慈禧老太太有一大爱好，好照相。她可不信照相机能夺人魂魄那一套，老早就盼着拍几张属于自己的"写真"了。适逢御前女官容龄的弟弟勋龄留洋归来，带回了全套的摄影器械，慈禧就让他进宫替自己照相，陆陆续续拍了一百多张。而且这位老佛爷照相很有讲究，每次拍照前，都要选定良辰吉日，才能"搭棚"开

工。还有一回她想拍"外景"，便让四格格（庆亲王奕劻之女）穿莲花衣，扮善财童子；令太监李莲英穿上唱戏的行头，扮成韦陀；自己则身穿彩衣，头戴璎珞，装扮成普陀山观音大士，一同登上平底船，在荷花掩映的御湖中拍照。如此盛大的阵仗，角色扮演的爱好者直呼内行。

除此之外，慈禧还尝试过坐汽车，看电影。这位晚清的实际统治者本就是个戏迷，对于电影这种西洋传来的"皮影戏"，她自然也表现出了极大的兴趣，当时没有那么多片子，慈禧就将十余秒长的片子循环播放，反反复复地看。

但也不是所有的西洋发明，都能让慈禧"佛颜大悦"，慈禧第一次坐汽车时，气氛就不大愉快。《秦中旧事》中记载了一则遗闻，光绪年间，袁世凯曾耗费巨资购置了一辆二代奔驰轿车，进献给慈禧，还让自己手下一位名叫孙富岭的马车夫学习开车，做慈禧的御用轿车司机。慈禧起初非常开心，兴致勃勃地坐进了车内，孙富岭一踩油门，开始带老佛爷兜风，结果没过一会儿，慈禧忽然反应过来，这个卑微的驾车奴才居然与自己平起平坐，还坐在了自己前头！这下她可

马背上的黄金帝国

不乐意了，冷着脸下了车，吩咐李莲英拆掉驾驶位，从今往后，轿车司机必须跪着开车，以彰显尊卑有别。

别看慈禧玩得这么嗨，当时的大清朝可一点也不太平，中国可谓内忧外患，风雨飘摇。与英国签订的《南京条约》就像一枚信号弹，让那些觊觎中国财富多年，却迟迟不敢动手的西方列强心潮澎湃，他们意识到这个看似不可战胜的庞然大物早已衰老不堪，行动迟缓，就像砧板上的鱼肉般任人宰割。于是他们准备好船只和枪弹，接二连三地跑到中国，对清朝皇室进行一系列威逼利诱，生怕自己来晚了一步，肥肉就被别国叼走了。

于是继《南京条约》后，中国又在咸丰年间和英国签订了《北京条约》和《天津条约》，在光绪年间与俄国签订了《伊犁条约》、与日本签订了《马关条约》、与八国联军签订了《辛丑条约》……这些条约通常还不是安安稳稳坐在紫禁城里签的，而是被列强打到家门口了，在连滚带爬的逃亡路上仓促签订的。

列强见清政府完全无还手之力，可不得狮子大张口？于是香港丢了，台湾丢了，澳门也丢了，白银几亿几亿地赔，家门口的国之瑰宝圆明园被烧了也不敢吱声。可你不反抗，有人替你反抗，底层老百姓被清政府横征暴敛还债的行为搞得家破人亡，只得揭竿而起。他们聚集起大批满腔仇恨的贩夫走卒，先是组建了与清政府对抗的"太平天国"，后来又兴起了"扶清灭洋"的义和团。虽然二者最终都以失败告终，所用手段也大多愚昧粗暴，但它们在中华大地上燃起星火，鼓舞人们勇敢地与封建统治和帝国主义侵略做斗争。

在此情形下，清政府就算再迟钝也该有所变革，率先行动的是在镇压民间起义过程中立下战功的一批大臣，他们就是传说中的"晚清四大名臣"，曾国藩、李鸿章、左宗棠和张之洞。这伙人意识到，清王朝之所以这么羸弱，一撞就倒，多半是因为体质差，缺少运动，于是他们琢磨着修个健身房，逼着国家练练肌肉，"洋务运动"就此诞生了。

嗨君捡史：洋务运动

洋务运动，又被称为自强运动，是19世纪60年代到90年代，晚清洋务派所进行的一场引进西方军事设备、机器生产和科学技术，以挽救清朝统治的自救运动。洋务运动以"自强""求富"为旗号，创办了江南机器制造总局、福州船政局等一大批近代化军事工业，同时积极发展民用工业和新式交通运输业，维护民族利益，与洋人"争利"，由此民用工业迅速发展，奠定了中国近代化的基础。

同时，洋务派也在文化教育上进行了一定的投入，他们开办新式学堂，派遣留学生赴欧美留学，开办"京师同文馆"，培养外语人才，翻译西方书籍。李鸿章等人还陆续在沿海各地开设了北洋水师学堂、广州鱼雷学堂、江南陆军学堂等军事学校，从海外购置军舰和武器，建立了当时国内先进的北洋海军。

洋务运动虽在客观上刺激了中国资本主义的发展，并在一定程度上抵制了外国资本主义的输入，但并没有使中国真正走上富强之路。公元1894年在甲午中日战争中，北洋海军全军覆没，标志着洋务运动的破产。

一计不成，清政府又拟订了"改革变法"方案二，这回的总策划直接变成了光绪皇帝。

《马关条约》签订后，天下读书人大为震动，一千两百多人联合署名，在都察院门口喊话："拒和，迁都，练兵，变法！"虽然"公车上书"最终没能成功，但这事还是传到了光绪帝耳朵里，这位年轻的帝王看中了这群有志青年，想把他们拉过来搞一番惊天动地的事业，"不做亡国之君"。由此康有为、梁启超等人纷纷受到重用，与皇帝共商变法大计。

这群"维新派"青年认为，既然靠老一套无异于自取灭亡，那中国就应该放下身段，尽可能地向西方学习，从政体到经济文化，都进行全面的翻新。谈到这，君臣几人既忐忑又亢奋，陆续罗列出了"建立君主立宪制""发展资本主义""兴办实业""废除八股""创办京师大学堂"等上百条变法诏令。

公元1898年6月11日，光绪帝颁布了"明定国是"诏书，宣告变法开始。

照理说皇帝支持，士人响应，这事离成功只差一步，可问题就出在光绪帝只是清政府的"名誉董事"，现在他却要干起"执行董事"的活儿，动守旧派"董事会"的口粮，幕后真正的主政者慈禧当然不干了。别看老太太对待西方列强唯唯诺诺，对待光绪帝她可是重拳出击，她当即从颐和园赶回紫禁城，闯入光绪帝寝宫，将光绪帝囚禁于中南海瀛台，同时下令捕杀维新派人士。最终康梁逃往海外，谭嗣同等"戊戌六君子"被杀，"戊戌变法"仅仅持续了一百零三天，就被扼杀在萌芽里。变法失败证明了清政府已彻底腐烂，再无从内部变革的可能。

公元1908年，慈禧太后和光绪皇帝相继去世，年仅三岁的宣统皇帝溥仪继位。

面对"彻底改革"的汹涌民意，清政府再次选择了"和稀泥"，嘴上说着"预备立宪"，选出的内阁成员中，满洲皇族占了大半；同时，清政府还将民间的商办铁路统统收归国有，再卖给外国，中国人民终于清醒过来——这朝廷是真不能要了。

公元1911年，武昌枪响，辛亥革命爆发。公元1912年，中华民国建立，清王朝旋踵而亡。到此我们这本书也终于画上了句号。

从古老的先秦到汉唐盛世，从婉转的宋词到泼辣的元曲，从写满传奇的大明朝再到晚清悲歌，历史从来不只是凝固于纸面上的枯燥文字，少几分说教，多几许温度，让读史的心情也随文字"嗨起来"，置身其中，感受中华文明的流转。希望你在闲暇时分读完这本书后，也能有所收获，感受到中国史的独特魅力。

嗨君历史小课堂

转眼嗨君历史小课堂也来到了最后一课，本章主要介绍了中国历史上的元朝和清朝。

这两个朝代之间存在着千丝万缕的联系，譬如它们的创建者都来自北方，它们统治时期的中国国土都格外辽阔，这两个朝代的统治者都在努力学习汉人的文化……

最重要的是，这两个朝代的统治者都以擅长骑射而闻名，他们驰骋于辽阔的原野，在马背上打出了天下，是名副其实的"套马的汉子"。

公元1162年，蒙古乞颜部首领孛儿只斤·也速该击败了塔塔儿族首领铁木真兀格，此时恰逢他的第一个儿子降生，也速该便用这位手下败将的名字为自己的长子命名，他不会想到，这个婴儿长大后将会一统蒙古草原，成为至高的成吉思汗。

也速该被塔塔尔人毒杀后，泰赤乌部的首领塔尔忽台·乞邻勒秃黑侵占了他的领地，夺走了他的部众和财产，铁木真兄弟及母亲也被他们抛弃，只能孤独地在斡难河畔捡拾野果、钓鱼掘草果腹，铁木真也因此度过了一个无比困苦的童年。随着铁木真长大成人，对他怀有戒心的塔尔忽台曾派人截杀他们兄弟，将铁木真擒获，幸而在奴隶锁儿罕失剌的救助下，铁木真得以脱逃，逃脱后他立即去投奔父亲的"安答"、克烈部的首领王罕，并在他的支持下，势力逐渐壮大。

但铁木真的强大战斗力也令王罕对他起了戒心，就连铁木真的"安答"扎木合也劝说王罕，要尽快除掉铁木真，以绝后患。即便敌对力量如此强大，也阻挡不了铁木真前进的脚步。铁木真的部族

马背上的黄金帝国

征战失利，在合阑真沙陀被击溃，仅剩数千骑，他在班朱尼河畔与追随自己的十九位"那可儿"盟誓："使我克定大业，当与众人同甘苦。苟渝此言，有如河水！"最终绝地反击，打败了王军和扎木合。此役之后，铁木真趁势迅速统一蒙古草原上的其他部落，并召开"忽里勒台"大会，草原诸部落自此都尊称铁木真为成吉思汗，同时大蒙古国也宣告建立。

成吉思汗麾下的蒙古骑兵实力强悍，超出了所有人的想象，他先是率军击败了西夏，迫使其向自己年年纳贡，合力攻金。与此同时，他又派出大军，向欺压蒙古多年的金复仇。最终，西夏和金都湮灭在蒙古的铁蹄之下，西辽和花剌子模也未能幸免，相继被战火摧毁，消失在历史的长河中。

公元1271年，成吉思汗的孙子忽必烈建立元朝，南下攻宋的步伐也在加快。五年后，南宋临安城破，陆秀夫、文天祥等宋臣携小皇帝一路南逃，最终兵败崖山，陆秀夫背着年仅八岁的小皇帝跳了海，文天祥也在被捕后英勇就义，南宋灭亡。

提起忽必烈统治的元朝，就不得不提元代政治家刘秉忠。刘秉忠作为一位汉人"智囊"，被称为"聪书记"，他一生为元朝的统治出谋划策，是元朝的奠基人这一。他用汉人的治国理念启发忽必烈，使蒙古军队一改屠杀的征伐战略，挽救了无数无辜百姓的生命。同时，他也是一位优秀的元散曲创作者，辅政救民之余，不忘为元朝的文艺事业添砖加瓦。

元朝统治时期，通俗文学大行其道，元散曲和元杂剧如两朵并蒂莲般，在勾栏瓦肆间盛放。这段时期，陆续诞生了"四大悲剧"《感天动地窦娥冤》《破幽梦孤雁汉宫秋》《唐明皇秋夜梧桐雨》和《冤报冤赵氏孤儿》以及四大爱情戏《倩女离魂》《拜月亭》

《西厢记》《墙头马上》。这些作品或是反映民间疾苦，批判统治阶级的腐朽；或是赞美英雄，歌颂轰轰烈烈的爱情，传达的都是元朝底层市民的所思所想。

复习完元朝，我们再来看看清朝。

说到清朝，就不得不提康熙、雍正、乾隆这三位在后世的影视剧中出场率极高的皇帝，他们所统治的时期，也是清朝政治相对清明、国家实力最强大的时期。这三位皇帝个性分明，直接导致他们治国理念和人生命运的不同。康熙童年继位，在位六十一年，励精图治，灭鳌拜、削三藩、收台湾、驱沙俄、大破噶尔丹，被称为"千古一帝"。雍正经过多年的夺嫡争斗后，也继承了康熙的勤政基因，不眠不休地奋斗在工作岗位上，成了一名合格的接班人。乾隆的个性就跳脱许多，一生毁誉参半，他继承父祖衣钵，缔造了太平盛世，自号"十全老人"，但作为一名统治者，他身上也存在着刚愎自用、自负狭隘等问题。自乾隆以后，清朝开始全面实行"闭关锁国"政策，错过了拥抱工业革命的最佳机会，这个庞大帝国也迅速地走向衰落，被欧美列强远远甩在了身后。

清朝统治者中，不乏热衷于外来商品和文化者，但他们自恃"天朝上国"，只把这些东西当作番邦的"奇技淫巧"。不管是皇室贵胄还是大富之家，都乐于收藏钟表、自鸣雀、风枪、乐琴等"洋玩意"，却不肯学习钻研其背后的先进科技。尽管也有像《海国图志》作者魏源这种高瞻远瞩之士，早早地提出清政府应当重视科技，勇于变革，"师夷长技以制夷"，可在当时却没有引起足够的重视。

直到鸦片肆虐，列强来袭，清朝统治者才意识到不能坐以待毙。道光皇帝派出大臣林则徐，开展禁烟运动，在虎门海滩当众销毁鸦片，但这一救国行动却引发了英国政府的不满，他们以此为借口，发动了鸦片战争，迫使清朝签订了中国历史上第一个丧权辱国的不平等条约《南京条约》，中国开始沦为半殖民地半封建社会，近代屈辱史也自此开篇。

鸦片战争后，西方列强接踵而来，争相瓜分中国，强迫清政府签订一系列不平等条约，向它们割地、赔款、开放通商口岸，以保平安；日本也趁机发动甲午战争，与清政府签订《马关条约》，由此香港、台湾和澎湖列岛相继落入敌手，大量白银流往海外。为了反抗资本主义国家的侵略，生活在中华大地上的人民奋起反抗，先有太平天国，后有义和团，虽然二者都被清政府勾结西方列强所镇压，却在这片土地上播撒下了星星之火。与此同时，清政府也在尝试依靠"洋务运动"和"维新变法"进行自救，但最终都惨遭失败。

公元1912年1月1日，中华民国建立，孙中山在南京就任中华民国临时大总统。同年2月，宣统帝溥仪颁布退位诏书，清朝灭亡。